KB092656

루아의
타로카드

쉽고 빠르게 읽어내는 직관적 타로리딩

루아의 타로카드

1판 1쇄 펴낸날 2023년 5월 10일

지은이 황혜영
펴낸이 나성원
펴낸곳 나비의활주로

책임편집 유지은
디자인 BIG WAVE

주소 서울시 성북구 아리랑로19길 86
전화 070-7643-7272
팩스 02-6499-0595
전자우편 butterflyrun@naver.com
출판등록 제2010-000138호
상표등록 제40-1362154호
ISBN 979-11-90865-98-2 13180

쉽고 빠르게 읽어내는
직관적 타로리딩

루아의
타로카드

타로상담사 루아 황혜영 지음

나비의 활주로

타로상담사는 신이 아니라는 점,
꼭 기억하세요!

'누군가 내 힘든 이야기를 들어줄 한 사람만 있어도 그 인생은 성공했다.'

이런 말 들어보셨지요? 흔히 주변 이들에게 사는 이야기를 하고, 그러면서 또 상처받으면 신에게 하소연합니다. 그런데 신이 우리 이야기를 들어주는지는 확인하기 힘들지요. 그래서 다시 사람들에게서 확실한 이야기를 듣고 싶어 합니다. 자신의 이야기에 대해 누군가 경청해 주고 위로받길 원합니다. 약한 사람이든, 강한 사람이든 위로받고 싶은 마음은 누구나 똑같습니다. 제가 많은 분들과 상담하면서 느끼는 건, 사는 게 힘들어서 삶을 놓아 버리는 게 아니라 위로받지 못해서 그런 선택을 한다는 겁니다.

저는 인천에서 태어나 그곳에서 살고 있습니다. 어머니는 제가 다섯 살 때 이혼하셨고 그 이후 온갖 고생을 하시면서 저와 여동생을 키우셨습니다. 음식을 잘하셨던 어머니는 늘 밤늦게까지 식당 일을 하셨고 머리에 쟁반을 이고 음식 배달을 하셨던 모습이 아직도 눈에 선합니다. 어머니 일을 도왔어야 했는데 당시는 제가 사춘기 시절이라 그러지 못했습니다. 저희와 열심히 살기 위해 애쓰신 어머니는 변변하게 본인 옷 한 벌 제대로 사 입지도 못하셨습니다. 저는 고등학교 2학년 무렵에서야 이런 집안 형편을 냉정하게 바라볼 수 있었습니다. '브랜드 옷을 입고 학교에 오는 친구들을 부러워만 할 게 아니라 나 스스로 삶을 개척해 보자'라고 생각했습니다. 철이 없는 시절의 열정이었습니다. 당시 생활광고지에 올라온 '갈빗집 서빙 아르바이트 구함'이라는 글은 지금의 저를 만든 나름 큰 사건이었습니다.

그 이후 참 여러 가지 아르바이트하며 생계의 전쟁터를 누비고 다녔고 결혼 전까지 직장생활을 하며 30대를 보냈습니다. 그런데 40대에 접어들면서 정말 좋아하는 일, 내가 잘할 수 있는 일을 찾고 싶었습니다. 그저 먹고 살기 위한 적은 돈벌이가 아니라 본격적인 제 꿈에 대해 생각하게 된 겁니다. 나름 치열하게 살았다고 여겼지만 30대까지의 제 인생은 생각대로 사는 것이 아니라 사는 대로 생각했던 것 같습니다.

그런데 어느 날 갑자기 '타로를 배우고 싶다'는 생각이 들었습니다. 그전까지 타로를 한 번도 본 적이 없었는데 정말 뜬금없이 말이죠. '일단은 배워보자, 나랑 맞지 않으면 다른 길을 찾아보면 되지 뭐' 하는 마음이었습니다. 성격이 급한 편이라 선택에 대한 결정도 빠른 편이고, 그 덕분에 경험치도 상당히 많습니다. 이렇듯 제 타로 인생은 바로 그 뜬금없는 생각과 결정이 만든 결과였습니다.

누구나 그렇지만 저 역시 카드 하나하나에 담긴 키워드와 스토리를 익히는데 참 많은 시간이 걸렸습니다. 지금 제가 가르치는 교육생들도 '키워드 외우기가 정말 어렵다'고 하는데요, 그 마음에 충분히 공감합니다. 저는 한 달간 타로를 열심히 배우고 익히면서 본격적인 타로상담사의 길에 들어섰고, 지금은 사십 평생 한 번도 만져보지 못한 큰돈도 벌고 있습니다. 그리고 저와 같은 길을 걸어가고 있는 교육생 분들도 돈 잘 버시면서 의미 있게 살아가십니다.

그런데 타로 상담을 하면서 한 가지 풀리지 않는 의문이 든 적이 있습니다. 바로 이것입니다. '키워드로 읽히지 않는 부분은 어떻게 리딩해 드려야 할까?' 가끔 정말 황당한 질문을 하는 고객이 종종 있습니다. 잔뜩 화가 난 목소리로 이런 질문을 하십니다.

"선생님, 우리 집에 누가 몰래 들어와서 나를 죽이려고 독극물을 타 놓은 것 같은데 맞습니까?"

"저를 장기 매매 하려고 하는 세력이 오바마 쪽인가요? 아베 쪽인가요?"

"오늘 남자친구를 만나러 가는데 어떤 속옷을 입어야 저를 섹시하게 볼까요?"

이런 질문을 받을 때마다 제가 고심한 것은 정해진 키워드로 해석하지 않고 이미지로 리딩하는 것이었습니다. 카드 하나하나에 담긴 이미지, 그림으로 읽는 해석은 무엇보다 통찰력과 섬세함이 필요한 부분입니다. 그림으로 해석하다 보면 훨씬 더 내용을 섬세하게 전달할 수 있습니다. 이 방법은 단순히 내담자가 던지는 질문에 대한 답만 하는 것이 아니라, 타로상담사가 상담을 주도적으로 이끌어 갈 수 있어서 더더욱 상담의 수준도 높아지는 것을 깨달았습니다.

예를 들면 이렇습니다. "선생님, 남자친구가 여행가자고 해놓고 매번 미룹니다. 이번에는 꼭 가겠다고 약속했는데, 갈 수 있을까요?

"네, 고객님, 이번에는 약속을 확실하게 지킨다고 합니다. 그러면 여행을 몇 박 며칠로 가실 수 있을지 한번 볼까요?"

"네."

"아, 남자친구분과의 이번 여행은 2박 3일 정도로, 그리 긴 여행은 아닌 것 같지만 너무나도 행복하고 오붓한 시간을 가질 수 있겠네요. 이 여행을 통해 두 분의 관계가 더욱 돈독해지고 다녀온 후로 남자친구는 이렇게 기다려 준 여자친구에게 큰 고마움과 배려심을 느낀다고 합니다."

저는 이런 이미지 리딩법을 지속해서 훈련하였고 그 결과는 매우 탁월했습니다. 내담자들은 타로상담사가 자신들이 말하지 않은 질문까지도 알아서 척척 답변해주어서 너무 속이 시원하다고 하십니다. 그렇게 저의 단골은 점점 늘어나기 시작했습니다. 타로를 배운 기간은 딱 한 달이었지만, 타로카드 키워드에서 읽히지 않는 참 난해한 질문에 대해 이미지 리딩을 통해 기간과 첫 질문에서 파생될 수 있는 예상 질문까지 답변해드림으로써 내담자들의 만족도는 상상할 수 없을 정도로 높아졌습니다. 이를 계기로 수입 역시 기하급수적으로 늘어났습니다.

첫 달에 열흘 상담하고 70만 원, 둘째 달 600만 원, 셋째 달 700만 원, 넷째 달 800만 원에서 1천만 원…. 저는 살면서 한 번도 이렇게 큰돈을 벌어본 적이 없었는데 정말 대기업 연봉자들이 부럽지 않을 만큼 제 생활은 윤택해졌습니다. 무엇보다 작은딸이 제일 좋아하는 치킨을 마음껏 시켜줄 수 있어 너무 행복했답니다. 아이들이 뭔가를 사달라고 하면 "그거 얼만데?"라는 말이 먼저 나왔던 저였는데 달라져도 너무 달라진 인생이었습니다.

타로상담사를 시작한 지 어느덧 4개월이 지난 어느 날, 아이들을 학교에 모두 보내고 깨끗하게 집 청소를 마친 후 창밖에서 내리쬐는 햇볕은 참 따스했습니다. 오전 8시, 첫 상담 고객이었는데 그날따라 유난히도 소통이 잘 되었고 저의 리딩을 참 잘 들어주셨던 분이셨습니다.

"선생님, 정말 너무 잘 맞추세요. 타로로 보시는 거 맞죠? 신점 같아요. 정말! 어쩌면 저의 상황과 그 사람의 성격이나 성향까지 완벽하게 맞추시네요."

"도움이 되신다니 저 역시 감사드립니다."

그 이후 그 내담자분은 작은 일 하나하나도 저에게 조언을 구하시고 내담자와 타로상담사 사이라고 하기에도 어색하리만큼 친한 언니 동생 사이처럼 소통하게 되었습니다. 바로 그분이 바로 저의 첫 제자였습니다. 그분의 이야기를 들어보니 몇 년 전 타로를 너무 좋아해서 독학으로 공부도 하고 배워도 보았지만 리딩이 너무 어려워서 포기한 상태였다고 했습니다. 저와 상담을 나누던 그때는 자기 일이 너무 안 풀리고 힘들어서 타로에서 위안과 위로와 조언을 받고자 했던 시점이었죠. '꼭 타로를 배우고 싶다'는 그분의 간절한 마음과 저의 열정이 더해져서 그분은 한 달간 정말 열심히 공부하였고 지금은 그 누구보다 멋진 타로상담사가 되어 계십니다.

그날 이후 저는 이 타로상담사라는 직업이 얼마나 보람되고 가치 있는 일인지 본격적으로 알리며 교육 사업을 시작했습니다. 제주까지 오고 가며 출장 교육에 힘썼습니다. 배출하는 제자들마다 일선에서 월 1천만 원은 참 쉽게 벌고 있으니 더더욱 이 일에 매진하게 되었습니다. 누군가 묻습니다. 타로를 쉽고 재미있게 가르쳐 주는 일, 그리고 그들이 돈을 잘 벌 수 있도록 끝까지 책임져 주는 일이 쉽지 않을 텐데 그런 에너지는 어디에서 나오느냐고 말입니다. 그에 대한 저의 대답은 정말 단순 명료합니다.

"저는 이 일이 너무 좋습니다. 단 한 번도 힘들다고 생각해 본 적이 없어요. 수강생들이 하루에 백 번을 질문하고 저를 귀찮게 해도 괜찮습니다."

타로상담사라는 직업은 타로를 이전에 배웠지만 리딩이 너무 어려워 찾아오시는 분들, 타로를 배웠지만 수익으로 연결하지 못하는 분들, 이제는 꺾어지는 나이가 되어 새로운 일자리를 찾지 못하는 분들, 육아 때문에 쉽사리 취업을 못 하는 주부들, 뻔한 월급으로는 삶이 나아지지 않는 직장인들에게는 새로운 수입 창출의 길이 되고 있습니다. 현재 그 장점을 느끼며 전국에서 많은 이들이 새로운 꿈을 찾아 루 아카데미 타로의 문을 두드리고 계십니다. 그분들이 저를 찾아오는 이유는 기존의 틀에 박힌 타로 리딩법에서 완전히 탈피하여 각자의 스타일과 직관대로 타로카드를 읽는 능력을 키워주기 때문입니다. 내담자들의 미래가 비록 좋지 않게 나온다 해도 그 미래에 대해 겁을 주는 것이 아니라 그들이 타로

상담을 받고 나쁜 것은 피해 가며 좋은 것들은 받아들이면서 하루를, 일주일을 그리고 한 달을 편안하게 살 수 있도록 돕는 역할을 합니다. 바로 그것이 우리의 사명이라는 것을 교육생들에게 늘 깨우치게 하는 저만의 노하우가 그들에게 전달되었기 때문이라 여깁니다.

마음이 너무 괴롭고 힘든 이에게 "당신은 앞으로도 이렇게 힘들 것입니다. 이것을 운명처럼 받아들여야 합니다" 하고 말한다면 이것보다 더 큰 절망이 어디 있을까요? 그러나 '지금은 비록 힘들고 괴롭지만 이 과정을 통해 당신은 더욱 성숙해질 것이며 이번 실수를 통해 멋진 사람으로 한층 성장해 가실 수 있다'고 한다면 그 한마디에 살아갈 용기와 희망을 얻습니다.

대다수 수강생이 가장 많이 걱정하며 묻는 질문이 있습니다.

"선생님, 제가 못 맞추면 어떻게 해요? 그게 가장 마음의 부담입니다."

우리는 태어나면서 몇 살에 타로를 배울건지 그런 사실을 알고 있었을까요? 당연히 모르셨을 겁니다. 한 치 앞의 인생, 하물며 내일 나의 일도 어떻게 될지 알 수 없습니다. 그런 우리가 다른 사람의 인생을 100퍼센트 맞춘다는 건 신이 아닌 이상 불가능합니다.

신이 아니기에 틀릴 수 있고, 틀렸다고 해서 저를 찾아와 따지거나 힘들게 하는 이도 없습니다. 사람들은 그저 답답한 마음을 털어놓을 곳이 필요한 것뿐이고, 풀리지 않는 문제가 있을 때 타로상담을 통해 조언을 구하는 것입니다. 또 어떤 사람은 큰 문제는 없지만, 그저 외로워서 누군가와 가볍게 대화하고자 상담을 진행합니다. 자신이 답을 정해 놓고 그 답이 맞는지 다시 한번 확인하고자 전화하는 이들도 있습니다.

그런데 사람들이 왜 타로를 보는지 진짜 이유를 알려드릴까요? 앞서 말했지만 예수님, 부처님은 우리가 기도해도 답변이 너무 느립니다. 답을 주시지만 그것을 못 느낄 수도 있습니다. 인간은 신의 답변을 기다리기에는 마음이 너무 급합니다. 하루빨리 이 어려운 문제를 해결해야 두다리 뻗고 잠을 잘 수 있을 텐데 말입니다. 분명히 말씀드리지만 타로는 빠릅니다.

"우리는 신이 아니다! 우리는 신이 아니다!"

이 단순함만 기억하신다면 타로상담사의 길을 걸어가시는 여러분은 부담감에서 벗어나실 수 있을 겁니다. 소신껏, 자신 있게 리딩하세요. 타로상담사의 리딩은 고객에게 확신을 주고 신뢰를 줍니다. 저는 타로상담사로서 일하면서 고객 분들과 함께 계속 성장하고 있습니다. 세상에 하나뿐인 저만의 타로카드 책과 카드를 통해 타로를 알리고, 이를 통해 많은 분들이 자신감과 열정으로 타로상담사의 길에 들어섰으면 좋겠습니다.

끝으로 루 아카데미 타로를 찾아와 꿈을 이루고 성장하고 계시는 모든 분들께 감사드립니다. 부족한 부분도 있고 때로는 엉뚱한 면도 있지만 잘 따라와 주셔서 진심으로 고맙습니다. 이 책을 계기로 타로상담사의 길에 들어서는 모든 분들이 행운과 행복이 함께 하시길 기원합니다.

루 아카데미 타로상담사 루아 황혜영

CONTENTS

타로의 세계에 잘 입문하셨습니다

수 많은 방법 중 가장 쉽고 즐겁게 타로상담사 되는 법

새로운 타로의 세계,
루아가 개발한 78장의 카드 이야기

CHAPTER 4

사연도 각양각색
다양한 상담 사례들

CHAPTER 5

이것이 바로 직관 이미지
리딩법입니다

CHAPTER 6
타로마스터반 수강생 리딩 피드백

CHAPTER 7
고수익 전문직인 타로상담사

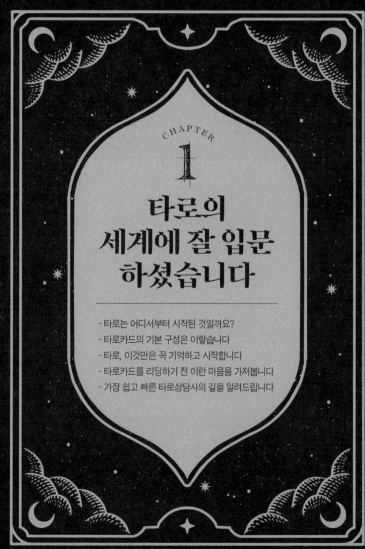

CHAPTER

1

타로의
세계에 잘 입문
하셨습니다

- 타로는 어디서부터 시작된 것일까요?
- 타로카드의 기본 구성은 이렇습니다
- 타로, 이것만은 꼭 기억하고 시작합니다
- 타로카드를 리딩하기 전 이런 마음을 가져봅니다
- 가장 쉽고 빠른 타로상담사의 길을 알려드립니다

타로는 어디서부터 시작된 것일까요?

타로카드는 총 78장으로 구성되어 있습니다. 그러나 타로상담사가 가지고 있는 카드는 다 같지는 않습니다. 가장 잘 알려져 있고, 많이 쓰는 타로카드는 '유니버셜 타로카드'입니다. 이 책을 읽는 당신이 타로의 초보자라면 유니버셜 웨이트 타로카드로 시작해도 좋습니다. 하지만 저는 그 유니버셜을 무조건 따라가고 싶지 않아서 저만의 타로카드를 개발했습니다. 일러스트레이터가 그린 78장의 그림에 제 나름의 해석을 붙여 실제 상담을 진행하고 있습니다. 제가 만든 카드이다 보니 저만의 리딩 기법을 만들어 낼 수 있었습니다. 앞으로는 루 아카데미의 이 타로카드가 유니버셜 카드보다 더 많이 사용되었으면 하는 바람입니다.

일단 타로를 시작하려면 타로카드가 무엇인지 제대로 알아야 합니다. 누군가에 대해 파악하려면 그가 언제 어디서 태어났는지를 알아야 하는 것처럼, 기본적으로 타로가 일상의 중심이 되는 사람들이라면 타로가 언제 어디서 탄생했는지를 알아둘 필요가 있습니다.

현존하는 덱 중 가장 오래된 비스콘티 스포르자 덱(1415년) 이후로 타로의 역사가 시작되었고, 1780년대부터 타로점이 대중화되기 시작되었다고 봅니다. 타로를 점의 한 방법이라고 생각하는 것처럼, 과거에도 타로를 신점의 일부로 받아들였고 바로 그 지점에서 타로가 발전해 왔습니다.

동양인들, 특히 한국인들은 사는 게 힘들고 벅찰 때 종교가 있는 사람도, 그렇지 않은 사람도 가끔 점을 봅니다. 굳이 큰 기대나 의지하려고 보는 게 아니라 그저 불확실한 내일에 대한 잠시의 위로를 받으려 하는 게 크다고 봅니다. 동양인의 점은 조금은 과학적인 《주역》의 음양이론에서 나왔다고 볼 수 있습니다. 이에 대비해 서양은 타로카드를 점성술에 주로 활용한 것입니다. 타로는 영어 단어인 'Tarot타로'에서 유래했습니다. 타로를 누가 가장 먼저 사용했는지 정확히 밝혀진 바는 없으나, 집시들이 가장 먼저 타로를 사용했다는 목소리가 가장 큽니다. 자신들의 운명을 알 수 없는 집시들이 미래를 점쳐보는 용도로 타로를 사용하며 발전했습니다. 집시들은 사람의 육체 안에 영혼이 있다는 것을 믿었고, 타로카드를 선택하는 행위를 '내 육체의 선택이 아닌 육체를 주관하는 영혼의 선택'이라고 생각했습니다.

타로의 기원을 보면 5개 지역이 저마다 자기가 먼저라고 주장합니다. 이집트, 인도, 유대, 이슬람, 중국이 그곳인데 우리는 굳이 누구의 손을 들어줄 필요성은 느끼지 않아도 됩니다. 그냥 그런 곳에서 타로가 시작되었다는 정도만 아시면 됩니다. 타로를 학문으로 접근하는 게 아니라 우리 삶에 실제로 적용해서 사용하는 데 목적이 있기 때문에 너무 깊이 알 필요는 없다고 봅니다. 동양의 주역과 서양의 타로 중에서 어느 쪽이 더 적중률이 높은지 따지는 것도 무의미해 보입니다. 동양의 주역, 서양의 타로는 각각 자신의 지역에서 오랜 세월 동안 삶에 녹아든 문화적인 산물이기 때문에 나름의 가치가 있습니다. 동양에서는 거북이 등껍질로 점을 치는 시대도 있었습니다. 이런 다양한 접근은 문화의 다양성이라고 포용성 있게 바라보면 좋습니다.

그렇다면 주역이나 타로가 가진 공통점은 무엇일까요? 둘 다 사람과 그 심리를 이해해야 하며 이를 통해 사람들의 미래를 읽어줍니다. 누군가의 인생을 상담하는 일은 절대 가볍게 볼 일은 아니지만, 타로카드로 사람의 미래를 책임질 수 있을 것이라는 지나친 기대나 환상도 금물입니다. 타로카드를 처음 접한다면 학문적으로 접근지도 마시고, 자신이 족집게 같은 결과를 보여줄 것이라는 과한 욕심도 부려서는 안 됩니다. 그저 내담자, 질문자의 삶이 비틀거리지 않고 온전하게 걸어갈 수 있도록 조언해주고 상담해주는 역할이라고 가볍게 접근하시기 바랍니다. 저도 그런 마음으로 시작했고, 그렇게 사람들의 마음을 만났으며, 자꾸 사람들과 타로카드로 이야기를 나누다 보니 뭔가 패턴이 잡히면서 타로상담사의 길에 들어섰습니다. 나와 비슷한 고민, 나와 비슷하게 살아가는 수많은 사람의 내면을 들여다보면서 나도 성장할 수 있다는 가치도 덤으로 얻을 수 있는 것이 타로입니다. 당신도 이제 첫길에 들어섰으니 우리는 같은 길을 걸어가는 동반자입니다. 함께 타로상담사 전문가의 길을 잘 걸어갔으면 합니다.

타로카드의 기본 구성은 이렇습니다

타로카드는 78장으로 구성되어 있으며, 이를 덱Deck이라고 합니다. 이 타로 덱은 22장의 메이저 카드와 56장의 마이너 카드로 이루어져 있습니다.

> 덱(78장) = 메이저 22장 + 마이너 56장

각각의 카드를 '아카나' 혹은 '아르카나'라고도 얘기합니다. 타로카드 한 장 한 장을 부르는 명칭으로 비밀, 신비라는 의미의 라틴어 '아르카눔' 의 복수형으로, 타로카드의 지혜와 신비로운 미스터리가 숨겨져 있음을 암시합니다. 메이저 카드의 경우는 '메이저 아카나' 혹은 '메이저 아르카나라고도 불리며 모두 22장으로 되어있습니다. 0번은 바보이고 21번은 세계입니다. 0번 바보부터 21번 세계까지, 한 사람의 인생의 희노애락이 담겨 있기 때문에 메이저 카드는 마이너 카드보다는 의미가 깊습니다.

마이너 카드는 4가지의 원소(불=지팡이, 물=컵, 공기=검, 땅=동전)를 나타내는 것으로, 각 원소 당 핍(숫자) 카드 10장, 코트 카드(인물 왕, 여왕, 기사, 소년) 4장씩 14장이며 총 56장입니다. 메이저 카드가 인생의 큰일을 보여준다면, 마이너 카드는 인생의 세부적인 부분을 보여준다고 할 수 있습니다. 메이저 카드와 마이너 카드 사이에 한 장 혹은 2장 정도 더 들어 있는 카드가 있는데, 그게 공백 카드입니다. 이 공백 카드의 용도는 78장 중 한 장을 잃어버릴 시 그 카드를 대체하는 용도입니다. 단, 잃어버린 카드에 대해서 상징과 의미를 정확히 알고 있어야 합니다. 2장이 들어 있다면 그걸 다 잃어버려도 그 카드들은 사용할 수 있습니다. 만약 3장까지 잃어버린다면 그 카드는 어쩔 수 없이 버리고 다른 카드 세트로 교체하여야 합니다.

타로카드를 접하다 보면 '덱'이라는 말을 많이 들을 겁니다. 덱은 카드 한 무더기를 말합니다. 다시 말해 타로 한 세트인데 78장의 모든 카드가 하나의 덱이라 할 수 있습니다. 간혹 카드가 더러워질까 봐 덱 프로텍터를 사용하시는 분들이 있는데 저는 반대입니다. 덱 프로텍터는 카드의 더러워짐과 훼손 방지를 위해서 씌우는 비닐 커버인데 타로의 기가 전해지지 않거나 서플, 스프레드가 안 되는 불편함이 있습니다. 서플은 카드를 섞는 행위입니다. 타로상담사마다 섞는 방법은 다양합니다. 딱 정해진 기준이 있는 건 아니기에 자기만의 스타일대로 편하게 서플을 하시면 됩니다. 서플을 하고 나면 스프레드, 즉 카드를 펼치게 됩니다. 스프레드 종류는 아주 다양한데 원 카드부터 10장이 넘게 들어가는 스프레드도 있습니다. 여기서 주의할 것은 1질문 1스프레드, 즉 꼭 한 번의 질문에 한 번의 스프레드만 해야 합니다.

스프레드를 할 때는 카드 바닥에 천을 까는데, 이걸 스프레드 천이라고 합니다. 색깔은 본인이 좋아하는 색을 쓰면 되고 천이 미끄러지지 않게 미끄럼 방지를 권합니다. 스프레드를 하고 나면 내담자가 카드를 선택하는데 그걸 '초이스'라고 합니다. "이 카드로 할게요!" 이게 초이스겠죠. 타로상담사의 능력을 보여주는 결정적인 행위는 리딩입니다. 리딩은 내담자의 질문에 답하기 위해 그 카드를 뽑고 나서 분석하고 해석해서 읽어주는 행위를 말합니다. "자, 리딩 시작합니다. 이 카드가 뜻하는 것은요~~." 이렇게 리딩을 풀어갈 겁니다.

마이너 카드에는 지팡이, 컵, 검, 동전 등이 나오는데, 그걸 수트라고 하고 4가지 수트마다 숫자 1번을 의미합니다. 카드를 섞은 후에 무더기를 나누는 동작은 '컷'이라고 합니다. 리딩 중에서 이미지 리딩은 타로카드의 그림만 보고 해석하는 행위입니다. 타로에 입문하기 전에 최소한 이 정도의 개념들만 알아두시면 그다음 단계로 나가기가 한결 수월합니다. 그러므로 본격적인 타로 세계 입문을 위한 워밍업 정도로 여기면 됩니다.

타로, 이것만은
꼭 기억하고 시작합니다

첫째, 타로카드는 나와 내담자의 삶의 하루하루가 좀 더 편안하도록 나아가 일주일, 한 달을 좀 더 안정감 있게 보낼 수 있도록 돕는 도구입니다. 사람은 누구나 자신의 내면 깊은 곳에 드러내고 싶지 않은 진실이 하나씩은 있습니다. 그것을 판도라의 상자라고 말할 수는 없지만, 그 진실이 밖으로 꺼내어졌을 때 불편함은 이루 말할 수 없기에 어느 정도 감추고 살아가는 것뿐입니다. 타로카드는 자기의 깊은 내면에서 올라오는 그 진실에 소리에 집중하고 그 메시지와 조언을 있는 그대로 받아들일 수 있는 도구입니다. 각박한 세상, 눈코 뜰 새 없이 돌아가는 일상에서의 우리는 이 내면의 목소리에 집중해야 합니다. 자신이 지금 느끼는 그 솔직한 감정들을 알기 어렵거나 알더라도 쉽게 흘려듣기가 다반사인데 바로 이럴 때 타로가 필요합니다.

예를 들어 연인과 데이트를 마치고 집으로 돌아오는데 왠지 남자친구가 예전 같지 않고 나를 보는 눈빛도 그저 그렇고 전처럼 나를 사랑해주지 않는 느낌이 들어 내심 서운했습니다. 남자친구에게 전화를 걸어 "요즘 나한테 뭐 서운한 거 있어?"라고 묻고 싶지만 그러기는 싫고 아니라고 하면 괜히 나만 이상해질 것 같아 참습니다. 그러나 밤새 그 생각에 잠이 오질 않아 답답한 마음에 타로를 열어 나의 마음과 그의 마음을 보았는데 나의 마음은 '내가 그 사람에게 오직 유일한 사람이었으면 좋겠다' '이 사람이 나에게 지금보다 더 많이 사랑한단 말을 자주 했으면 좋겠다' '하루하루 모든 일과를 나와 공유했으면 좋겠다'라는 속마음이 보였습니다. 조언에서는 연인관계도 인간관계와 마찬가지로 너무 뜨겁지도 않게 그렇다고 너무 차갑지도 않게 거리를 유지해야 하며 서로 만났을 때에는 온 힘을 다하지만, 떨어져 있을 때에는 서로의 사생활을 존중해주어야 한다고 말합니다. 그리해야 더 오랜 연인관계를 지속할 수 있다고 말이지요.

그의 마음도 열어보았습니다. 그는 사실 요즘 이래저래 근심이 참 많은 것으로 보였습니다. 빨리 스펙을 쌓아서 승진도 해야 하고 돈도 잘 모아 결혼도 해야 하는데 이상하게 요새는 열심히 해도 하는 일만 많지 되는 일이 없는 것 같아 얼굴에는 수심이 가득한 카드가 나왔습니다. 나에 대한 마음 역시, 사랑하고 애틋한 마음은 변함이 없으나 현재 본인이 처해 있는 환경이나 미래 걱정에 나를 예전보다 더 챙길 수가 없었던 모양입니다. 타로 리딩이 이렇게 흘러가니 갑자기 그에게 미안한 마음이 들었습니다. 무슨 힘든 일이 있느냐고 물어보지는 못할망정 나는 사랑 타령이나 하고 있었던 철부지 여자친구…. 한결 마음이 편안해지는 걸 느끼고 그날 밤 푹 잘 수 있었습니다. 이처럼 타로는 정말 우리 삶의 힐링이 되는 역할을 아주 잘하고 있다고 해도 과언이 아닙니다.

둘째, 타로카드는 이렇게 사용하세요. 요즘은 사람들이 예전보다 더 오늘의 운세, 한 해의 운세를 많이 봅니다. 운세 역시 타로카드로 볼 수 있는데 나의 문제, 주변인들의 질문에 답을 줄 수도 있습니다. 이때 자신의 문제를 가지고 볼 때는 아무런 상관이 없지만 타인의 질문에 리딩해 줄 때는 몇 가지 조심해야 할 사항이 있습니다. 타로는 인생을 돕는 조언의 역할을 하지만 우리의 말 한마디, 한마디가 상대방의 인생을 달라지게 할 수 있으므로, 재미로 보는 타로이지만 함부로 이야기해서는 안 됩니다. 타로를 보고 그 리딩대로 결정을 하는 것도 그 사람의 몫이지만, 결과에 대한 책임도 어느 정도는 상담자에게 뒤따르기 때문입니다. 특히 건강과 죽음에 관한 질문에는 아무리 질문자가 추궁해도 절대 리딩하지 않는 것을 원칙으로 합니다.

얼마나 그 사람이 밉고 원망스러우면 사망에 대한 질문을 할 수 있을까 이해는 됩니다. 하지만 사람의 생사는 아무도 모르는 것이며, 잘 지내다가 갑자기 심장마비로 죽을 수도 있는 것이 우리네 인생이지요. 건강 역시 회복에 대한 질문 또는 이런 것은 괜찮습니다. 예를 들어, 부모님이 몇 달 전 치질 수술을 하였는데 무슨 치질이 전염병도 아닌데 딸에게도 생긴 것이었습니다. 질문자는 딸이었는데 동네병원에 가는 것이 좋으냐

서울 강남에 유명 항문외과에 가는 것이 좋겠느냐였죠. 이렇게 방향 설정에 대한 제시 또한 가능합니다. 많이 아프고 견디기 힘들다면 상식적으로 병원에 가서 정밀검사나 진찰을 받는 것이 우선이지 타로 상담으로 물어볼 것은 아니란 말입니다. 그러나 솔직히 좀 이해는 됩니다. 병원에 가서 혹여라도 '몹쓸 병에 걸렸다는 소리를 들으면 어떡하지?'라는 두려움이 먼저 앞서기에 병에 걸리지 않았다는 말을 타로 상담을 통해 듣고 싶은 그 심정…. 타로를 다루는 사람은 항상 상대가 올바른 길을 갈 수 있도록 이끌어야 하며, 늘 그 일에는 책임과 양심이 따름을 기억해야 합니다.

타로상담사 일을 하다 보면 타로를 조금 다른 목적으로 사용하는 분들을 종종 봅니다. 타로는 사사로운 욕심을 채우는 도구가 절대 아닙니다. 도박이나 복권 등 사행성이나 부정적인 목적으로 절대 타로를 사용해서는 안 됩니다. 그리고 또 하나 주의해야 할 것이 있습니다. 앞에서도 강조했듯이 간혹 내담자들 중에 자신의 건강이나 죽음에 대해 묻는 경우가 있는데, 타로는 절대 그런 것을 리딩하는 도구가 아님을 명심하시기 바랍니다. 건강이나 죽음은 타로상담사에게 물을 게 아니라 병원을 찾아가야 합니다. 타로는 인간의 생명 영역을 다룰 수 없습니다. 타로는 안개 같은 삶의 길에 마음이 불안할 때 손을 잡아 주는 친구라고 생각하시면 됩니다. 내 자신이 마음이 흔들릴 때 다시 올바른 방향으로 걸어가도록 도와주는 친구이자, 방황하는 이들에게 잘못된 판단을 하지 않도록 도와주는 조금 차원이 높은 가이드입니다. 우리는 하루하루 삶에 치이다 보면 자신의 직관, 통찰력을 잃어버리고 삽니다. 그럴 때 타로는 나의 내면에서 올라오는 목소리를 듣게 하고 이를 통해 자기 삶을 올바른 방향으로 전환하도록 도와줍니다. 살면서 타로의 긍정적 에너지를 최대한 활용하셨으면 좋겠습니다.

타로카드를 리딩하기 전
이런 마음을 가져봅니다

사실 '그날의 감정 상태에 따라 같은 카드라도 리딩이 달라질 수 있겠다' 라고 어느 순간 생각하게 되었습니다. 나의 감정 상태가 편안하고 좋을 때는 어떤 질문이 들어와도 의연하고 유연하게 객관적으로 잘 대답할 수 있게 되는데, 그날의 감정이 아침부터 롤러코스터를 타는 날에는 '도무지 이 카드를 어떻게 해석해야 맞는 건지', 늘 하던 일인데도 불구하고 종종 그럴 때가 많았습니다. 다른 사람의 앞날을 봐주는 타로상담사가 자기감정대로 리딩을 이끌어 간다는 건 사실 있을 수 없는 일이라 생각하여 저는 이 방법을 생각해 냈습니다.

바로 '아침에 일어나서 30분 명상하기, 아로마 향기로 힐링하기, 아침에 커피 대신 차 종류를 마시기, 주변은 항상 깨끗하게 정돈하기 등' 입니다. 이를 실천한 후에는 감정 기복에 관한 불편함이 많이 사라졌고 실제로 루 아카데미 수강생 분들께도 이 방법을 늘 권유합니다. 타로상담사에게 있어서 가장 중요한 것은 '결과를 잘 맞히는 게 아니라 자신이 한 타로 리딩에 대해 자신감이 있어야 한다'는 점입니다. 어떠한 당황스러운 질문이 들어온다 해도 침착함을 유지하고 카드에서 보이는 대로 객관성을 유지해야 듣는 사람 또한 신뢰하기 때문입니다. 술에 술 탄 듯 물에 물 탄 듯 질문자에게 이끌려가다 보면 줏대 없는 상담이 되면서 고객은 상담을 마치고 이런 생각을 할 것이 분명할 겁니다. '이야기를 듣긴 들었는데 뭔가 시원하지 않고 더 찜찜하네? 뭐지 이 느낌?' 이렇게 느낀 고객이 다시 상담을 의뢰한다는 건 희박한 일이겠죠. 물론 잘 보면 친구까지 데려오겠지만요.

한 가지 난센스 질문을 던져보겠습니다. 고객에게 질문을 많이 하는 상담사가 고수일까요? 적게 하는 게 고수일까요? 이 역시 테스트해보면 각기 다른 답들이 나오는데, 정답은 질문을 적게 하는 상담사가 진정한 고수입니다. 하는 일이 잘 안 풀리고 마음이 답답할 때 사람들은 한 번씩 점집을 찾습니다. 찾아간 점집에서 점을 보는 점쟁이가 나는 어떠한 것도 말하지 않았는데, 앞에 앉아 있는 나에 대해 이런저런 과거와 현재 상황을 너무 잘 맞춘다면 어떤 생각이 들까요? '와, 정말 용하신 분이네! 질문을 몇 가지 할 법만도 한데 질문 하나 없이 술술술 과거 현재도 맞추셨으니 미래도 잘 보시겠네!'라는 생각이 들 겁니다. 그런데 만약 점쟁이가 자꾸 질문한다면 어떤 생각이 들까요? 질문이라는 것은 어떠한 답을 들으려고 하는 건데 점을 보는 사람이 답을 준다면 그곳은 상황에 맞도록 끼워 맞추기식이지 그 점쟁이가 용하다고 여기는 사람은 없을 것이기 때문입니다.

저는 항상 제자 분들에게 '질문자의 질문을 잘 듣는 것이 정말 중요하다'고 강조합니다. 질문을 잘 들어야 정확한 답이 나오는데 질문에 집중하지 못 하면 엄한 소리를 하고 리딩이 산으로 가기 때문입니다. 고객의 질문을 듣고 난 후에는 "고객님, 올해에 이사 계획이 있으신데 과연 이사를 할 수 있을지가 궁금하신 거죠?"라고 다시 한번 되새겨주면 질문자 역시 내 질문을 잘들었다고 느껴지고, 상담사 역시 그 질문에 대한 답을 정확히 내릴 수 있습니다.

간혹 질문을 받다 보면 너무 광범위하게 말씀하시는 경우가 있습니다. 이때는 상담사의 융통성으로 조금 좁혀주면 결과를 내는데 있어서 좀 더 수월합니다. "제가 어디로 발령이 날까요?"라는 질문을 받았다면 질문자에게 발령이 날 수 있는 예비 지역 세 군데 정도를 말하게 한 뒤 카드를 뽑아 가장 좋은 쪽으로 선택하면 됩니다.

타로를 배울 때 대부분의 사람들이 가장 많이 범하는 실수 중 하나는 타로카드의 키워드만 달달 외우는 겁니다. 외우는 게 너무 힘들어서 중도에 포기하는 사람도 많습니다. 타로카드는 외우는 것이 아니라 이해하는 것에 더 초점을 두어야 합니다. 온라인 강좌나 관련 도서 등을 통해 독학하시는 분들 중 그런 분들이 많은데, 키워드만 외우는, 즉 이론적인 것에만 치중하는 것이지요. 그렇게 해서 우리가 리딩을 수월하게 할 수 있다면 이 세상에 타로를 잘할 수 있는 사람은 정말 많을 것입니다.

물론 카드 이미지 하나하나에 담긴 키워드는 매우 중요합니다. 그러나 더 중요한 것은 직관입니다. 직관이란! 카드를 딱 보았을 때 그렇다 아니다 맞다 틀린다는 것과 같이 바로 나와야 한다는 것이죠. 직관이 더 중요한 이유는 타로에서 풀 수 없는 정말 난감한 질문들, 예를 들어 어떨 때는 '뭐 이런 것까지 물어볼까?'라는 생각이 드는 경우가 많기 때문입니다. 그러한 질문들을 우리가 키워드만 외워서 리딩한다면, 그것은 수박 겉핥기의 흉내내기식 리딩 밖에 될 수 없습니다. '리딩에는 정답이 없다'는 말은 같은 카드를 가지고도 상담사의 해석이 다 똑같을 수 없음을 의미하기도 합니다. 리딩은 옳고 그름을 따지는 것이 아니라 '나 또는 내담자가 좀 더 좋은 선택을 할 수 있도록 돕는 역할을 하는 수단'이라는 것을 꼭 마음속에 새겨야 합니다.

또 한 가지 주의해야 할 점이 있습니다. 우리가 타로를 리딩할 때 결론을 내주고 조언까지 해주는 건 맞지만, 어떠한 상황에서도 남의 권리를 침범해서는 안 됩니다. 매일매일 변덕스럽게 바뀌는 날씨처럼, 우리의 마음도 하루에 몇십 번씩 오락가락하며 하루에도 수없이 많은 선택의 갈림길에 섭니다. 여기서 가장 중요한 것은 '자신이 가진 문제에 있어서 어느 누가 조언을 해주든 어떤 선택을 따르든 그것 또한 자신의 선택이라는 사실'입니다. 강요는 절대적이지 않다고 하나 거기에 따른 결과는 자신에게 직접적인 영향을 미친다는 것입니다. 이 세상에 100퍼센트라는 것은 없습니다. 내담자의 상황을 듣고 '그건 절대로 하면 안 된다' '그 사람은 무조건 잡아야 하는 사람이다' '그 인연은 절대 만나면 안 되는 인연이다'라는 식의 리딩은 정말 위험할 수 있습니다.

내 배 속에서 태어난 자식도 내가 100퍼센트 책임질 수 없는 게 인생인데, 신이 아닌 이상 누가 누구의 인생을 감히 책임진단 말인가요. '결국 인생은 스스로 결정하여 홀로 헤쳐나가는 것'이라는 말이 있듯이, 타로 카드를 공부하는 목적은 미래에 펼쳐질 좋은 상황은 기분 좋게 안심하고 갈 수 있고, 좋지 않은 상황에서는 겁을 먹는 것이 아니라 타로를 통해 미리 알았으니 되도록 잘 비켜 갈 수 있게 이끌기 위함입니다. 짜장면을 먹을지 짬뽕을 먹을지와 같은 선택이란 지구상의 모든 인간이 동등하게 갖는 권리이며 자유입니다. 그러므로 우리는 내담자를 대할 때 정중하고도 또한 편견 없이 열린 마음과 사랑으로 리딩에 임해야 할 것입니다. 내담자는 항상 인생의 중요 기로에 서 있는 일이 많습니다. 간절함과 절박함으로 타로상담사를 찾아옵니다. 그들의 내면의 소리에 따뜻하고 열린 마음으로 귀 기울여야 합니다. 내담자에게 집중하면 할수록 타로 리딩의 직관은 더욱 뚜렷해질 겁니다.

타로 리딩을 하기 위해서는 내담자가 어떤 상황에 처해있는지 질문하는 게 중요합니다. 그러므로 타로상담사는 말을 많이 하지 마시고 내담자가 자기 이야기를 많이 하도록 유도해야 합니다. 그 이야기 속에서 내면의 소리가 나오도록 이끄세요. 질문도 너무 길게 해서는 안 됩니다. 짧고 명료한 질문이 명쾌한 질문을 이끌 겁니다. 질문의 순서는 광범위한 질문에서 디테일한 질문으로 들어가면 됩니다. 질문의 목적은 내담자가 처한 상황과 내담자의 캐릭터를 파악하는 데 있습니다. 그리고 내담자가 같은 질문을 여러 번 하게 하지 마세요. 질문은 한 번에 하나씩, 질문의 유형은 같아서는 안 됩니다. 질문이 같다는 건 내담자가 원하는 답이 따로 있다는 걸 의미합니다. 하지만 거기에 끌려가시면 안 됩니다.

가장 쉽고 빠른 타로상담사의 길을 알려드립니다

지금 이 책을 왜 읽고 계십니까? 사람들에게 인정받는 타로상담사가 되고 싶고, 그걸 직업으로 큰돈을 벌고 싶으실 겁니다. 그래서인지 서점에 가면 참 많은 타로카드 관련 책이 쏟아져 나와 있습니다. 물론 좋은 책들이 많고 나름의 비법들도 있습니다. 하지만 저는 그 책들을 읽고 아주 쉽고 빠르게 타로상담사가 되었다는 소리를 못 들었습니다. 오히려 그 책들을 바탕으로 타로 리딩을 했는데 너무 힘들어서 저를 찾아온 사람들을 더 많이 만났습니다. 저는 과감하게 타로에 관심 있는 모든 타로 초보자들에게 저와 루 아카데미만이 가지고 있는 가장 빠르고 쉽게 타로상담사 되는 길을 공개하겠습니다. 제가 나름 터득한 5가지의 길만 잘 따라오신다면 먼 길 돌아 타로의 길에 들어서는 시간 낭비, 노력 낭비는 없으실 것이라 자신합니다.

첫 번째, 저는 쉽고 빠르게 타로를 마스터하게 해드립니다. 타로는 쉽게 배워야 한다는 게 제 철칙입니다. '남자는 여자 하기 나름'이라는 말이 있듯이, '제자들도 스승이 하기 나름인 것 같다'라고 생각합니다. 제게 타로를 배우겠다고 찾아오시는 분들이 참 많습니다. 재미있는 사실은 그분들 하나하나의 사연들이 참 다양하다는 겁니다. 몇 년 전부터 타로를 배우겠다고 여러 기관을 찾아다니며 돈만 엄청나게 쓰고, 배운 것은 있는데 도대체 뭘 배웠는지 배울수록 산으로 가는 느낌이고, 더 어려워만 지고 머릿속은 자꾸 하얘만 집니다. 그래서 '에라~모르겠다 타로 나 안 해!'라고 포기했다가 저를 찾아오신 분들이 좀 있습니다.

타로에 '타' 자도 모르고 타로카드를 본 적도 없는 분인데 본인 사주를 보고 명리학 선생님이 직업 추천을 해서 오시는 분도 있고, 사주 명리를 몇 년 동안 공부해서 도사님은 다 됐는데 돈이 안 되다 보니 타로를 접목해 수익을 창출하려고 하시는 분들도 저를 찾아옵니다. 온라인 강좌로 타로를 배웠지만, 이론만 잘 알 뿐 카드를 펼쳐놓으면 '보이는 건 카드요 안 보이는 건 리딩이다!'라며 리딩이 전혀 안 돼서 찾아오시는 분들도 계시고, 현재 타로상담사로 일하고 있지만 리딩 실력을 더 향상해 단골을 많이 확보하고 더 많은 수익을 창출하고 싶으신 분들도 있지요. 이처럼 저를 찾으러 오시는 분들의 면면을 보면 정말 다양합니다. 이런 분들에게 제가 인기가 있는 건 쉽고 빠르게 타로를 가르치기 때문입니다.

저는 복잡하고 지루한 것을 매우 싫어하며 모든 배움은 재미있고 신나야 한다고 생각합니다. 혼나면서 배우면 사기도 떨어지고 흥미도 잃게 됩니다. 타로를 배우시는 연령대는 사실 40대 이후 분들이 많은데 이분들은 여러 가지 고난과 경험을 겪으면서 인생의 쓴맛, 단맛, 매운맛, 신맛, 짠맛을 모두 아시는 분들입니다. 그분들에게 못한다고 혼내고 키워드를 달달달 외우라고 한다면 정말 솔직히 하고 싶겠습니까? 그 부분에 있어서 저는 인생과 타로를 실제 상담 사례들과 함께 접목하여 생생한 실무 수업을 진행합니다.

그러다 보니 오시는 분마다 4주 차 수업 종료 날에는 아쉬움을 금치 못하십니다. '내가 잘할 수 있을까?' 하며 고민이 태산 같던 분들도 일주일만 지나면 천상 유수로 리딩하십니다. 그러면서 자신감이 생기고 '나도 이 나이에 무언가를 할 수 있다'고 느끼면서 자존감도 많이 높아집니다. 그러니 성과도 더 좋습니다. 무언가에 우리가 도전하고 배울 때 무조건 그 기간이 길다고 잘하고 성공하는 것은 아닙니다. 자신의 장·단점을 빠르게 알아서 부족한 것은 좀 더 채워주고 잘하는 것은 더 크게 키워줄 수 있는 선생님을 만나는 것도 중요하니까요!

두 번째, 골치 아픈 카드 배열법에 연연하지 않는 '원 카드 리딩법'을 전수합니다. 앞서 말씀드렸다시피 타로를 배웠던 분들도 다시 타로를 배우기 위해 루 아카데미의 문을 두드려주십니다. 이분들은 우리가 첫사랑을 잊지 못하듯, 타로도 처음에 배웠던 그 방법과 틀을 쉽게 깨지 못하십니다. 유튜브에서 '제너럴 타로 리딩'을 한 번이라도 들어본 적 있으신 분들은 잘 알겠지만, 특히 카드 배열법을 보면 그분들은 참 정석대로 과거,

현재, 미래의 방식으로 리딩을 진행합니다. 그러나 그렇게까지 가기에는 너무 많은 시간과 훈련이 필요하고 사실 그렇게 인내심이 강한 사람도 세상에는 드뭅니다. 그래서 저는 교육생들에게 원 카드 리딩법을 전수해 드리는데, 이게 세상 편하고 쉽습니다. 원 카드 하나만 가지고도 그 사람의 속마음은 물론이고 현재, 그리고 미래까지 모두 보이니까요.

유니버셜 웨이트의 완즈 4번을 예로 들어보겠습니다. 질문은 이렇습니다. "선생님, 제가 남자친구를 만날 수 있을까요? 답은 무엇일까요?" 결론은 "만날 수 있습니다"이고 완즈 4이니 일이나 직장 프로젝트를 하면서 만나게 되는 인연일 가능성이 큰 겁니다. 그다음은? "와우! 결혼까지 하게 됩니다. 결혼은 몇 월에 하게 될까요? 완즈 4이니 4월이 좋겠네요. 어머! 이 카드에서 자녀들도 보이네요. 치마를 입은 걸 보니 둘 다 여자아이인 것 같고 키 차이로 봐서는 2년에서 3년 정도 차이가 나는 것 같습니다. 이 결혼의 만족도와 가정생활의 만족도는 매우 크다고 볼 수 있습니다." 저는 이런 식으로 원 카드 리딩법을 고수하는 편이며 이 방법과 노하우를 전수했을 때 교육생들의 교육 만족도는 정말 어마어마했고 지금도 여전히 뜨겁습니다.

세 번째, 매일 매일 빼놓지 않고 하는 리딩 연습입니다. 아무리 머리가 좋고 어느 분야에 탁월한 유전자를 가졌다 하더라도 노력 없이는 그 어느 것도 100퍼센트를 이룰 수 없다는 것이 저의 생각입니다. 교육생들은 제게 이런 질문을 자주 합니다. "원장님, 원장님은 타고 나신 거죠? 어쩜 그렇게 술술술 나옵니까?" 그 질문에 저는 타고난 능력도 물론 영향이 있지만 노력 또한 정말 온 힘을 다해 했다고도 말씀드리고 싶습니다. 고백하건대 저도 타로 상담을 시작하고 얼마 뒤 정말 최악의 평점을 받아서 상처를 크게 받아 동굴로 들어가고 싶었던 때가 있었습니다. 제 리딩 실력은 인정하지 않은 채 낮은 점수를 준 고객을 원망하는 마음도 있었습니다. 하지만 그 당시 제가 할 수 있었던 것은 첫째, 끝까지 버틴다. 둘째, 상담 내용 녹음해서 들어본다. 셋째, 80퍼센트 이상이 연애 상담이니 연애 관련 도서를 틈틈이 읽어가며 연애 세포 되살리기 등이었습니다.

아카데미를 운영하면서도 모든 교육생에게 리딩 연습을 정말 많이 시켜야겠다고 생각했습니다. 리딩을 잘하든 못하든 처음이란 건 누구나 다 동일합니다. 그러니 익숙해지기 위해서는 오직 훈련밖에 방법이 없습니다. 정말 단순하지 않나요? 처음에는 입도 떨어지지 않았던 교육생들이 하나둘씩 말문이 트이고 3주 차 정도 됐을 때는 다들 전문가가 다 되어 계신 게 신기합니다. 어떤 날은 전화 리딩 연습을 하다 빵빵 터져서 깔깔거리며 웃다가 끝날 때도 다반사입니다. 매일매일 타로 전화리딩, 카톡 리딩 훈련을 시켜주는 곳은 대한민국 유일 '루 아카데미 타로'뿐이라고 저는 확신합니다.

네 번째, 루 아카데미는 피드백이 정말 빠릅니다. 기다림이란 것에 대해 어떻게 생각하시나요? 저는 기다리는 것을 별로 좋아하지 않는 편이고 성격이 남들보다 급한 편이라 궁금한 것이 있으면 바로바로 물어보거나 해서 궁금증을 해소해야 직성이 풀립니다. 그런 성격을 가진 탓인지 남을 기다리게 하는 일도 별로 없고, 답변이 굉장히 빠른 편입니다. 교육생들은 안 그럴까요? 새로운 것에 도전하는 시기에 적지 않은 기대도 있을 것이며 궁금한 것도 매우 많을 텐데, 제가 답변이 느리다면 얼마나 속이 터질까요? '내가 교육기관을 잘 선택한 게 맞을까?'라는 생각도 하실 수 있습니다. 소통이 잘 된다는 것은 문제가 없다는 뜻 아닐까요? 저는 밥 한끼를 거르는 일이 있더라도 최대한 빨리 답변을 드리려 합니다. 기다리는 사람의 마음을 너무 잘 아니까요.

어린 저와 동생을 감당하지 못해 인천 송도 유원지 근처 한 여인숙에 일주일간 저희를 맡겨 놓았던 아빠의 마음도 지금은 이해하지만, 아침이 되면 여인숙 밖에 나와 엄마가 꼭 우리를 데리러 올 거라고 애타게 기다렸던 경험에서 그 기다림이 너무나도 힘들었기 때문입니다.

다섯 번째, '이미지 리딩의 고수는 나'라고 자신감을 줍니다. 타로상담사, 타로상담사 하면 왠지 무게감이 느껴지면서 신비롭기까지 하며 '저 사람은 영적인 느낌도 있을 거야'라는 생각하게 됩니다. 그러나 참 아이러니하게도 우리는 사실 TV나 영상매체에서 보는 것만큼 그리 고상하게 리딩할 수 없습니다. 이는 질문 자체가 고상하지 않은 것들이 대다수이기 때문입니다. 중요한 것은 '타로에서 키워드로 읽히지 않는 질문에 대해 우리가 어떻게 해석할 것인가'라는 부분입니다.

"오늘 썸 타는 남성과 데이트할 건데 어디로 약속 장소를 정하는 게 좋을까요?"

"어떤 스타일의 옷을 입어야 제가 매력적으로 느껴질까요?"

"치질 수술을 할 건데 동네 병원, 강남에 있는 병원 중 어디를 선택해야 좋을까요?"

"저를 장기 매매 하려고 하는 사람이 있는데, 이 조직이 미국 바이든 대통령 조직입니까? 아니면 일본의 아베 조직입니까?"

"저희 집에 누가 문을 따고 들어와서 독극물을 타 놓은 거 같은데 어디다 타 놓았을까요?"

"집 앞 슈퍼가 쫄딱 망했으면 좋겠어요. 그 슈퍼 가서 뭘 사와야 망할까요?"

"남자친구 댁 부모님께 인사를 드리러 가는데 뭘 사서 가는 게 좋을까요?"

이렇게 키워드로 읽을 수 없는 다양한 질문들을 이미지 리딩으로 얼마든지 풀 수 있다는 것이 저의 제일 큰 장점이라고 말씀드립니다. 같은 카드를 보더라도 통찰력이 얼마나 있느냐 없느냐에 따라 리딩의 컬러와 결과가 달라지기 때문입니다.

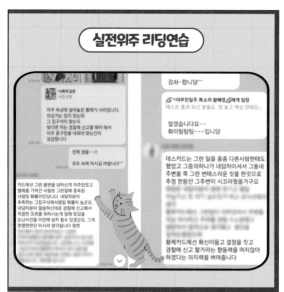

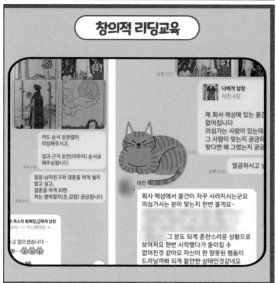

루 아카데미 만의 실전 위주 및 창의적 리딩연습 제시 예 1

루 아카데미 만의 실전 위주 및 창의적 리딩연습 제시 예 2

첫 번째, 저는 쉽고 빠르게 타로를 마스터하게 해드립니다. 타로는 쉽게 배워야 한다는 게 제 철칙입니다. 두 번째, 골치 아픈 카드 배열법에 연연하지 않는 '원 카드 리딩법'을 전수합니다. 세 번째, 매일 매일 빼놓지 않고 하는 리딩 연습입니다. 네 번째, 저희는 피드백이 정말 빠릅니다. 다섯 번째, '이미지 리딩의 고수는 나다'라고 자신감을 줍니다.

이러한 4가지를 모토로 저는 인생과 타로를 접목해 실제 상담 사례들과 함께 접목하여 생생한 실무 수업을 진행합니다. 그러다 보니 오시는 분마다 4주 차 수업 종료 날에는 아쉬움을 금치 못하십니다. '내가 잘할 수 있을까?' 하며 고민이 태산 같던 분들도 일주일만 지나면 천상 유수로 리딩하십니다. 그러면서 자신감이 생기고 '나도 이 나이에 무언가를 할 수 있다'고 느끼면서 자존감도 많이 높아집니다. 그러니 성과도 더 좋습니다. 무언가에 우리가 도전하고 배울 때 무조건 그 기간이 길다고 잘하고 성공하는 것은 아닙니다. 자신의 장·단점을 빠르게 알아서 부족한 것은 좀 더 채워주고 잘하는 것은 더 크게 키워줄 수 있는 선생님을 만나는 것도 중요하니까요!

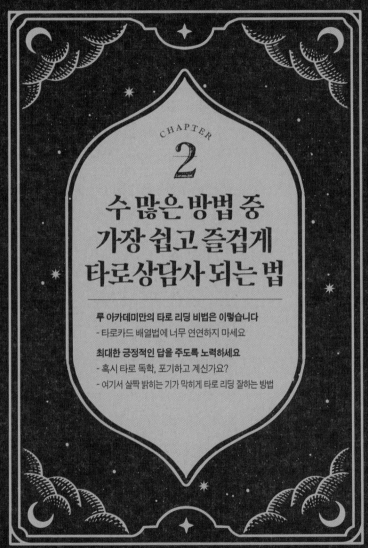

CHAPTER

2

수 많은 방법 중
가장 쉽고 즐겁게
타로상담사 되는 법

루 아카데미만의 타로 리딩 비법은 이렇습니다
- 타로카드 배열법에 너무 연연하지 마세요

최대한 긍정적인 답을 주도록 노력하세요
- 혹시 타로 독학, 포기하고 계신가요?
- 여기서 살짝 밝히는 기가 막히게 타로 리딩 잘하는 방법

루 아카데미만의 타로 리딩 비법은 이렇습니다

저는 타로카드를 배우러 온 수강생들에게 최대한 쉽게 타로 리딩을 하도록 유도합니다. 타로는 절대 학문이 아니며 달달 외운다고 타로상담사가 되는 게 아닙니다. 그리고 책에 나온 타로 리딩법이 정답도 아니며 그 책의 저자인 타로상담사의 해석법에 불과합니다. 참고할 수는 있지만 절대 의존할 정도는 아니라는 말입니다. 이 잘못된 관습, 상식에 얽매인 딱딱한 사고만 벗어 던지면 훨훨 날아다니는 타로 리딩의 세계를 경험하시게 될 겁니다.

내담자가 뽑은 카드에 대해 공감하게 하는 적절한 해석법이 필요합니다. 저는 수강생들에게 그 해석법을 가르칩니다. 유니버설 웨이트 카드는 다소 옛날식 해석이 남아 있을 수 있습니다. 그래서 저는 웨이트의 전통 해석법은 최대한 살리면서 최근의 트렌드를 접목합니다.

타로 상담은 같은 리딩법이라고 해도 어떻게 표현하느냐에 따라서 내담자의 만족도가 확실히 달라집니다. 저는 내담자의 마음을 어떻게 동요하게 하고 공감하게 하는지를 가르칩니다. 저를 찾아오시는 많은 분들은 타로가 어려워서 오십니다. 좀 더 구체적으로 말한다면 타로 리딩이 어려워서 배우고자 하시는 것이지요. 그들을 타로의 세계에 머물게 하려면 더 쉽고 재밌어야 합니다. 한 달이라는 시간 동안 78장의 카드를 완벽하게, 자유자재로 리딩할 수 있도록 꼼꼼하게 알려드립니다. 제가 강의하면서 가르쳐 드린 그 비법이 이 책에 고스란히 담겨있습니다. 가벼운 마음으로 읽다 보면 어려운 타로 리딩 암기의 세계에서 탈출하여 내담자들이 감탄하고, 그들이 당신의 팬이 될 수 있는 길이 열리게 될 것입니다.

타로 리딩은 직관이 인도하는 세계입니다. 직관은 마음의 소리입니다. 마음의 소리를 잘 알아채야 내담자의 마음을 움직일 수 있습니다. 타로상담사들이 가야 할 길은 타로카드의 상징을 찾아내는 것에 머물지 않습니다. 그 상징을 전혀 예기치 못한 다양한 질문들에 맞게 이야기를 만들어 내야 합니다. 또한 내담자들이 올바른 선택을 하도록 도와 주어야 하겠지요.

과학이 인류의 발전을 이루어왔지만 과학이 세상을 이끌어 가는 지금에도 눈에 보이지 않는 세계, 즉 기운과 운은 무시할 수 없습니다. 우리가 오늘의 운세를 보거나, 점을 치거나, 사주팔자를 보는 이유도 그 기운을 인정하는 우리의 시각과 태도가 나름, 자리 잡고 있기 때문일 겁니다. 루 아카데미의 타로 리딩도 보이지 않는 기운을 보는 우리의 태도에 기반을 둡니다. 그리고 삶에서 부딪히고 느끼는 공통적인 감정과 생각을 씨줄과 날줄로 엮어 타로카드의 상징을 내담자에 맞게 맞춤형으로 스토리로 풀어서 선물합니다.

우주는 우리에게 무언가 신호를 보냅니다. 우리가 타로카드를 뽑는 순간도 무언가 알지 못하는 힘에 이끌려 그 카드를 선택합니다. 그런데 그 순간의 에너지를 다른 사람의 고정된 리딩 법으로 해석해낼 수 있을까요? 타로카드는 저 우주에서 보내는 보이지 않는 메시지를 읽어내는 신비한 무기입니다. 그 무기를 잘 사용할 수 있게 만드는 힘이 바로 직관력일 겁니다. 저는 타로의 이론과 키워드를 가르치는 사람이 아니라 실제 현장에서 바로 사용할 직관을 가르칩니다. 내담자가 뽑은 타로카드의 그림을 유심히 관찰해보세요. 내담자의 질문과 이 그림이 어떤 에너지로 연결이 되었는지 상징을 찾으세요. 그 상징은 색깔일 수도, 모양일 수도 있고, 다른 숨겨진 무엇일 수도 있습니다.

"어, 선생님은 어떻게 이 그림에서 그런 해석을 해내실 수 있어요?"

저는 내담자의 이런 반응에 타로상담사로서의 보람을 느낍니다. 내담자가 그 어디서도 만날 수 없는 해석을 듣고 공감의 감탄을 끌어내고 싶은 게 제가 하는 일의 목표이자 방향이지요. 당신을 찾아온 내담자가 당신의 해석에 감탄하며 팬이 된다면 얼마나 보람이 크겠습니까? 내담자의 안개 같은 일상에 희망의 한줄기 빛을 줄 수도 있는 겁니다. 저는 타로 리딩을 하면서 내담자의 질문에 집중하고 내담자의 상황을 이해하려하며 그 기반 위에서 그림의 상징을 해석하려 합니다. 그렇게 하는 이유는 바로 내담자와 하나가 되고 공감이 되는 연결점을 찾을 수 있기 때문입니다. 이건 단순한 직관이나 억지가 아니라 철저하게 내담자, 즉 고객의 상황에 맞춰진 루 아카데미만의 과학적, 독창적 리딩법이라 할 수 있습니다.

타로카드 배열법에 너무 연연하지 마세요

타로에는 '과거, 현재, 미래'를 기반으로 하는 리딩 기법이 정말 많습니다. 카드 몇 장, 몇 장을 규칙적으로 배열해서 리딩하는 방법도 있고요. 그런데 그것들을 다 이해하고 마스터하기에는 너무 어렵습니다. 저는 수강생들에게 그런 규칙성을 배제하고 창의성에 집중하라고 조언합니다. 직관으로 어떤 카드인지만 알면 2개, 3개의 카드 심지어는 한 개의 카드만으로도 리딩을 해낼 수 있습니다. 간단한 예를 하나 들어보겠습니다. 예를 들어 이런 질문을 받았다고 해봅시다.

"선생님, 제가 남자친구를 만나고 있는데 그와 결혼할 수 있을까요?"

이런 질문에 '바보 카드'가 떴습니다. 바보는 어떤가요? 자유로운 한량이고 낙천적입니다. 비현실적이고 이상만 추구하지요. 바로 앞에 낭떠러지에 발만 잘못 디디면 본인 스스로 위험에 처할 수 있습니다. 강아지도 옆에서 막 짖으면서 더 이상 앞으로 가지 말라고 경고합니다. 그런데도 강아지 소리도 무시하고 현실을 제대로 직시하지 못합니다. 굉장히 자유로운 영혼이기 때문에 이 사람은 이 여성을 사랑하지 않아서가 아니라 성향상 결혼이 굉장히 어렵습니다. 구속받는 걸 싫어하는 사람이기 때문에 결혼하기는 좀 어려운 유형입니다.

"선생님, 그 사람이 구속받는 걸 싫어한다면 저도 구속하지 않을 수 있 겠네요?"

그런데 데빌Devile, 악마 카드를 들었습니다. 악마는 집착, 소유, 중독에 관한 것, 즉 섹스중독, 도박 중독, 술 중독 등 모든 것에 중독이 되어있음 을 의미합니다. 만약 이 질문에 이런 카드가 나왔다면 본인은 구속당할 가능성이 큽니다. 남자친구는 구속당하는 걸 싫어하면서 자신은 여자친 구를 구속하려고 하는 양면성이 있습니다. 이처럼 과거, 현재, 미래의 나 열법을 따지면 타로 리딩은 굉장히 어렵습니다. 그러므로 그냥 직관적으 로 나오는 키워드를 가지고 여러 개의 질문에 빠르게 대처해 나가는 것 이 좋습니다.

카드를 너무 많이 뽑아도 소용없습니다. 저는 원 카드 하나만 가지고 도 그림을 해석하고 카드리딩을 하는 편입니다. 이렇게 직관의 힘을 빌 려 쉬운 길을 가고 있는데, 그렇지 못 한 분들이 너무 어렵게 리딩의 세계 에서 땀을 뻘뻘 흘리고 있는 것 같아서 안타깝습니다. 절대 배열법의 규 칙에 끌려 다니지 마시고 직관의 힘을 믿으세요. 만약 이런 질문을 받았 다고 생각해 보세요.

"혹시 저에게 좋은 소식이 있을까요?"

그런데 정의Judgement 카드를 뽑았습니다. 그 카드의 나팔이 향하는 방 향이 여성 쪽입니다. 여성 머리가 길게 나와 있습니다. 이 카드의 그림을 보고 이렇게 답합니다.

"고객님, 혹시 머리가 긴가요? 짧은가요?"

"제 머리는 짧습니다."

"그럼 선생님에게 좋은 소식은 머리가 조금 길어진 시점에 올 거 같습니다. 그때까지는 조금만 참고 인내하시기 바랍니다."

자, 이런 타로 리딩법을 어디서 배워보거나 이렇게 상담해 보신 적이 있나요? 바로 이런 직관적 방법, 그림을 통한 리딩법은 그 어떤 타로상담사도 해보지 못했을 겁니다. 그런데 저의 리딩을 잠시 관찰해보니 연결고리가 보이지 않나요? 이게 바로 그림으로 읽는 직관적이고도 영적인 리딩법입니다. 단순 배열법으로 어렵게 리딩하는 것과 천지 차이일 겁니다. 바로 이런 부분을 이해시키고 가르쳐 드리면 수강생분들이 너무너무 좋아하십니다. 마치 새로운 세계를 만난 희열의 순간처럼 말이죠. 다시한번 당부드리지만 타로를 배우시는 모든 분이 배열법, 규칙 이런 것들에 너무 신경 쓰지 마시고 직관적으로 쉽게 해석해 나가시기 바랍니다.

최대한 긍정적인 답을 주도록 노력하세요

타로 리딩을 하면서 범하는 실수 중의 하나가 내담자의 질문에 직설적이고 부정적인 해석을 함부로 한다는 점입니다. 같은 해석이라고 해도 "사업을 시작하면 곧 망할 겁니다" 보다는 "시기가 안 좋으니 조금 더 있다가 하시는 게 어떨지요?" 하는 게 낫습니다. 예측불허의 세계를 헤쳐 나가느라 늘 불안한 세상 사람들에게 타로카드로 위안을 주지는 못할망정 더 큰 불안과 위협을 던져 주어서는 안 됩니다. 타로상담사가 하는 일은 아픈 현실을 직시하게 하는 게 아니라, 현실이 잘못된 방향으로 흘러가지 않도록 살짝 방향을 전환해 주는 역할입니다. 우리는 각자의 삶이라는 프레임에 갇혀 있다 보면 시야가 좁아지고 판단이 흐려집니다. 타로카드는 나무만 보는 이들에게 숲을 보는 조금 넓은 시야를 제공합니다.

유명한 심리학자 사르트르가 "인생은 B와 D사의 C이자, 즉 벌스Birth,

태어나서 데스Death, 죽을 때까지 초이스Coice, 선택의 연속이다"라고 말했습니다. 우리는 늘 선택의 기로에 서 있습니다. 점심을 뭘 먹을지, 어떤 남성과 사귀어야 할지, 어떤 집을 골라야 할지, 주식을 지금 팔아야 할지 가지고 있어야 할지…. 정말 아침에 눈을 뜨고 밤에 잠이 들 때까지 선택, 선택, 선택의 연속입니다. 그 선택의 기로에서 조금이라도 올바른 방향으로 도움을 줄 수 있는 게 바로 타로카드의 리딩입니다.

"이 여성을 계속 만나야 할까요?"라고 질문하며 카드를 뽑았는데 리딩은 "절대 만나지 마세요"라고 한다면 내담자는 고민을 해결했다는 느낌보다는 조금 불쾌한 기분이 들 수도 있습니다. 그러니 "일단 시간을 두고 관찰하시는 게 좋을 것 같아요. 지금 당신의 인연이라는 느낌이 강하지는 않습니다." 정도로 살짝 여지를 두고 말씀하시는 게 좋습니다.

타로 리딩에서는 '절대'라는 건 없습니다. 세상에 그 어떤 것도 절대는 없는 겁니다. 과학으로 중무장한 팩트들도 단 몇 퍼센트의 오차는 존재하는 법입니다. 그렇기에 원 카드가 되었든 쓰리 카드가 되었든 카드를 해석할 때 절대라는 단호함을 버리고 조금 여유를 두고 말씀하시는 게 좋습니다. 모든 카드에는 정방향과 역방향이 존재합니다. 이 말은 상황에 따라 이럴 수도 있고 저럴 수도 있다는 얘기입니다. 같은 카드인데 어떤 사람에게는 정방향이 되고 어떤 사람에게는 역방향이 될 수 있습니다. 러버스 카드는 정방향의 경우 서로 잘 통하는 관계 혹은 운명적인 만남이라고 해석할 수 있지만, 역방향이라면 '삼각관계, 불화, 배신, 변덕, 유혹'의 키워드이니까요.

우리의 운명은 한 가지로 정해져 있지 않습니다. 타로카드는 저 앞에 돌이 놓여 있는데 그걸 살짝 비켜 가라고 얘기합니다. 타로카드를 만나기 전에는 그냥 돌에 걸려 넘어질 수도 있었을 겁니다. 넘어졌다고 인생이 실패했다고 얘기하지는 않습니다. 세상 살아가면서 늘 느끼는 아픔이고 경험입니다. 그런데 타로는 기왕이면 그걸 피해서 다른 좋은 에너지를 끌어들이는 길을 안내합니다. 정방향이 되었든 역방향이 되었든 타로상담사들은 내담자에게 단정적 표현, 직설적인 표현을 해서 상처를 주어서는 안 됩니다. 내담자는 상처를 치유하러 온 이들입니다. 방황의 끝에 작은 실마리라도 잡으려고 온 이들입니다. 그런 사람들에게는 "이렇게 하시는 게 어떨까요?"라고 넌지시 손잡아주는 표현을 하는 게 좋습니다.

우리는 모두 조금씩 아프고, 조금씩 불안감을 가지고 있습니다. 하늘이 무너질까 봐 매시간 걱정하는 사람도 있습니다. 그 걱정을 조금 덜기 위해 타로에서 위안받곤 합니다. 그리고 그 위안에 진정성을 더해줄 멘트가 필요합니다. 타로상담사는 좋은 에너지를 읽어내는 사람들입니다. 행여나 나쁜 에너지가 보여도 그걸 피해 가도록 유도해야 합니다. 내담자의 마음을 읽고, 상황을 읽어 조금이라도 올바른 방향으로 갈 수 있도록 도와주는 친구 같아야지요. 타로 리딩을 할 때 이런 마음으로 조금 더 따뜻하게 이야기해 주셨으면 합니다. 냉정하거나 이론적, 과학적인 마인드 보다는 정서적으로 연결될 수 있고 힘을 주며 위안을 주는 이가 되셨으면 좋겠습니다.

혹시 타로 혼자 공부하다 지금 포기하고 계신가요?

타로를 키워드 정도만 익혀서 가볍게 시작하시려는 분들이 많습니다. 이런 분들은 유튜브나 네이버만 잘 검색해도 괜찮은 정보를 충분히 얻으실 수 있습니다. 오히려 정보가 너무 많이 나와서 어디서부터 어떻게 공부해야 할지 헷갈릴 수 있습니다. 키워드만 가지고 타로 리딩을 하는 게 왜 그렇게 어려울까요? 실제 상담에서는 타로 키워드를 읽을 수 없는 질문들이 굉장히 많습니다. 각각의 질문에 딱딱 떨어지는 답을 할 수 있다면 얼마나 좋을까요? 그런데 현실은 절대 그렇지 않다는 이야기입니다. 예를 들어 이런 질문에 대해서는 어떻게 답변하시겠어요?

"선생님, 남자친구가 여행을 가자고 몇 달 전부터 약속했는데 바쁘다는 핑계로 자꾸 미뤄서 속상해요. 그런데 이번 달에 저랑 꼭 같이 가겠다고 약속을 했는데 제가 정말 남자친구랑 여행을 갈 수 있을까요?"

그런데 바보카드가 딱 떴습니다. 바보카드의 키워드가 뭐죠? 새로운 시작, 여행, 구속받는 걸 싫어한다고 나옵니다. 또 성장이 기대되는 사람, 한량입니다. 이 카드가 나왔다는 건 내담자가 그 남자친구와 결혼하기 힘들다는 걸 이야기합니다. 그런데 질문이 결혼이 아니고 여행입니다. 이때는 여행 갈 확률이 아주 높습니다.

바로 다음 질문이 이어집니다.

"선생님, 남자친구와 여행 갈 수 있다고 말씀해 주셨는데 그러면 몇 박 며칠로 갈 수 있을까요?"

저는 이런 경우 다른 사람들과는 달리 원카드 리딩을 하기 때문에 다른 카드를 뽑지 않고 바보카드로만 리딩을 합니다. 웨이트 카드의 바보 그림을 보면 바보가 봇짐을 매고 있습니다. 이 봇짐이 큰가요? 작은가요? 봇짐이 아주 작습니다. 봇짐의 크기로 보니 한 달 두 달간 떠날 여행은 아닌 것 같습니다. 그래서 대략 1박 2일이나 2박 3일 정도라고 답을 드립니다. 이렇게 실전에서는 이미지로 리딩하는 것이 아주 중요합니다. 이미지 리딩은 외운다고 되는 게 아니고 오로지 그림을 해석해 내는 직관력이 좌우합니다. 카드에는 기간에 대한 암시, 상징이 나와 있지 않은 때도 있으므로 여러 가지 통찰력으로 리딩을 할 수 있어야 합니다.

요즘은 나이를 불문하고 타로를 배우려는 분들이 참 많습니다. 그러나 타로 리딩을 하면서 난관에 부딪힙니다. 타로 리딩은 키워드를 다 외운다고 해결되는 문제가 아니기 때문입니다. 카드가 가진 특유의 상징성을 해석하고 내담자의 고민을 연결하는 힘이 있어야 합니다. 세상의 모든 공부도 마찬가지이지요. 무조건 외운다고 성적을 올릴 수는 없습니다. 물론 어느 단계까지는 가능할 겁니다. 하지만 응용의 단계에서는 대처 능력이 떨어집니다.

저는 루 아카데미를 운용하면서 개인 타로 교육과 그룹 강의를 동시에 진행합니다. 수업은 최대한 재미있게 진행하는 게 제 철칙입니다. 재있어야 점점 더 능숙해지고 고수의 길로 들어설 가능성도 높아집니다. 타로는 일반적인 공부와는 전혀 다른 세계입니다. 타로의 역사도 그렇게 길지 않아서 선배들의 노하우나 요령도 그만큼 많지 않습니다. 사실 그게 다른 공부와 비교해 단점이지만 기회가 될 수도 있습니다. 자기 스스

루 아카데미 수강생들과의 기념 촬영

로 독보적인 타로 리딩의 세계를 구축할 수 있기 때문입니다.

타로를 처음 시작하는 사람이든, 타로를 어느 정도 해본 사람이든 타로 리딩을 할 때는 독단의 세계로 들어가면 안 됩니다. 너무 위축되어도 안 되겠지만 너무 자만해서도 안 됩니다. 타로 독학의 오류는 바로 이런 부작용을 만듭니다. 타로 리딩을 잘하려면 자신의 리딩에 대한 피드백이 꼭 필요합니다. 그러려면 독학만으로는 분명 한계가 있기에 제가 아니어도 주변에 정말 잘하시는 타로상담사를 찾아 자신의 리딩이 맞는 것인지 확인해 보시기 바랍니다. 타로는 실전이 중요합니다. 실전에 강해지려면 자신의 리딩법에 대한 코칭을 받고 그 다음 단계로 나가길 권유합니다.

여기서 살짝 밝히는, 기가 막히게 타로 리딩 잘하는 방법

타로 리딩에 가장 도움을 주는 것은 역시 키워드입니다. 당장 타로카드의 이미지만으로 해석이 힘들 때 키워드는 다음 단계의 해석으로 나갈 수 있는 힘을 줍니다. 키워드를 참고해서 응용하기도 좋습니다. 그런데 이 키워드가 타로 리딩을 자유롭고 광범위하게 하는 데 방해가 될 수도 있습니다.

타로 초보자들에게는 키워드가 유용한 도구이긴 합니다. 키워드가 없다면 해석의 정확성도 떨어지고 오류가 자주 생길 겁니다. 초보자들의 갈팡질팡하는 해석에 내담자들도 신뢰를 잃게 됩니다. 제가 수강생들에게 많이 듣는 질문은 "선생님, 제가 독학으로 타로를 배웠는데 리딩이 잘 안 돼요. 왜 그럴까요?"입니다. 저는 이 질문에 답하기 전에 제가 상담했던 과거를 돌아봤습니다. 전화로 4천 건 이상 상담하면서 다음과 같은 사실을 알게 되었습니다. 연애, 직장, 사업, 투자, 건강, 재물 등등 이 세상에 수많은 고민이 있는데 이런 고민을 키워드로만 풀기에는 한계가 있습니다. 그래서 저는 키워드로 이걸 해석하기보다 이미지, 그림으로 해석하고 그렇게 수강생들에게 가르칩니다.

한 가지 예를 들어보겠습니다. "선생님, 제가 남자친구와 결혼하게 되었어요. 인사차 그 집 어머니를 방문해야 하는데 어머니가 무얼 좋아하는지 잘 모르겠어요. 어머니께서 어떤 걸 받으면 감동하실까요?"라는 질문을 받았습니다. 그런데 제가 뽑은 카드가 '여사제 카드'입니다. 이 여사제 카드는 굉장히 속을 알 수 없고 지혜롭고 영적인 능력이 있는 캐릭터인데 내담자 질문을 생각해 보니 어머니께 드릴 선물이었습니다. 그런데 여기서 키워드의 방향대로 여사제의 캐릭터를 이야기하면 굉장히 생뚱맞은 답이 될 겁니다.

저는 이 선물에 대한 답을 이렇게 드렸습니다. 여사제의 뒤에 보면 굉장히 많은 석류가 주렁주렁 열려 있는데, 이 석류는 다산을 의미하기도 하지만 자궁질환을 의미하기도 합니다. 여성의 상징을 뜻합니다. 그래서 저는 이렇게 리딩을 했습니다. "어머니께서 자궁 쪽에 약간 질환이 있으신 거 같아요. 자궁이 조금 약해 보이는데 어머니께 석류를 선물하면 좋을 거 같습니다. 센스 있는 선물이 될 거 같고 어머니께서 이 선물을 받으면 아주 좋아할 거 같습니다." 그 내담자는 이런 조언대로 어머님께 석류를 선물했습니다. 나중에 얘기를 들으니 정말로 어머님께서 자궁질

환으로 수술을 한 적이 있고 석류를 선물했더니 굉장히 센스있다고 하시면서 어떻게 알았냐고 묻더랍니다. 어머님이 기뻐하셨다는 기분 좋은 이야기를 들었습니다.

이처럼 키워드만으로는 이런 해석을 하기 힘듭니다. 그림으로 질문에 대한 답을 제시하곤 합니다. 그림으로 리딩을 하려면 나름 연습과 훈련이 필요합니다. 처음부터 그림으로 이런 해석을 해내기는 힘듭니다. 그러나 이 단계가 익숙해진다면 내담자들이 감탄할 만한 기가 막힌 타로 리딩 기술을 익힐 수 있을 겁니다. 중요한 것은 키워드가 아니라 이미지를 읽어내는 힘입니다. 키워드는 절대 우리 인생의 수많은 고민에 답을 줄 수 없습니다. 기존의 웨이트 카드에 담긴 키워드는 타로의 세계를 살짝 맛보는 정도에 불과합니다. 그 키워드가 타로의 전부는 아니라는 이야기입니다. 따라서 키워드를 맹신한다면 다양한 해석은 애초부터 불가능한 상황에 빠지게 됩니다. 마치 남대문을 보고 서울을 다 아는 것처럼 말하는 오류와 비슷합니다. 타로는 인간이 내면에 가지고 있는 심리적 에너지와 자연현상, 알고리즘 등을 다룹니다. 이 무한한 세계를 키워드 몇 개로 해석해 낼 수는 없겠지요.

타로는 참 신비한 언어입니다. 그냥 단순히 점을 치는 것이라는 잘못된 편견을 버리셨으면 좋겠습니다. 타로상담사들은 이 신비의 언어로 우주 원리, 자연현상, 인간관계 등을 해석합니다. 이 신묘한 언어 세계를 키워드 몇 개로 이해했다고 말할 수는 없는 겁니다. 그래서 카드의 이미지가 주는 신호를 직관적으로 해석해 내야 합니다. 그러려면 역시 실전의 훈련이 가장 중요합니다. 암기가 아니라 실전으로 직관력, 통찰력을 키우면 타로 리딩을 잘할 수 있습니다.

제가 가장 중요하게 생각하는 타로 리딩의 포인트가 있습니다. 바로 '내담자와의 소통과 교감'입니다. 내담자가 보내는 질문이 타로카드의 어떤 상징을 만나게 되면 그 신묘한 신호의 세계를 해석해 낼 수 있습니다. 당신은 그러한 단계를 지향해야 합니다. 결국 타로는 내담자의 질문과 고민, 타로카드의 상징이 만나는 접점입니다. 그 접점을 찾는 연습을 꾸준히 하시기 바랍니다. 그러면 많은 분들이 당신에게 타로 상담을 하게 될 겁니다.

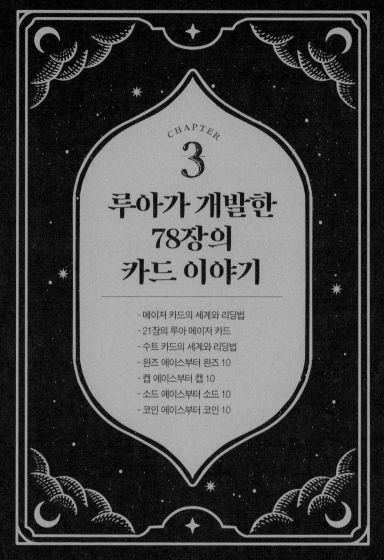

메이저 카드의 세계와 리딩법

메이저 카드는 '메이저 아르카나'라고 합니다. 아르카나는 신비를 의미합니다. 인생의 중요한 신비를 상징하기에 살면서 닥친 아주 중요한 인생 고민에 관해 리딩할 때 주로 등장합니다. 직장을 잃을 위기, 배우자와 헤어질 상황, 자녀가 위기에 빠진 경우에서 이 카드를 뽑으면 나름 올바른 방향으로 이끌어 줄 겁니다. 메이저 아르카나는 '바보의 여정'이라고도 부릅니다. 바보가 1번부터 21번까지 흘러가면서 마치 우리 인생처럼 모험과 도전, 역경과 고난, 깨달음과 지혜의 여정을 지나게 됩니다. 그림 곳곳에 리딩을 위한 힌트가 잘 숨겨져 있습니다. 타로 리딩을 잘하려면 숨겨진 작은 그림들조차 허투루 보면 안 됩니다.

메이저 카드는 타로카드의 파워 카드인데 그 여정 자체가 삶의 교훈이며 우리가 나갈 길을 제시해 주는 지혜의 카드라고도 할 수 있습니다. 바보카드에서 시작해서 세계카드로 끝나는 이 메이저 카드의 세계는 행동을 촉구하거나 위험을 알려주기도 합니다. 우리 스스로 결점을 떨쳐내도록 인도하는 메시지도 담겨있습니다. 메이저 카드는 수트 카드에 비해 조금 더 신비하다고 할 수 있습니다. 인간이 어찌할 수 없는 것들에 대해 조언합니다. 지금 눈앞의 고비만 잘 넘어가면 더 성장한 자신의 모습을 만날 수 있음을 이야기합니다. 고난을 극복한 이후의 보상에 대해서도 잘 나타나 있습니다. 메이저 카드의 메이저Major라는 단어가 의미하듯이, 22장의 카드는 인생에서 중요한 순간에서 어떤 결정을 내려야 할지 조언합니다. 태어나서 죽을 때까지 희로애락의 순간순간이 어떠한 연관성과 패턴을 보여주는지도 알려줍니다.

타로를 처음 시작하시는 분들은 이 메이저 카드의 신비로움에 먼저 빠져 보시는 게 좋습니다. 시각적이면서도 서사적인 매력을 가진 카드이기 때문에 카드리딩의 실력을 높이는 데도 아주 유용합니다. 이름이 괜히 메이저가 아닌 것 같습니다. 메이저 아르카나는 대 우주를 관장하는 아주 특별한 22개의 법칙을 표현하고 있습니다. 저는 기존의 웨이트 카드를 기반으로 저만의 독특한 그림을 완성했습니다. 22개의 법칙은 준수하면서 조금 더 친숙한 그림으로 새로운 상징을 만들어 내고자 하였습니다. 메이저 22장을 포함하여 총 78장의 카드를 6달에 걸쳐 준비했습니다. 제 의도에 충실한 세상 유일무이한 루아 카드를 완성해 준 일러스트레이터에게 감사합니다.

메이저 카드는 하늘의 세계인지라 더 신성합니다. 반면에 마이너 카드는 땅의 세계입니다. 그래서 더 인간적입니다. 메이저는 신의 영역,

마이너는 사람의 영역이라 할 수 있습니다. 제가 잘 아는 작가 분은 '자연自然'이라는 단어를 좋아한다고 합니다. 자연의 자自는 스스로의 힘으로 헤쳐 나가는 것이고, 연然은 사람의 힘으로 안 되니 그러려니 하라는 의미라고 얘기해서 마음에 밑줄을 그은 적이 있습니다. 우리는 신이 보내준 신호를 자연에서 읽습니다. 할머니 허리가 아프면 곧 비가 올 것을 짐작할 수 있지요. 그런 하늘의 신호에 집중하는 것이 메이저 카드입니다. 인생의 굴곡을 담은 영역, 우리가 건드릴 수 없는 세계, 바보가 헤쳐가는 스토리를 따라가 보세요. 우리네 인생에는 하늘이 정해 놓은 공통된 패턴이 숨겨져 있습니다. 그 패턴을 읽어내면 됩니다. 질문자들의 고민과 이 패턴이 손을 잡도록 도와주는 역할을 하면 됩니다. 자, 바보가 겪는 인생 여정을 같이 떠나 봅시다.

Fool
(바보)

> " 시작은 늘 바보처럼
> 천진난만한 법이잖아 "

**새로운 출발, 무질서, 순수함,
허상, 0과 무, 시작,
자유, 미성숙, 불완전한**

바보 카드는 바보스럽다기보다는 아기들처럼 천진난만합니다. 이 카드는 '새로운 출발, 무질서, 순수함, 미성숙' 등을 상징합니다. 아기이기 때문에 뭐든지 새로운 출발을 한다는 의미를 담고 있습니다. 순수함이라는 건 경험치가 없다는 걸 말합니다. 순백의 순수함을 가지고 있고 허상을 표현하기도 합니다. 그 허상은 장난감, 갖고 싶은 것들, 갖지 못한 것들에 대한 것입니다. 아직 아기이기 때문에 질서가 없습니다. 자기 멋대로의 세계라서 '우주의 무질서'를 표현합니다.

　아기가 공갈 젖꼭지를 물고 있는데, 이는 아직 뭔가 도움이 필요하다는 의미입니다. 공갈 젖꼭지가 떨어져 버리면 뭔가 허무하거나 불안할 겁니다. 따라서 이는 입에서 절대 놓을 수 없는 애착을 상징합니다. 중요한 것은 번개가 치는데 아기는 장난감 생각, 우주에 가서 놀 생각만 합니다. 기존 웨이트 카드의 바보 카드를 보면 절벽에 곧 떨어질 거 같은데 잘되리라 생각하며 룰루랄라 하는 모습과 비슷합니다. 두려움을 두려움의 대상으로 받아들이지 않는다는 얘기입니다. 날씨는 천둥·번개가 치면서 아주 흐린데도 말이지요.

우리의 모든 인생이 이런 식인 것 같습니다. 처음에는 무서움을 모르다가 살면서 하나씩 무서움을 알아 갑니다. 아무것도 없는 상태에서 하나씩 창조해 갑니다. 무無에서 유有로 나아가는 것이지요. 아기는 아주 불안정한 상태인데 이 아기가 앞으로 21개의 세계를 헤쳐 나가야 합니다. 천둥·번개가 치는데도 전혀 동요하지 않습니다. 그게 순수함이고 어떻게 보면 한량 기질입니다. 보통 번개가 치고 비가 오면 그 자리에 앉아 있는 게 아니고 도망을 가야 합니다. 피해야 하는데 그냥 앉아 있고 오로지 장난감 생각만 하고 있으니 이게 허상이고 비현실적인 겁니다.

보통 사람들은 태어날 때 아무것도 없이 태어납니다. 무지몽매하죠. 잘 모르니까 무서워하지도 않죠. 그러나 한번 당해보면 무서움을 알게 되는 법입니다. 번개 역시 아기를 직접적으로 해치려 하지 않습니다. 그냥 아이 옆으로 번개가 칩니다. 아기는 아직 번개를 맞지 않은 상태입니다. 철부지이고 천진난만합니다. 루아 카드는 이 아기의 이야기를 통해 스토리를 전개해 나갑니다. 제가 만난 다양한 고객들은 복잡하고 어려운 이야기를 싫어합니다. 저는 정방향이든 역방향이든 틀에 박히지 않고 자유롭게 리딩합니다. 그게 또 수강생들을 가르치는 방식이기도 합니다. 이 아기는 아직 인생의 쓴맛을 전혀 모르고 눈앞의 현실이 전혀 눈에 들어오지 않는 상태입니다. 이 카드를 뽑았을 때 어떤 해석을 해야 할지 그림이 그려지실 겁니다.

바보

심리적 키워드 = 모험
숫자의 의미 = 무한, 잠재, 신성

웨이트 카드의 바보는 짐이 가볍습니다. 그래서 여행관련 질문을 받으면 장거리 여행이 아니라 단거리 여행 정도로 해석합니다. 옆에서 강아지가 짖고 있습니다. 하얀색 강아지는 순수함을 의미합니다. 강아지가 앞으로 나가면 절벽이라고 경고하는데 바보는 뭔가 다른 상상, 생각에 빠져 있습니다. 이 카드는 '위험을 감수하고 도약을 이룬다'는 의미도 있습니다. 강아지는 세상이 보내는 경고인데 이걸 주인공은 무시하고 있네요. 이 카드의 정방향은 낙천적인데, 역방향은 너무 충동적이라고 해석할 수 있습니다. 우리는 색을 통해서도 리딩할 수 있습니다. 속에 입은 흰색 옷은 막 태어난 아이의 순수함이 보입니다. 저는 이 상징을 '루아 카드의 아기 그림'으로 표현했습니다. 월계수 모양의 모자는 성공을 상징하고, 붉은색 깃털은 도전을 통해 현실을 뚫고 나갈 능력과 열정을 의미합니다. 두 팔을 벌리고 하늘을 바라보고 있는 모습을 보니 기분이 참 상쾌합니다. 노래라도 한 곡조 흘러나올 것 같습니다. 희망으로 가득 차 있지만 뭔가 불안한 요소가 만든 초보자의 카드입니다. 저 뒤의 눈 덮인 산은 바보가 도달해야 할 정신적인 세계, 깨달음의 세계를 의미합니다.

I
Magician

Magician

(마술사)

>
> 나는 왜 자꾸 나쁜 남성의
> 매력에 끌리는 거지?
>

무한대, 4가지,
수트, 창조적, 창의력,
다재다능, 속임수, 변덕

바보가 이제 마술사가 되었습니다. 마술사가 모자 안에서 쥐가 나오는 마법을 보여주고 있네요. 마술사는 말 그대로 마법을 부릴 수 있는 사람으로, 모자 안에서 쥐가 나올 수도 있고 돈도 나올 수 있습니다. 마술사의 무기 중의 하나인 막대기 지팡이도 보입니다. 마술사는 빨간색 옷을 입고 있습니다. 마술사는 '창조, 창의력'을 상징합니다. 마법을 부리기 때문에 사람을 속이는 능력이 탁월합니다. 속임수나 사기 등이 관련될 수 있습니다. 어깨 위의 생쥐 둘은 마술사를 돕는 역할을 하는 재주꾼들입니다. 이 카드를 뽑으면 주변에 협력자가 있다고 예측할 수 있습니다.

마술사는 어떻게 보면 참 위험한 캐릭터입니다. 마술사다 보니 말도 엄청나게 잘하고 손동작도 빠릅니다. 빨간 옷을 입었기 때문에 굉장히 열정적입니다. 다재다능한 캐릭터이고 못하는 게 없습니다. 융통성, 센스, 언변이 있습니다. 약간 바람둥이 기질도 있다고 봅니다. 마술사는 다양한 무기를 가지고 있습니다. 이 무기를 좋은 쪽으로도, 나쁜 쪽으로도 쓸 수 있습니다. 나쁜 쪽으로 쓴다면 사기를 칠 가능성이 큽니다. 그냥 직선적인 공격이 아니라 뭔가 속임수를 쓰는 공격을 할 수도 있습니다.

마술사는 끼를 부리고 재능을 펼칠 수 있는 준비가 되어 있는 캐릭터입니다. 이 카드가 남성이라면 여성을 꼬실 수 있는 능력도 탁월할 겁니다. 마술에 능하니까 나쁜 마음만 먹으면 언제든지 변덕을 부려 사귀던 여성을 버리고 다른 여성에게 갈 수도 있습니다. 마술은 언제든지 변덕을 부릴 수 있는 거겠죠. 무기를 많이 가지고 있는 마술사이지만 아직 인성이나 소양이 갖추어져 있지 않은 상태입니다. 연애를 한다고 해도 가벼운 만남 정도일 겁니다.

이 캐릭터는 진득하니 오래 연애할 수 있는 스타일이 아닙니다. 이 여성, 저 여성 만날 수 있는 캐릭터입니다. 전형적인 바람둥이 기질이 있다고 보면 됩니다. 나쁜 남자 스타일이지만 매력은 많아서 여성들에게 인기가 많고 묘하게 끌리는, 나르시시스트 느낌을 주기도 합니다. 자기 매력에 스스로 빠져 있을 겁니다. 약간의 인격 장애도 보입니다. 인생이 그렇듯이 항상 좋은 것 뒤에는 나쁜 것들도 존재합니다. 매력은 많지만 나르시시스트라는 건 치명적인 약점입니다. 나르시시스트들을 고치는 약도 없다고 합니다. 주변의 사람들을 다 도구로 봅니다. 나르시시스트가 결혼하면 자기랑 비슷한 나르시시스트를 만날 확률이 큽니다. 만약 나르시시스트를 고치려고 하면 그 고치려는 사람이 미쳐버릴 수도 있습니다. 이 캐릭터는 머리 회전이 빠르고 눈치가 빠르며 일을 능숙하게 잘 처리합니다. 새로운 것을 창조하는 강한 에너지를 가지고 있습니다.

이 캐릭터의 역방향을 살펴보면 의지력이 약하거나 능력 이상의 것에 대한 부탁을 받아들이는 경솔함이 보입니다. 인생의 목표가 없고 무능력할 수도 있고요. 솔직하지 않은 엉큼함이 있을 수 있고 약속도 말뿐일지도 모릅니다. 직업적으로 협상가나 사업가, 변호사, 컨설턴트 등이 최적입니다.

마술사

심리적 키워드 = 창조
숫자의 의미 = 독립, 시작, 탄생, 자신감

빨간색 가운을 입은 젊은 마술사가 오른손으로 하늘 높이 지팡이를 들고 있고 왼손은 땅을 가리키고 있습니다. 머리 위에는 무한대를 의미하는 뫼비우스 띠가 떠 있네요. 하늘과 땅을 잇는 무한 가치를 창출하는 자신의 능력, 자신감을 표현하고 있습니다. 얼굴 표정을 보면 참 당당하고 여유롭습니다. 마술사의 탁자 위에는 수트 4개, 즉 지팡이Wand, 컵Cup, 검Sword, 동전Pentacle이 다 보이고 탁자 밑에는 빨간 장미와 흰 백합이 있습니다. 마술사는 탁자 위의 4가지 수트로 세상 모든 일을 간단히 처리하려 할 겁니다.

마술사 카드는 자신의 능력을 너무 과신해서 독재, 독단에 빠질 가능성도 큽니다. 남녀 관계에서는 한쪽으로 힘의 균형이 기울어진 상태입니다. 마술사의 허리에는 뱀우로보로스이 자기 꼬리를 물고 있네요. 뱀은 사악함의 상징입니다. 뭔가 사악한 기운에서 벗어나기 힘들어 보입니다. 숫자의 의미로 보면 1은 완전함이자 시작이고 최초를 나타냅니다. 바보에서 시작해서 이제 마술사가 되었는데, 그림의 상징으로 보면 이제 갓 태어난 아기나 다름없습니다. 하늘을 가리키는 손은 그가 신으로부터 막 부여받은 생명을 나타냅니다. 탁자 아래의 꽃들은 그 새로운 생명의 탄생을 축하하고 있습니다. 꽃, 특히 장미는 성경에도 자주 나옵니다. 샤론의 장미, 장미십자회, 성녀로사 등의 상징성을 갖고 있습니다. 머리 위에 떠 있는 뫼비우스 띠는 저승과 이승, 삶과 죽음, 정신과 육체가 둘이 아니고 하나임을 나타냅니다.

II
Wisdom

02

Wisdom
(지혜)

66
어머, 타로를 한번
배워보시는 게 어떠세요?
99

**여성적, 직관력, 지혜, 전지적,
이해심, 평등, 자비, 통찰,
이중성, 베일에 가려진**

이 카드를 뽑은 사람에게는 타로상담사를 해보라고 권하고 싶습니다. 영적인 능력, 통찰력을 상징하기 때문입니다. 파란색은 냉정함, 냉철함을 의미합니다. 얼굴에 베일을 쓰고 있는 건 속을 알 수 없는 이중적 성격을 나타냅니다. 베일에 싸여 있다는 게 이런 거일 겁니다. 표정을 가리고 있기 때문에 굉장히 엉큼한 스타일입니다. 파란색 기둥과 흰 기둥 2개로 나뉘어 있다는 건 이렇게도 될 수 있고 저렇게도 될 수 있음을 나타냅니다. 속을 알 수 없기 때문에 내숭이 심합니다.

이 캐릭터의 장점은 굉장히 직관적이라는 겁니다. 영적인 능력도, 관찰력도 있습니다. 본인이 아니라고 생각하는 것에 대해서는 칼같이 차갑고 냉정합니다. 그러나 그 속마음을 절대 드러내지 않습니다. 속을 알 수 없으므로 다른 사람들이 봤을 때는 차갑게 느껴집니다. 2개의 기둥으로 나뉘어 있는 건 한쪽은 세상에 걸쳐 있고 다른 한쪽은 자기 안에 갇혀 있음을 의미합니다. 그런데 가만히 보면 두 기둥 사이에 저울이 놓여 있습니다. 생각, 사고, 가치가 어느 한 곳에 치우쳐 있지 않은 균형적인 면이 있고, 공평무사하고 평등의 가치관을 따릅니다. 다시 말해 편견을 갖고 세상을 바라보진 않습니다.

웨이트 카드에서는 2번 카드가 '고위 여사제'입니다. 여사제는 직관과 무의식을 관장합니다. 그림에 있는 2개의 기둥도 역시 직관과 무의식을 상징합니다. 저는 동양인이고 한국인입니다. 그래서 인물 그림도 한복을 입은 여성을 설정했습니다. 서양 위주의 타로 그림에서 우리 스타일로 그림을 바꿔보고 싶어 조금은 과감하지만 욕심을 냈습니다. 지금 세상에 나와 있는 모든 카드는 전통적인 웨이트 카드를 모방하거나 조금 다르게 그린 것들입니다. 저는 그 틀을 조금 깨서 한국인 삶의 스타일에 맞게 카드 그림을 변형했습니다. 아마도 이런 건 루아 카드가 유일무이할 겁니다. 그러나 웨이트 카드의 상징적 틀은 최대한 살려서 표현했습니다. 여사제를 한복 입은 여성으로 표현한 것도 그 연장선입니다.

이 카드의 캐릭터는 나무를 보기보다는 더 큰 숲을 보는 스타일입니다. 일반인들이 보기 힘든 가치를 잘 찾아내고 발견합니다. 참 지혜롭고 똑똑한 스타일입니다. 실제 이런 카드를 뽑은 분에게는 타로를 한번 배워보라고 권하기도 합니다. 통찰력, 직관, 영적인 능력을 갖춘 이 여성에게는 거짓말을 하면 큰일 납니다. 마술사 카드는 통찰력이 그렇게 크지 않습니다. 권모술수, 묘략에는 강할 겁니다. 조금 산만한 카드가 마술사 카드인데, 이 카드는 정리 정돈이 잘 되어있는 차분한 모습입니다. 이 카드의 캐릭터에게 사람들은 많이 의지하게 될 겁니다. 그러므로 타로상담사가 제격인 카드입니다. 속이 꽉 차 있는 참 든든하고 믿음직한 캐릭터입니다. 뭔가 삶의 내공이 탄탄한 사람이라고도 할 수 있습니다. 몇 마디밖에 말하지 않아도 무게감이 느껴지는 사람, 말 한마디 한마디가 확 와닿고 궁금해지는 사람입니다. 그런데도 표정은 차가워서 속을 알 수 없는 냉정하고 냉철한 사람이 바로 이 카드의 캐릭터입니다.

웨이트 카드

고위 여사제

심리적 키워드 = 직관
숫자의 의미 = 감성, 균형, 이중성

젊은 여사제가 상현달, 하현달, 보름달 등 3가지 모양의 달을 의미하는 왕관을 쓰고 있으며, 여사제의 좌우에는 검은색 기둥, 하얀색 기둥이 있습니다. 저는 이 기둥은 파란색 기둥과 하얀색 기둥으로 표현했습니다. 기둥에는 B와 J라는 문자가 쓰여 있습니다. B는 Boaz보아스의 첫 글자로 육체적, 부정적, 어둠, 거짓, 악, 직관을 상징합니다. 하얀색 기둥의 J는 Jachin야긴의 첫 글자로 야긴, 즉 신성함, 긍정적, 빛, 진실, 선, 이성을 나타냅니다. B와 J의 두 기둥은 솔로몬 왕의 신전에 새워져 있던 두 놋쇠 기둥입니다. 여사제는 신의 세계와 인간의 세계, 정신의 세계와 육체의 세계를 모두 포용합니다. 두 기둥 사이에 차분히 앉아서 어느 한쪽에 치우치지 않고 냉정함과 균형을 유지합니다. 여사제의 손에 는 모세 5경을 뜻하는 토라가 보입니다. 토라는 인간이 가질 수 있는 최고의 지혜입니다. 하지만 신을 넘어설 수 없는 지혜입니다. 여사제 뒤에 베일이 있습니다. 저는 그 베일은 사람 얼굴을 가리는 형태로 표현했습니다. 이 그림에서의 베일은 영적인 세계로 들어가는 입구를 나타냅니다. 베일 뒤에 보이는 바다는 종교적인 의식을 할 때 몸을 깨끗이 한 걸 말하고 물은 무의식을 의미합니다. 이 카드를 만든 웨이트는 고위 여사제 카드를 메이저 아르카나 중 가장 신성한 카드라고 얘기했습니다.

III
Richness

Richness
(풍요)

> 66
> 당신에게는
> 치명적인 매력이 있네요
> 99

| 풍요, 모성애, 임신,
| 출산, 육체적 매력,
| 도화살, 매력, 다산

고대 조각상에 많이 나오는 풍만한 여인이 가운데 자리 잡고 있습니다. 다산과 풍요를 상징하고 비너스를 연상시킵니다. 아기를 잘 낳을 거 같고 약간의 도화살이 있는 카드입니다. 사주풀이를 보면 이성이나 다른 사람들에게 인기가 있는 사람입니다. 도화는 복숭아꽃을 말하는데, 그 향기가 관능적입니다. 벌레들이 그 향을 맡고 몰려와서는 그 향기에 취해 죽습니다. 도화살은 모지고 독한 기운을 가진 살로서 남성이든 여성이든 사주에 도화가 끼면 잘못된 성욕으로 재앙을 당하게 됩니다. 이 카드는 바로 그런 도화살의 상징성을 내포합니다. 양귀비 같은 캐릭터라고 보면 됩니다. 양귀비꽃은 너무 화려하고 예쁘지만 그 매력에 빠지거나

중독되면 아주 위험하지요.

이 캐릭터는 다소 부정적이고 위협적인 느낌도 있지만 따뜻하고 포근한 느낌도 듭니다. 시골에 가보면 빨간 깃발을 꽂고 사주풀이나 점을 보는 사람들 같은 느낌도 있습니다. 이 카드에는 의외로 숨은 반전이 있습니다. 이 캐릭터의 여성은 본인의 오감을 만족하지 못하면 다른 남성을 쉽게 만날 수 있습니다. 바람피울 수 있는 상인데 이런 여성은 오감 만족을 위해 먹고 마시고 놀며 스킨십이나 육체적인 관계를 좋아합니다. 성적으로 좀 밝히는 스타일이라고 할 수 있지요. 아마도 요즘 스타일로 보면 클럽 같은 곳을 자주 갈 수 있는 캐릭터입니다. 본인의 오감이 만족되지 않으면 그런 유흥가를 자주 찾을 스타일입니다. 그 유흥을 즐기는 사람은 아니고 오로지 오감 그 이상의 만족을 위해 그곳을 찾습니다. 물질적, 정신적으로 풍요로운 상태이지만 그게 만족이 안 되면 다른 곳에서 해결하려고 할 겁니다.

양귀비는 치명적인 매력을 갖고 있어서 마약과 비슷하고 중독에 빠집니다. 중독은 한번 빠지면 헤어 나올 수 없습니다. 그림에 보면 녹색 줄기가 있지요. 이 줄기가 다리를 휘감고 있는데 뭔가 족쇄처럼 단단히 묶인 느낌입니다. 줄기로 어디 움직이지 못하게 꽉 묶어 놓았습니다. 화려하고 매력적이지만 어딘가에 묶여있습니다. 묶여있다는 건 바로 헤어 나올 수 없다는 걸 말합니다. 우리는 한번 빠져들면 헤어 나올 수 없는 위험한 유혹들이 참 많습니다. 현대인들에게 그런 것들이 더 많습니다. 스마트폰 중독도 그렇고 과거 남성들의 4대 중독인 술, 도박, 낚시, 바둑도 그렇습니다. 어떤 것에 중독되면 주변 사람들이 눈에 들어오지 않습니다. 그 어떤 충고도 받아들여지지 않으며 자기 판단을 상실합니다. 삶의 균형이 사라집니다.

카드 전체 색감은 빨간색으로 강렬하게 위험을 강조합니다. 우리가 무언가에 빠져들 때 '눈이 새빨개진다'고 합니다. 게임에 중독되어서 밤을 새운 아들의 눈동자가 저렇게 빨갛습니다. 빨간색은 긍정적으로 보면 정열적이지만 부정적으로 보면 위험에 대한 경고입니다. 교통신호등의 빨간색은 멈추라는 신호입니다. 이 카드를 뽑았다면 지금 진행 중인 일은 잠시 멈추고 쉬라고 조언을 해주시는 게 좋습니다. 주식에 더 투자하려고 하면 잠시 멈추라고 하세요. 더는 빠져들지 못하게 경고하세요. 어떤 여성에게 푹 빠져들고 있다면 잠시 시간을 두고 관계의 속도를 조금 줄이라고 권합니다.

여황제

심리적 키워드 = 포용
숫자의 의미 = 창조, 조화, 풍요

황금빛 배경은 권력과 명예, 물질적 풍요를 상징합니다. 푸른 나무숲은 풍요로운 생명력을 의미하지요. 여황제는 12개의 별로 이루어진 왕관을 쓰고 있네요. 손에는 왕권의 상징인 황금 홀을 들고 있고 옷은 석류 무늬의 편안한 복장입니다. 빨간색 천으로 덮인 소파 밑에는 하트 모양(하트 안에는 비너스의 상징)의 베개가 있고 그 옆으로 작은 물줄기가 흐르다가 폭포를 이룹니다. 황금빛 밀밭, 푸른 숲, 빨간 석류 등은 모두 풍요로운 수확을 의미합니다. 석류가 나왔다는 건 여성의 몸에 관한 신호입니다. 여황제는 갇힌 왕궁이 아니라 열린 자연 속에 있습니다. 자연의 생명력을 향해 열린 넓은 어머니의 마음을 닮았습니다.

타로카드에는 2개의 대표적인 여성 캐릭터 카드가 있는데, 그중 하나가 '여사제 카드'이고 나머지는 '여황제 카드'입니다 여사제는 무의식과 영혼의 세계를, 여황제는 다산과 풍요를 상징합니다. 왠지 여황제에게 마음이 더 끌립니다. 그런데 이 캐릭터에 빠져들면 헤어 나올 수 없습니다. 이 카드에 대해서는 대부분 긍정적으로 해석합니다. 웨이트 카드의 상징은 '자연, 풍요, 생명력, 여유' 등이기 때문입니다. 저는 반면 이 카드의 숨겨진 위협요인을 봤습니다. 물질, 외모 등의 화려함에 갇힌 느낌이 보입니다. 그게 바로 정신적 세계의 풍요가 아니라 물질적 세계의 풍요에 중독된 현대인의 모습이지 않을까 합니다.

04

Leader
(리더)

> "
> 젊은 리더의 카리스마가
> 장난이 아니군요
> "

**권위, 허영심, 성공,
결실, 힘, 지배, 명예,
카리스마**

이 카드의 캐릭터는 리더입니다. 기존 웨이트 카드는 대단한 권위를 가진 황제를 표현했지만 저는 젊은 리더를 골랐습니다. 이번에 제가 개발한 카드의 그림을 잘 보시면 인물들의 표정이 없습니다. 그런데 이 카드는 약간의 표정이 드러나 있습니다. BTS 급의 멋있는 미소년을 표현하고 싶었습니다. 이 캐릭터는 '권위와 허영심, 지혜와 명예, 힘과 카리스마'를 가지고 있습니다. 황제 카드인데 젊은 황제입니다. 20~30대 어린 나이에 성공한 사람입니다.

모자에 있는 해바라기는 본인을 바라보는 사람이 많다는 걸 말합니다. 3개의 해바라기는 '인성, 지성, 영성'을 다 갖추고 있음을 의미합니다.

그림 위에서 스포트라이트가 젊은 리더에게 비추고 있습니다. 세상의 모든 시선이 이 주인공에게 집중됩니다. 자신을 바라보는 사람도 많고 본인이 책임져야 할 사람도 많습니다. 기존 웨이트 카드의 황제는 우리가 닿을 수 없는 곳에 있는 사람이지만, 루아 카드에서는 우리의 삶 속으로 조금 더 내려오게 했습니다. 이 리더는 너무 일찍 성공해서 허영에 빠져 있습니다.

모자의 빨간 띠와 빨간 넥타이는 명예욕과 정렬을 의미합니다. 하늘을 향해 두 팔을 벌리고 있는 것은 '나를 따르라'는 자신감의 표현입니다. 약간 독불장군 같은 스타일일 수 있습니다. 자신이 길이요 진리요 생명입니다. 나만 바라보라는 대단한 독선을 보이고 있습니다. 주인공 아래에 있는 사람들이 웅성대며 주인공을 바라봅니다. 어떤 이는 선망과 감탄의 대상으로 그를 바라봅니다. 군중을 휘어잡는 매력이 있거든요. 이런 부류의 사람들은 정치인이거나 아이돌 연예인일 수 있습니다. 벤처로 크게 성공한 젊은 사업가일 수도 있지요.

이런 캐릭터는 현실적으로 부와 성공을 다 움켜주었고 누구의 도움도 필요 없는 강한 의지를 가진 사람입니다. 신뢰할 수 있는 강력한 리더십을 가지고 있습니다. 그러나 역방향의 이미지를 파고들어 보면 자기중심적이고 고집이 세며 뭐든지 혼자서 다 하려고 합니다. 자신의 감정을 조절하지 못하고 권위적이거나 난폭하고 폭력적일 수도 있습니다. 숫자의 의미로 보면 4는 사각형이거나 꽉 짜인 틀을 나타냅니다. 주인공이 입은 검은 색 양복은 묵직하고 차분하며 무거운 분위기의 카리스마를 보여줌니다. 조직폭력배들을 보면 대부분 검은색 양복으로 통일한 것을 늘 봅니다. 그런 꽉 짜인 조직 속의 리더와도 같습니다. 사람들이 이 주인공에게 환호하는 것 같지만 반대로 보면 그의 위세에 눌려서 아무 소리도 못할 가능성도 있습니다.

보수와 진보의 기준으로 본다면 굉장히 보수적인 인물입니다. 그 어떤 혁신도 용서하지 않으며 절대적인 통제력으로 안정과 균형을 추구합니다. 배경의 황금색은 물질 만능을 나타내면 부의 정점, 황제의 권위 등을 나타냅니다. 군중 중에 무언가 감탄하는 머리가 큰 두 사람은 이 리더의 추종자일 겁니다. 주변에 조력자가 있다는 뜻입니다. 보통 스포트라이트를 받는 사람은 무대에서 내려오거나 사람들에게서 벗어나면 심한 외로움을 느낍니다. 겉으로는 화려해 보이지만 인간적으로는 굉장히 연약하고 고독에 빠져 있을 가능성이 있는 캐릭터입니다.

심리적 키워드 = 권위
숫자의 의미 = 질서, 안정, 보수

황금빛 왕관을 쓴 황제는 권좌에 앉아 무언가 마땅치 않은 표정을 짓고 있습니다. 뭐든지 자기 뜻대로 세상을 휘어잡으려 하는데 어디 세상일이 아무리 황제라도 그렇게 쉽게 흘러갈까요. 자리 뒤의 붉은색은 마음의 갈등, 흥분을 보여줍니다. 권력을 다 움켜쥐고 있지만 마음은 차분하지 않습니다. 권좌 양쪽에는 강인한 리더를 상징하는 숫양의 머리가 조각되어 있습니다. 하얀 수염은 꽤 노련한 노인의 지혜를 보여주며 갑옷은 내적인 강인함과 단호한 성격을 나타냅니다. 신발 역시 전투 복장이라 지금이라도 당장 전쟁터로 나갈 기세입니다. 그러나 직접 전쟁을 치르지는 않고 지휘만 할 겁니다. 그는 최고 자리에서 명령하는 자이기 때문입니다. 등 뒤에 보이는 돌산은 정서적인 삭막함이 느껴지고 그 아래 가늘게 흐르는 강은 그나마 약간의 마음의 여유가 보입니다. 강물은 현실적, 이성적인 그의 모습을 나타냅니다. 여황제는 포용력이 있지만, 황제는 감히 범접할 수 없는 권위가 느껴집니다. 만약 이 카드를 뽑았다면 책임을 요구받는 자리에 있다는 뜻일 겁니다. 당신은 긴급한 최종 의사결정을 해야 합니다.

05

Authority
(권위)

> 제 이야기를 좀 들어주실 분
> 거기 안계신가요?

**소식, 전달, 지휘,
정신적인, 권력,
지주, 연결**

무언가 깨달음의 경지에 오른 고승이 보입니다. 흰 머리는 연륜을 의미합니다. 긴 세월의 풍파를 이겨낸 자의 위엄이 보입니다. 빨간색 망토는 삶을 살아갈 열정입니다. 피의 색깔과 같아서 생명력을 의미하기도 합니다. 피는 수난을 상징하기도 합니다. 고승의 오른팔에는 평화의 상징인 비둘기가 앉아 있네요. 세상 사람들에게 좋은 기운을 전할 것 같습니다. 왼손은 안 보이지만 아마도 왼손으로 아주 고풍스러운 지팡이를 쥐고 있는 것 같네요. 지팡이는 위엄, 권위를 의미합니다. 이 사람은 대단한 권위를 움켜쥔 자입니다.

이 카드는 인간 세상의 제도와 권위, 교리, 전통 등을 담고 있습니다.

인간을 결속시키는 규칙과 관례 등을 주관합니다. 종교적인 관습도 해당할 겁니다. 이 카드를 뽑은 사람은 뭔가 신앙생활과의 접점이 있을 수 있습니다. 혹은 어느 공동체에서 나름의 역할을 부여받았을 겁니다. 무엇이 되었든 자신의 신념 하나는 확실한 스타일입니다. 신념과 주관이 뚜렷하다는 건 세상 사람들을 이끌어 갈 영적 지도자라는 의미입니다. 그러나 너무 신념이 강해 다른 사람들의 이야기를 거의 듣지 못합니다. 저고승의 얼굴을 보시면 표정은 없지만 완고합니다.

이런 카드의 캐릭터는 사람들이 자주 의지하려고 합니다. 그러나 그 의지를 악용하면 안 됩니다. 타로상담사가 이 카드를 뽑았다면 세상 사람들이 당신에게 많이 의지하려 할 겁니다. 그 사람들에게 방향 전환이나 새로운 의지를 전해 주어야 합니다. 지팡이는 무언가를 결정하는 힘 혹은 방향을 나타냅니다. 지팡이를 쥔다는 건 뭔가 의지한다는 겁니다. 세상 사람들의 위에 선다는 건 뭔가 책임 의식을 가져야 함을 의미합니다. 책임 의식이 없이 권위만 가지고 있다면 그건 아주 무서운 독재로 흐를 가능성이 있습니다. 이 카드에는 공공의 이익을 위해 헌신하는 모습이 보입니다. 웨이트 카드에서는 권위 그 이상의 모습을 가진 교황이 나옵니다. 역사적으로 교황의 지배력은 황제 그 이상이었습니다. 황제는 물질적 지배자라면 교황은 물질과 정신, 이성과 감성 모두를 주관합니다.

정치인들이 이런 카드 유형입니다. 그러나 정치인이라고 해도 국민을 위해 헌신하는 유형이 있고 국민을 이용하려는 사람이 있습니다. 권위를 움켜쥐려는 자는 국민을 이용하려는 사람이고, 권위를 내려놓으려는 자는 국민을 위해 헌신하는 사람일 겁니다. 무엇이 되었든 세상에 그 모습을 드러낸 공익의 캐릭터입니다. 공무원일 수도 있고 코로나19로 고생하시는 의료인들일 수도 있습니다. 이 카드의 캐릭터는 말하는 사람이기보다 듣는 사람이어야 합니다. 세상 살아가는 사람들의 고민과 아픔을 잘 들어주는 유형입니다. 사람들은 자기 말을 잘 들어주는 것만으로도 힐링과 치유를 경험합니다. 타로상담사도 카드에 대한 리딩에 앞서 내담자의 고민과 한숨을 들을 줄 알아야 합니다. 그 고민이 잘 들려야 공감이 가는 리딩을 할 수 있습니다.

교황

심리적 키워드 = 권위
숫자의 의미 = 질서, 안정, 보수

위엄하신 교황이 큰 기둥 사이에 앉아 있습니다. 교황의 발아래에는 수도 승으로 보이는 파란색, 빨간색 사제가 보입니다. 파란색과 빨간색은 냉정과 열정을 상징합니다. 교황의 머리에는 삼중관이 쓰여 있습니다. 삼중관은 성부와 성자와 성령을, 십자가에 매달린 예수님 몸에 박혔던 3개의 못을 상징하기도 합니다. 교황의 왼손에도 삼중 십자가가 있습니다. 이 카드에는 이렇듯 3의 의미가 꽤 중요하게 다가옵니다. 타로카드에서 숫자는 리딩의 중요한 포인트가 되기도 합니다. 3달만 기다리라고 얘기할 수도 있습니다. 교황과 3이라는 숫자는 직관적으로 삼위일체가 가장 정확한 상징입니다. 교황의 오른손은 기독교적 축복을 보여줍니다. 발아래 두

사제는 복종입니다. 교황의 권위 앞에 절대복종합니다. 빨간색은 지혜와 열정, 파란색은 이해와 포용을 의미합니다.

VI
Lovers

Lovers
(연인)

> 우리의 사랑은 항상
> 꽃길만 걷습니다

**두 사람을 이어주는,
궁합, 화합, 우정, 깊은 사랑**

웨이트 카드는 교황이라는 정신적 권위를 내세우고 있지만 제가 만든 카드는 남녀의 화합과 사랑을 표현하고 있습니다. 남성은 웃통을 벗고 있고 여성은 옷을 입고 있지요. 옷을 벗고 맨살을 보인다는 것은 솔직한 마음을 나타냅니다. 남성은 마음을 다 열어 놓았는데 여성은 아직 닫힌 상태입니다. 연애의 밀당에서 남성이 애간장이 타는 상황입니다.

이 캐릭터는 사주 측면으로 보면 홍염살입니다. 홍염살은 치명적인 섹시미라고 합니다. 여성으로서는 굉장히 매력적인 카드입니다. 전체적인 색감도 붉은색으로 홍염살을 나타냅니다. 홍염살은 동성보다는 이성에게 끌리는 스타일입니다. 특별히 이성에게 인기 없을 것 같은데도 인기가 많은 사람이 있습니다. 그런 사람들은 홍염살 사주가 약간 들어가 있다고 보면 됩니다.

남성은 여성을 바라보고 있는데 여성은 다른 곳을 바라봅니다. 여성이 눈이 높습니다. 여성의 머리가 긴 것은 생각이 많다는 얘기입니다. 여성은 눈이 높아서 남성을 배신할 수 있지만 한 사람을 만나면 연애를 오래 지속할 수도 있습니다. 긴 머리 끈으로 남성을 칭칭 휘감을 가능성도 보입니다. 휘감는다는 것은 구속 혹은 집착을 의미합니다. 구속이냐, 집착이냐는 엄청난 차이입니다. 사랑하면 구속할 수 있지만 집착은 병입니다.

남성과 여성 사이로 새가 날아갑니다. 새가 날아가 사라지면 여성의 긴 머리로 연결하고 묶을 수 있습니다. 이 여성이 자기는 버리라고 하고 다른 여성을 소개해 줄 수도 있겠지요. "난 너하고 안 맞으니 다른 괜찮은 애 소개해 줄게"라며 남성을 위로하겠죠. 새 배경의 노란색은 좋은 소식, 궁합, 화합을 나타냅니다. 두 사람을 이어주는 의미입니다. 우측 상단의 꽃은 두 사람이 맺어지면 항상 꽃길을 걸을 것을 상징합니다. 만약 연애하는 여성이 이 카드를 뽑으면 그 연애가 잘될 것 같다고 이야기해 주면 좋습니다. 그 연애의 주도권도 여성에게 있음을 나타냅니다. 이 두 남녀는 만나기 전에는 다소 어두운 과거가 있었지만 만남 이후에는 밤이 항상 낮처럼 밝습니다.

저는 이 카드가 다양하게 해석되기를 바랍니다. 당신의 과거는 어두웠지만 앞으로는 희망의 꽃길을 걸을 것이라고 얘기해주어도 좋습니다. 사람들의 과거는 밝은 면보다 어둡고 힘든 일을 더 많이 기억합니다. '아품이 없는 인생은 없다'는 것은 그래서 진리에 가까운 공감을 줍니다. 이 카드 역시 그렇습니다. 외롭고 힘든 과거가 있었지만 두 인연이 만나서 새로운 인생이 꽃피어날 것을 보여줍니다. 인생은 사람이 병을 주고, 사람이 약을 줍니다. 사람에 의해 다친 상처를 다른 사람이 치료해줍니다. 한 번 연애에 실패했다고 해서 평생 실패는 아닙니다. 첫사랑과 헤어졌다고 슬퍼하고 좌절할 일이 아니라 더 좋은 인연을 만날 것을 기대하고 희망을 품게 해야 합니다. 누구를 만나든 그것은 운명적인 만남입니다. 그 만남 중에서 특히 연인으로 이어지는 만남은 보통 인연이 아닙니다.

연인

심리적 키워드 = 사랑
숫자의 의미 = 사랑, 만남, 인연

그림 한가운데에 있는 라파엘 대천사가 남성과 여성의 인연을 이어줍니다. 날개 달린 천사가 두 팔을 벌리고 두 남녀의 인연을 축복하고 있습니다. 라파엘 대천사는 신성한 지혜의 소유자로 인간의 영혼을 주관하고 사랑을 나타내는 천사로 알려져 있습니다. 이 그림에는 남성과 여성이 다 옷을 벗고 있습니다. 그런데 두 남녀 사이에 높은 산이 보입니다. 뭔가 두 사람 사이가 순탄하지만은 않을 것 같습니다. 높은 산은 난관을 의미합니다. 여성 뒤의 나무는 선과 악을 나타내는 나무입니다. 이브가 유혹에 넘어간 그 나무입니다. 남성 뒤의 불꽃 12개는 별자리 12개를 나타냅니다. 여기 그림에도 루아 카드처럼 남성은 여성을 바라보고 여성은 다른 곳(라파엘 대천사)을 바라봅니다. 두 남녀는 아직 불꽃 같은 사랑에 빠지지 않았습니다. 썸을 탄다고 보면 됩니다. 대신 남성만 애달아 하고 있는 상황입니다. 이 캐릭터는 아름다운 사랑으로 이어질 수 있지만, 삼각관계 혹은 불륜으로 빠질 가능성도 있습니다. 육체적인 탐욕, 성적인 쾌락도 내포하고 있는 카드입니다. 다양한 해석이 가능한 카드라서 질문자의 질문 유형에 따라 적절한 상징을 연결해서 해석할 수 있을 것입니다.

VII
Warrior

Warrior
(전사)

> "
> 당신의 저돌적인
> 공격력에 만했어요
> "

| 이동, 개척, 저돌적인 행동,
| 의욕있는, 승리, 성공

메이저 카드의 7번은 전차 카드입니다. 저는 사자를 눌러 버린 늑대로 표현했습니다. 누구도 예측하지 못한 반전의 가능성을 열어두었습니다. 밤을 지배하는 늑대가 사자까지 잡고 하늘을 향해 포효하기 직전의 모습입니다. 하늘을 찌를 듯한 늑대의 자신감이 그대로 느껴집니다. 눈동자는 빨갛게 충혈이 되어있네요. 그만큼 흥분한 상태입니다. 굉장히 정열적이고 공격적이며 폭력적인 성향을 보이고 있습니다. 승리를 움켜쥐기 위해 거칠 것 없이 질주하는 캐릭터입니다.

이 카드는 늑대가 사자를 눌러 버렸다는 게 반전입니다. 우리 인생도 이런 멋진 반전이 있어야 합니다. 아니 우리 스스로 반전을 만들어 가야 합니다. 아무도 예상하지 못했던 사자의 승리, 밤의 포효…. 이 극적인 반전이 우리의 인생에도 있기를 바랍니다. 만일 인생의 순간마다 망설이고 있는 내담자가 이 카드를 뽑았다면 조금 과감하게 행동해도 괜찮다고 얘기해도 좋습니다. 좀 더 적극적으로 전진하라고 이야기하세요. 당신에게는 세상이 깜짝 놀랄 반전의 카드가 있다고 말입니다. '그래, 한번 저질러 볼까?' 하는 에너지가 꿈틀거릴 겁니다.

늑대 전사 카드는 수비보다는 공격이 좋은, 거칠 것 없고 추진력이 있는 사람입니다. 동적이고 움직임이 강하기 때문에 이동수가 있는 카드입니다. 전근, 출장, 이사, 여행, 이직 등의 기운이 담겨있습니다. 직장을 옮길 수도 있고, 사업을 하더라도 보다 적극적으로 협상에 임해도 좋습니다. 협상할 때 조금 더 유리한 조건으로 결론을 이끌 수 있습니다. 무슨 일을 하더라도 의욕이 넘치기 때문에 조금 과하게 경계를 넘어설 수 있지만 결국은 승리를 움켜쥡니다. 이 카드에는 바람둥이 기질도 숨어 있습니다. 마술사 카드가 하수 카사노바라면 이 늑대 전사 카드는 고수 카사노바입니다. 나름 경지에 올라선 프로페셔널이라고 할 수 있습니다. 사자의 목을 눌러 버릴 정도로 힘이 대단합니다.

승리에 대한 열망, 개척에 대한 굳은 의지가 느껴집니다. 행동은 저돌적이어서 마음에 드는 여성이 있다면 곧바로 대시하는 스타일입니다. 사업도 본인이 옳다고 생각하면 공격적으로 추진합니다. 여성이 이 카드를 뽑았다면 남성을 휘어잡을 수 있는 기가 센 분일 겁니다. 이런 여성은 남성을 만날 때 소심하거나 조금 약한 남성을 만나야 궁합이 맞을 수도 있습니다. 남성이 여성을 잘 따르거나 맞춰주는 스타일이어야 합니다. 여전사 스타일이라서 웬만한 남성은 꼼짝 못 하는 카리스마가 있습니다. 남성이든 여성이든 이 카드를 뽑았다면 성실하고 야심차며 혁신적이고 자신감이 넘치는 사람일 겁니다. 다른 길로 새지 않고 자기가 목표한 길로 매진합니다. 뭔가 새로운 프로젝트를 준비하고 있다면 행동으로 옮겨도 좋습니다. 회사를 차릴 생각이 있다면 바로 사업자등록을 내도 좋을 것 같습니다. 성공은 행동과 통하는 것이라 했습니다. 우리의 운명은 다른 사람들이 결정하는 게 아닙니다. 자신의 인생에 주인의식을 가지고 앞으로 전진하는 이 전사 카드는 힘이 넘쳐서 참 보기 좋습니다.

전차

심리적 키워드 = 실행
숫자의 의미 = 행운, 완성, 신성

너무도 당당한 모습입니다. 갑옷, 월계관, 별 모양의 금관이 전쟁을 치르러 나가는 위풍당당한 장군의 모습을 더 빛나게 합니다. 이미 저 뒤에 성곽 그림이 보이는 걸 보니 전쟁터로 출발했습니다. 하얀 스핑크스와 검은 스핑크스가 모는 전차는 그 누구도 겁날 게 없을 정도로 위협적입니다. 스핑크스는 신전의 수호자이자 안내자입니다. 하늘색 커튼은 미래의 희망을 의미합니다. 스핑크스 사이의 날개 달린 둥근 태양은 일이 순탄하게 풀릴 것을 예고합니다. 전차 카드는 황제 카드와 마찬가지로 진취적이고 공격적인 이미지를 보여줍니다. 스핑크스의 두 색상은 균형을 나타냅니다. 때로는 거칠 것 없이 공격적이지만 때로는 승리를 위해 집중하는 차분함도 있습니다. 다만 스핑크스가 바라보는 곳이 각각 다른 것은 다양한 선택의 순간이 있음을 보여줍니다. 자신의 힘으로 모든 것을 다 이룰 수도 있지만 주변을 돌아보는 지혜도 필요하겠네요. 검은색은 육체, 하얀색은 감정을 나타낼 수도 있으며 이성과 감성의 조화가 필요함을 상징하기도 합니다.

VIII
Strength

08

Strength
(힘)

> “
> 이런 여성을 만나야
> 내가 힘을 받을 수 있어요
> ”

**지혜, 조련, 인내, 절제,
도전, 정신력, 외유내강**

이 카드는 색감이 굉장히 화려하고 예쁘지만 꽃에서 솟아오른 호랑이는 무섭습니다. 식물 속에서 동물이 나왔습니다. 식물이 동물을 잉태해서 맹수를 낳았습니다. 동물은 본능에 충실한 생명이기에 참을성이 부족합니다. 그런데 식물 속에서 때를 기다렸다는 것은 아주 많이 참았다는 걸 말합니다. 인내심이 정말 강합니다. 사람도 인내력이 강한 사람이 무섭습니다. 참는다는 건 지는 게 아닙니다. 칼을 갈고 때를 기다리는 겁니다. 자신의 목표를 이루기 위해 기다린다는 건강한 자만이 할 수 있는 일입니다.

이 카드는 그냥 강한 힘이 느껴지는 게 아닙니다. 겉은 부드럽지만 속은 차돌처럼 단단합니다. 그 누구도 범접할 수 없는 맹수의 강인함이 숨겨져 있습니다. 부드러운 여성이지만 남성을 다스릴 줄 아는 스타일입니다. 외유내강 형이라고 보시면 됩니다. 율곡 이이를 키운 신사임당이 이런 유형입니다. 바보 온달을 장군으로 만든 평강공주도 이 부류입니다. 보통 이런 카드는 자신의 감출 수 없는 열정이나 공격적인 성향을 누르고 통제하려는 힘이 존재합니다. 절대 감정에 휘둘리지 않고 욱하는 순간의 파괴적인 성격을 잘 누릅니다.

이런 성향의 사람은 야수를 길들일 엄청난 에너지가 있는 리더 중의 리더입니다. 자신을 공격해도 잘 흥분하지 않고, 도박을 해도 자신의 표정을 절대 드러내지 않습니다. 행동도 언행도 실수하는 법이 없습니다. 올바른 일이라고 판단하면 참고 기다리다가 반드시 이루고야 마는 스타일이죠. 주변의 시끄러운 소리를 잠재우고 결국은 자기가 원하는 것을 관철합니다. 우리는 늘 마음속으로 전쟁을 치릅니다. 세상에서 가장 힘든 싸움은 자신과의 싸움이라고 했습니다. 이 카드를 가진 사람은 자신과의 싸움에서 절대 밀리거나 지지 않습니다. 만약 사업가나 협상가라면 모든 판세를 자신에게 유리하게 끌고 가는 힘과 능력을 갖추고 있습니다.

연꽃은 성령의 신비로움을 나타냅니다. 자연의 힘, 신의 힘을 받아 세상이 고개를 숙일 카리스마가 탄생합니다. 식물 속에서 동물이 올라왔기 때문에 단순하게 봐도 동물원이나 식물원에서 일하는 사람일 수도 있습니다. 개통령 강형욱이 이 카드와 비슷한 유형입니다. 동물들을 잘 다루는 수의사, 조련사들도 같은 부류일 겁니다. 끊임없이 부단하게 자신을 단련해야 하는 스포츠 선수들도 이 카드와 유형이 비슷한 이들입니다. 인간관계에서도 차분히 사람들의 흐름에 따라가면서 자기 페이스를 절대 잃지 않습니다. 특별히 특출난 것 같지 않은데 자신의 내공을 단단하게 쌓아가는 사람들이 이런 스타일일 겁니다.

우리 주변에는 누군가를 도와주는 킹메이커라고 생각했지만 실제는 그가 진정한 킹일 때가 많습니다. 세상의 모든 시선과 재물, 운은 겉으로 드러난 킹에게 다 가는 것 같지만 실속은 킹메이커가 다 챙깁니다. 계산이 빠르고 굉장히 지혜로운 사람들입니다. 한 치 앞만 보는 사람이 아니라 10리 앞의 먼 길을 볼 줄 압니다. 사업계획을 짤 때도 실패와 난관의 변수를 잘 계산해서 특별한 위험에 빠지지도 않습니다. 그러나 이런 해석도 결국은 내담자의 질문에 따라 달라집니다. 중요한 것은 이 상징성들이 어떻게 내담자가 공감하도록 정리되느냐 일 겁니다. 지금의 이러한 해석은 그저 디딤돌에 불과합니다.

힘

심리적 키워드 = 인내
숫자의 의미 = 자비, 권위, 영광

여인이 사자를 어루만지고 있습니다. 현실적으로는 불가능한 그림입니다. 그런데 여인의 머리 위에 있는 뫼비우스 띠를 보니 그녀에게 무한한 힘이 느껴집니다. 뫼비우스는 성령의 힘입니다. 인간의 능력이 아닌 신의 은총이 내려진 무한한 힘을 가지고 있습니다. 머리에 쓰고 있는 월계관은 결국 승리를 움켜쥔다는 의미일 겁니다. 하얀색 옷은 순결함과 순수함과 복종을 나타냅니다. 우리는 항복을 할 때 백기 투항합니다. 그 백색을 생각하시면 됩니다. 여인의 사자를 참 너그럽게 쓰다듬고 있습니다. 차분하면서 자신감을 넘치는데 따뜻하고 포용력도 있어 보입니다. 강한 카리스마로 길들여지지 않은 것들을 이끌고 가는 게 아니라 부드러운 리더십으로 야생성이 순해지며 그녀를 따르도록 합니다. 사자의 표정을 보세요. 마치 동네 강아지처럼 순해져 있습니다. 그리고 여인의 품에서 너무나도 편해 보입니다. 여성도 사자를 강제로 제압하는 게 아니라 어르고 달랩니다. 신비롭고 성스러운 힘이 느껴지는 캐릭터라 할 수 있습니다.

09

Hermit
(은둔)

IX
Hermit

"
이번에도 잠시
잠수 타시겠네요
"

| 외골수, 지혜, 은둔,
| 나이 많은, 심사숙고, 침묵, 잠수

잠수복을 입은 사람이 바닷 속에서 명상에 잠겨 있습니다. 바다가 참 편한 모양입니다. 저런 편한 표정을 보면 잠수를 잘 타는 스타일이라는 걸 한눈에 알 수 있습니다. 이 카드의 캐릭터는 자기가 불리하면 동굴 속 혹은 바닷속으로 들어가는 스타일입니다. 들어가서는 잘 안 나옵니다. 매부리코의 강한 인상이 고집스럽게 보입니다. 제가 경험한 바로는 관상은 꽤 과학적입니다. 얼굴은 그 사람의 겉으로 드러난 심장입니다. 얼굴에 성격이나 사주팔자의 모든 것이 드러난다고도 합니다.

바다에 가라앉아 있는데 숨 막히는 것 같지는 않습니다. 오히려 더 편안해 보입니다. 해녀인지 해남인지는 모르겠지만 어쨌든 잠수복을 입고 있어서 안전한 상태입니다. 잠수를 탔지만 무슨 사고가 난 상황은 아닌 겁니다. 그런데 잠수라는 게 그렇듯이 오래 있지는 못할 겁니다. 만약 애인이 잠적하고 있다고 한다면 금방 돌아올 것이라고 이야기해 주시면 됩니다. 잠수복의 검은 색은 속이 시커멓다는 걸 말합니다. 어디로 튈지 속을 알 수 없는 사람입니다. 눈을 내리깔고 있는 걸 보니 자기 스타일을 고집할 겁니다. 이런 걸 주관이라고 하면 안 됩니다. 그냥 고집입니다. 이 카드를 뽑았다면 고집 센 사람이라는 걸 감안하세요.

요즘 흔히 말하는 꼰대 아저씨일 수도 있습니다. 꼰대는 자기 고집이 상당히 강합니다. 웬만하면 자기 고집을 안 꺾을 겁니다. 그런 사람 옆에 사람들이 잘 안 갑니다. 젊은 사람들도 당연히 꼰대들을 싫어합니다. 웨이트 카드에도 9번 카드는 눈 덮인 산 위에 홀로 서 있는 할아버지가 나옵니다. 세상을 등지고 혼자 걸어가는 사람입니다. 그래서 이 카드의 이름을 '은둔자'라고 했을 겁니다. 잠수가 되었든 은둔이 되었든 세상을 벗어나려고 자기 속으로 다시 걸어 들어가려는 사람입니다. 자기 내면의 세계에 자신을 가둬둡니다. 물질적인 세계 보다는 정신적인 세계에 관심 있을 겁니다. 바깥세상 일은 관심 없고 오로지 자신의 내적 성찰과 성장에만 관심이 많습니다.

남성도 여성도 잠시 세상의 전원을 끄고 잠수 타고 싶을 때도 있습니다. 누군가의 시선, 관심이 괴로운 거죠. 그럴 때 이 카드는 일탈의 터닝 포인트를 줍니다. 자신을 버리고 세상의 흐름에만 매달리며 살았다면 다시 자기 자신의 가치를 발견하는데 시간을 쓸 필요도 있습니다. 타로상담사는 내담자에게 정답을 제시하는 것이 아니라 해답을 보여주어야 합니다. 인생에는 다양한 해답지가 있습니다. 사람마다 성격마다 상황마다 그 해답지는 조금씩 달라질 겁니다. 그럴 때 이 카드가 제시하는 것과 같은 약간의 숨통, 잠깐의 쉼표가 필요합니다. 우리는 가끔의 인생의 행로에서 길을 잃거나 걱정이 너무 많아 길이 보이지 않을 때도 있습니다. 그럴 때 잠수를 타는 것은 현실도피가 아니라 자기 재충전이 됩니다. 상황에 따라, 바라보는 시각에 따라 다른 가치가 보이는 법입니다.

은둔자

심리적 키워드 = 수용
숫자의 의미 = 고독, 헌신, 내면

백발에 하얀 수염의 할아버지, 그의 왼손에는 자기 키만큼 큰 지팡이가 들려 있고 오른손에는 황금 별을 담은 등불을 들고 있습니다. 발아래에는 눈 덮인 산이 있습니다. 세상을 등지고 생각에 잠겨 어디론가 갑니다. 겉모양으로 봐서는 정신적인 지도자나 영적인 현자 같습니다. 그냥 할아버지가 아니라 인생의 경험과 연륜이 풍부한 도사의 느낌입니다. 어느 길로 나갈지 현명한 판단을 해줄 것 같습니다. 그러나 그가 의지할 것은 지팡이와 등불 2개뿐입니다. 비록 무기는 2개지만 그것만으로도 험한 세상의 길을 잘 헤쳐 나갈 것 같은 믿음이 듭니다. 고개를 떨구고 있는 모습에서 사무치는 외로움이 느껴집니다. 만약 자녀분이 이 카드를 뽑았다면 "애야, 공부가 인생의 전부는 아니지만 그렇다고 그걸 다 내려놓지는 마라. 네가 하고 싶은 걸 하려면 일단 공부라는 무기는 손에 쥐고는 있어야 한다." 이렇게 얘기해 주시면 좋겠습니다. 경쟁의 사회에서 뒤처질 거라는 불안감은 잠시 내려놓고 자신에 대한 가치를 발견하라고 말이지요. 만약 직장인이 이 카드를 뽑았다면 잠시 휴가를 내라고 권해야 합니다. 너무 일에 매달려 혹사한 육체에 휴식이 필요하다는 신호입니다.

10

Destiny

(운명)

" 우리가 진짜
운명의 인연이라고요?
"

시작, 이동, 순환, 반복,
인연, 오랜 세월

열 번째 카드는 '운명의 수레바퀴'입니다. 쳇바퀴 돌 듯 반복되는 우리 인생이 이 카드와 같습니다. 헤어나려고 해도 헤어날 수 없고 계속 반복된 실수만 저지릅니다. 그렇게 시간은 흘러가고 소년이 중년, 중년이 노년이 되어 갑니다. 어떤 하나의 인연 때문에 잘못된 길을 갈 수도 있고, 실타래처럼 얽힌 인연들 때문에 자기 길을 못 찾을 수도 있지요. 아주 질긴 악연과 운명에 묶여서 방황하는 한 인생을 보여주기도 합니다. 좋은 인연이 되었든 나쁜 인연이 되었든 인생은 결국 흘러갑니다. 악연의 끈도 녹이 슬면 느슨해져서 풀릴 수도 있습니다.

이 그림에는 탑도 보이고 동아줄이나 시계도 보입니다. 절망적인, 희망적인 상황이 다 보입니다. 시계를 보니 과거에는 황금빛이었는데 세월이 갈수록 녹이습니다. 시계는 우리 인생의 세월을 의미합니다. 우리는 늘 이 시간 속에 갇혀 삽니다. 같은 시간을 부여받지만 똑같이 사용하지는 않습니다. 같은 시간이지만 사용하는 사람에 따라 시간의 활용이 달라지기에 결국 운명도 바뀌게 되어 있습니다. 내 운명을 바꾸려면 내게 주어진 시간을 어떻게 활용하느냐에 달려 있다는 얘기일 겁니다. 시간의 톱니바퀴, 수레바퀴는 계속 우리를 몰아댈 겁니다. 거기서 자기 자신을 잃으면 자신의 운명은 수동적으로 끌려갈 수밖에 없습니다.

시계가 흰색 기둥에 꽂혀 있습니다. 시계탑인데 이 탑은 정상을 향해 질주하는 지금의 경쟁 사회를 상징합니다. 남보다 하나는 더 가져야 하고, 남보다 한 걸음 더 빨리 가고 싶은 현대인들의 본성이 담겨있습니다. 이 카드의 경우 일탈을 못 하는 꽉 짜인 삶을 삽니다. 정해진 시간에 정해진 일만 합니다. 꼭 공무원 같습니다. 자신이 하고 싶은 일을 찾아서 떠나는 의욕과 열정은 보이지 않습니다. 그저 눈앞의 반복된 삶을 충실하게 살 뿐입니다.

요즘 우리나라의 지하철을 타 보면 꼭 이런 모습일 것 같습니다. 같은 자세로 같은 의자에 앉아 같은 포즈로 모두 스마트폰을 봅니다. 너무 기계적이고 로봇 같습니다. 이 카드를 뽑았다면 어떤 행동과 선택을 촉구하는 게 좋습니다. 시간의 굴레에서 빨리 벗어나기를 권하세요. 남들과 똑같이 반복된 일상을 살지 말고 조금 다른 자기만의 인생을 살라고 조언해 보세요.

운명은 사람이 정하지 않습니다. 하늘, 우주가 정한 운명의 수레바퀴에서 탈출하느냐 그냥 머무느냐의 선택은 사람이 할 수 있습니다. 변화를 원한다면 시계에서 탈출하고 탑에서 내려오면 됩니다. 바퀴 속에 갇혀서 돌아가는 인생이 아니라 바퀴를 굴리는 인생으로 스스로를 바꿀 수도 있습니다. 중심은 늘 자신에게 두어야 합니다. 남의 기준, 세상의 기준에 자신을 두면 인생은 쳇바퀴를 반복해서 도는 그 궤도를 탈출할 수 없습니다. 어제의 나는 오늘의 내가 아닙니다. 어제의 인연이 내일까지 꼭 이어진다는 법은 없습니다.

저 그림에서 그나마 희망이 하나 보입니다. 그게 바로 굵은 동아줄입니다. 쳇바퀴에서 탈출하려면 저 동아줄을 잡으면 됩니다. 동아줄을 잡은 그 이후의 인생이 어떤 인생일지 미리 걱정할 필요도 없습니다. 내가 선택했으니 그것으로 족한 겁니다. 모두 탑을 향해 올라갑니다만 정상에 오르기까지는 많은 시간이 걸릴 겁니다. 올라가다 다 못 가서 좌절할 수도 있습니다. 오직 최고를 향해 질주하는 그 경쟁이 행복하지는 않을 겁니다. 그렇다면 다른 선택, 다른 행동이 필요한 겁니다.

운명의
수레바퀴

심리적 키워드 = 변화
숫자의 의미 = 전체, 완성, 정점

그림 한가운데에 가장 비중 있는 상징인 바퀴가 있습니다. 바퀴는 시간을 의미하기도 하고 우주의 공간을 의미하기도 합니다. 바퀴를 받치고 있는 것은 사람의 몸에 자칼의 형상을 한 이집트의 신 '아누비스'이고, 바퀴 위에 앉아 있는 것은 '스핑크스'입니다. 냉정의 파란색이 바퀴를 누르고, 열정의 빨간색이 바퀴를 받칩니다. 카드 네 모퉁이에는 4개의 생물들이 책을 읽고 있습니다. 출판사를 운영하시는 사장님이 이 카드를 뽑았습니다. 대단한 연결고리였습니다. 그분의 출판 일이 술술 잘 풀릴 것 같았습니다. 4개의 생물은 4원소일 수도 있고 4개의 수트(완즈, 컵, 소드, 펜타클)를 의미하기도 합니다. 바퀴 가장자리 글자를 보면 TAROT타로이라고 쓰여있네요. 타로의 첫 글자가 마지막 글자가 되어 반복 순환합니다. 태어나고 죽고 다시 태어나는 인생의 윤회가 바로 이런 흐름일 겁니다. 이 카드는 긍정 한쪽만으로 흘러가거나 부정 한쪽으로만 흘러가지 않습니다. 긍정과 부정, 밝음과 어두움, 생명과 죽음이 반복됩니다. 우리 인생도 그렇게 낮과 밤이 반복 순환하며 흘러갑니다. 인생은 어두운 일만 있는 게 아니고 늘 좋은 일만 있는 것도 아니라는 얘기입니다.

Justice
(정의)

> 66
> 지금의 실패가
> 실패가 아님을 알았어요
> 99

**균형, 평정, 심판, 공정,
법률, 소송, 재판**

정면에 저울이 보입니다. 11번째 정의에 관한 카드입니다. 정의란 누구의 정의일까요? 사람 기준의 정의는 아닐 겁니다. 사람의 정의는 아무리 공평하다고 얘기해도 공평하지 않습니다. 그러나 하늘의 기준은 다릅니다. 사람들이 만든 법法이라는 글자의 한자를 풀어 보면 '물 수변에 갈 거' 입니다. 물 흘러가는 대로 가라는 이야기입니다. 그런데 우리의 법이 그렇게 흘러간 거 보셨나요? 그 물꼬를 사람이 만드니 법 자체가 공평할 수 없습니다.

저울에 두 사람이 있습니다. 한 사람은 서서 환호를 지르고 있고 다른 한 사람은 주저앉아 머리를 쥐어뜯고 있습니다. 그러나 저울은 어느 한

쪽으로 기울어 있지 않습니다. 하늘의 기준으로 보면 환호를 하는 사람이나 좌절하고 있는 사람이 다 같아 보인다는 겁니다. 인생도 넓게 크게 보면 그런 것 같습니다. 막상 지금 환호하는 상태인 것 같지만 길게 보면 꼭 그렇게 기뻐할 일도 아닌 것 같고, 지금 상황이 아주 절망적이지만 길게 보면 그게 그렇게 죽을 만큼 힘든 것도 아니라는 겁니다. 그러니 너무 기뻐서 흥분할 일도 없고, 또 너무 슬퍼서 땅속으로 기어들어 갈 필요도 없습니다.

저울의 한 가운데는 황금빛 별이 있습니다. 인생 황금률을 의미합니다. 황금률은 신의 기준, 우주의 기준입니다. 인간에 적용한다면 남에게 피해를 주지 않고 양심적으로 살라는 기준입니다. 나 혼자 좋다고 희희낙락喜喜樂樂하지 말라는 얘기입니다. 당신의 승진에 괴로워하는 누군가를 바라보는 여유가 있어야 합니다. 그 여유가 없다면 당신의 승진을 시기하고 질투하며 폄훼하는 사람이 반드시 생깁니다. 그게 균형이고 저울인 겁니다. 이번에 승진에서 떨어졌는데 이 카드를 손에 쥐었습니다. 오히려 지금보다 다른 기회가 더 좋은 걸 암시합니다. 하늘이 주는 공평은 어느 한순간, 어느 한 사람에만 머물지 않습니다.

이 카드를 뽑았다면 무언가 선택의 순간일 수도 있습니다. 이직, 이사 등등 중요한 선택의 갈림길에 서 있을 수 있겠지요. 어떤 선택이든 사람의 기준이 아닌 신의 소리, 자기 마음이 흘러가는 그 소리에 귀 기울이면 됩니다. 저울을 보면 뾰족한 것이 널빤지 위에 아슬아슬하게 있습니다. 그 널빤지는 또 원기둥 위에 올려 있네요. 어떤 것도 안정적인 게 없습니다. 그럼에도 균형을 잡고 있습니다. 사람이라면 이렇게 균형을 잡을 수 없습니다. 우주의 기운, 우주의 에너지가 더해졌기 때문에 가능한 일입니다. 이런 카드를 뽑은 사람은 주로 법이나 경찰직과 같은 분야에서 종사할 수도 있고, 직업적으로 그렇지 않다면 평소에 법과 원칙을 중요시하는 사람일 수 있습니다. 자동차를 운전하면서 법규 위반하는 사람을 가만히 못 봅니다. 그림의 바탕색을 보니 회색입니다. 이건 회색주의자임을 상징합니다. 회색주의자는 자기 색깔을 분명하게 드러내지 않습니다. 자기는 잘못하면서 남 잘못하는 걸 못 보는 타입입니다.

정의

심리적 키워드 = 균형
숫자의 의미 = 상승, 발전, 표현

그리스 신화에 나오는 정의의 여신인 디케가 보입니다. 오른손에는 칼을 높이 들고 있고, 왼손에는 저울을 들고 있습니다. 칼은 정의와 권위를, 저울은 균형과 공평을 상징합니다. 붉은색 옷 사이로 오른발이 살짝 보입니다. 이건 감성이나 무의식에 치우치기보다 냉정하게 이성적 판단을 중시한다는 걸 말합니다. 보라색 베일은 인간의 의식 세계에서는 볼 수 없는 것을 보는 능력을 의미합니다. 이 카드가 균형을 상징하는 또 하나의 이유는 이 카드가 22개의 메이저 카드 중에 한가운데 자리하고 있기 때문입니다. 그 균형과 중심은 인간적인 판단 기준과 감각이 아니라 오직 신만이 할 수 있는 정의와 심판을 의미합니다. 여신의 양옆 기둥은 신전을 나타내고 신전 뒤로는 황금색 빛이 비칩니다. 황금색은 절대 권위를 상징합니다. 절대 권위가 뒤를 받치고 있습니다. 이 모든 상징을 종합해 보면 이 카드가 말하는 정의는 인간의 정의가 아니라 신의 정의입니다. 이 카드 앞에 놓인 인간의 정의는 신의 판단과 기준에 따를 겁니다. 인간의 기준으로 그 정의를 판단하지 말라는 이야기입니다.

XII
Slump

12

Slump
(슬럼프)

> "
> 왜 이렇게 아무 것도
> 하기 싫은거죠?
> "

과도기, 묶여있는, 자기희생,
고민하는, 둔감한, 예견

사람은 누구나 슬럼프가 찾아옵니다. 그걸 얼마나 슬기롭게 극복하느냐가 중요할 겁니다. 이 그림은 그림만 봐도 슬럼프에 빠질 것 같습니다. 빨간색이 우울한 색이라는 것도 이 그림을 통해 느끼게 되었습니다. 한 여성이 거꾸로 매달려 있습니다. 아래로 늘어뜨린 긴 머리를 보고 여성이라고 추측했습니다. 사람이 거꾸로 매달렸다는 건 잘 살다가 뭔가 인생 대반전이 찾아왔다는 얘기일 겁니다. 갑자기 하던 일이 정체되었을 수도 있고 무언가 슬럼프나 과도기, 침체기일 수도 있습니다.

사람이 이렇게 오래 매달려 있으면 결국 죽습니다. 피가 거꾸로 돌면 죽는 겁니다. 잘 흘러가던 피가 거꾸로 돈다는 건 갑작스럽게 흥분하는 겁니다. 우리가 흥분을 잘한다면 수명을 그만큼 단축하는 것이죠. 매달려 있는 밧줄을 보니 꽤 튼튼합니다. 썩은 밧줄이라면 곧바로 떨어져 죽을 텐데 그나마 튼튼한 밧줄이라 희망적입니다. 밧줄 뒤에 보이는 파란색, 거꾸로 매달린 사람이 입고 있는 파란색 옷 역시 희망을 나타냅니다. 조금 그로테스크하게 그려졌지만 이 사람의 분위기가 그렇게 어둡지는 않습니다. 오히려 스포트라이트를 받고 있네요. 꽤 열정적인 사람인 거죠. 다만 무언가에 묶여 이도 저도 못 하는 상황일 뿐입니다. 엄청 열정적인 사람이 아무것도 하기 싫을 때가 있습니다. 그게 바로 슬럼프일 겁니다.

그렇다면 슬럼프를 극복하려면 어떻게 해야 할까요? 뒤에 보이는 파란색 밧줄을 잡으면 됩니다. 2개의 파란색 밧줄은 희망을 의미합니다. 그런데 가만히 보니 이 사람이 묶여있는 게 아니고 줄을 잡고 있습니다. 슬럼프도 자기가 선택한 것 같습니다.

현재의 슬럼프는 수동적인 상황이 아니라는 얘기입니다. 열심히 살다가 매너리즘에 빠진 경우입니다. 밧줄도 이 밧줄 저 밧줄에 걸쳐져 있으니 선택의 여지도 많은 것을 의미합니다. 밧줄에 매달려 앞으로 어떻게 살아야 할지에 대해 고민하는 것 같습니다. 우리는 살면서 누구나 고민의 시간, 숙성의 시간, 성찰의 시간이 필요합니다.

이 카드는 그 시간의 필요성을 이야기합니다. 슬럼프는 휴식 없이 달렸기 때문에 나타나는 현상입니다. 열심히 일한 사람이라면 반드시 잠시 휴식의 시간이 필요합니다. 내가 지금 잘하고 있는 건지 돌아볼 필요가 있습니다.

이 카드를 뽑은 분에게 "요즘 피가 거꾸로 솟는 일이 있지 않나요?" 하고 물어볼 수도 있습니다. 사실 누구나 피가 거꾸로 솟는 일은 있기 마련이거든요. 타로상담사는 논리에만 맞춰 리딩을 하는 게 아니라 이런 공감의 포인트에서 풀어나가야 합니다. 너무 성급하게 세상일이 흘러갈 때 심사숙고하는 타이밍도 필요합니다. 감정이 솟구치는 일이 있더라도 잠시 감정을 가라앉히고 냉정하게 바라봐야 할 때가 있습니다. 슬럼프 카드는 그럴 때 필요합니다. 이 카드를 뽑았을 때는 새로운 일을 급하게 저지르려 하지 말고 차분히 다음의 때를 기다리는 편이 좋습니다. 이 카드는 행동을 촉구하는 카드가 아니라 생각과 고민을 권하는 것이기 때문입니다.

매달린 남자

심리적 키워드 = 안정
숫자의 의미 = 완성, 정리, 숙고

T자형 십자가에 사람이 매달려 있습니다. 두 다리가 묶인 건 아니고 한 다리만 묶여있습니다. 다리 하나는 여지가 있다는 겁니다. 마음만 먹으면 언제든지 빠져나올 수 있습니다. 얼굴 표정도 편안한 걸 보니 수동적으로 묶여있다는 느낌은 안 듭니다. 양손은 뒤로 묶여있네요. 이건 재앙과 갈등을 암시합니다. 십자가 나무를 보세요. 죽은 나무가 아니라 잎이 돋아나고 있는 살아있는 나무입니다. 십자가는 구원의 상징이자 신의 은총을 상징합니다. 이 사람은 뭔가 하던 일이 안 풀리는 상황입니다. 그러나 희망은 있습니다. 그 희망이 바로 생명의 나무입니다. 표정도 어둡지 않기에 희망을 만들어 갈 수 있습니다. 매달린 남성의 머리 뒤에는 후광

도 비칩니다. 거꾸로 매달려 잠시 에너지를 충전하고 있는 것 같습니다. 자기 힘으로 안 되는 건 어떤 상황에 대해 다시 생각할 기회를 얻어야 합니다. 잠시 다른 각도에서 상황을 검토할 필요가 있습니다. 지금 하던 방식이 아닌 다른 방식으로 일을 풀어가야 합니다.

13

Death
(죽음)

> 죽음 앞에 새로운 생명의
> 희망이 보입니다

XIII
Death

죽음, 새로운 시작, 극단적,
변화, 이별, 끝

그림은 참 예쁜데 잔인함이 숨겨져 있습니다. 갓난아기가 공갈 젖꼭지를 입에 물고 해골을 바라보고 있습니다. 태어나자마자 죽음을 맞이하고 있는 겁니다. 삶과 죽음 사이의 경계에 서 있는 거죠. 아기의 미래가 결국 저 해골일 수 있는 겁니다. 태어나서 저 해골이 되기 위해 살아갑니다. 해골의 뒷 배경을 보세요. 보랏빛 우주의 아름다운 별나라가 그려져 있습니다. 저는 죽음이라는 세계가 그렇게 어둡고 무서운 세계가 아니라는 걸 표현하고 싶었습니다. 삶과 죽음은 우리 인간에게는 같은 축복입니다. 아기의 천진난만함이 해골을 순수하게 바라보듯, 우리가 맞이하는 죽음도 그렇게 천진난만한 세계입니다. 달과 별이 있는 아름다운 세계일 수 있습니다.

죽음은 끝이 아니고 새로운 시작입니다. 죽고 나서 아기가 태어나듯 희망이 있는 겁니다. 새로운 터닝포인트인 거죠. 우리 인생에도 그런 터 닝포인트가 수없이 생길 겁니다. 타로카드에서도 그런 터닝포인트를 의 미하는 것이 있습니다. 그 카드를 기억했다가 적절하게 내담자들에게 변 화의 메시지를 주면 됩니다. 그림에는 밤과 아침이 맞물려 있습니다. 원 래 웨이트 카드의 데스는 무섭습니다. 저는 그걸 좀 밝고 예쁘게 만들고 싶었습니다. 해골 뒤에 별과 달을 넣어서 마치 꿈나라처럼 만들었습니 다. 해골이 등장하기는 했는데 무서운 꿈나라는 아닙니다.

이 카드의 숫자는 13인데, 서양에서는 안 좋은 의미이지요. 암울한 상 황일 수도 있습니다. 그러나 서양식이 아니라 우리 식으로 보면 희망이 보입니다. 그래서 이 카드의 주제를 터닝포인트로 삼고 싶은 겁니다. 카 드 이름도 웨이트의 데스를 그대로 가져오지 않고, 제 식으로 터닝포인 트의 터닝으로 정했습니다. 저는 웨이트 카드의 모든 네이밍을 바꾸지는 않았습니다. 다 바꾸면 기존 타로카드를 접한 분이 이해하기 힘들 거 같 아 우리만의 색깔을 입힐 몇 가지만 바꿔보았습니다. 이 카드도 그런 카 드 중의 하나입니다. 이 데스 카드, 아니 우리 식으로 이야기하면 터닝포 인트 카드는 '끝을 끝으로만 보지 말라는 것'이 핵심입니다. 인생은 순환 합니다. 어떤 종교적인 믿음, 철학을 강조하지 않더라도 죽음을 무서운 종착역으로 보지 않았으면 합니다.

만약 내담자가 이 카드를 뽑았다면 절망적인 이야기를 하기 보다는 새로운 전환점, 희망적인 코멘트를 하는 게 좋습니다. 지금 하시는 일은 접고 새로운 기회를 모색해 보시라고 제안합니다. 인생은 사실 새로운 도전, 새로운 변화의 반복입니다. 도전하지 않는 것은 정체되고 죽은 삶입니다. 우리는 어제보다 다른 내일을 만들기 위해 끊임없이 변화해야 합니다. 이 카드는 그 변화를 촉구합니다. 죽음과 패배 앞에 절망하지 말고 그걸 발판으로 삼아 새로운 세계로 도약하는 힘을 갖도록 응원해야 합니다.

심리적 키워드 = 염세
숫자의 의미 = 시작, 생성, 창조

일단 그림이 무시무시합니다. 해골 형상을 한 사람이 갑옷을 입고 등장합니다. 바닥에는 시체들이 널브러져 있습니다. 아마도 전쟁에서 승리한 자의 귀환인 것 같습니다. 저 건너편에는 강이 흐르고 2개의 탑 사이에는 불멸의 태양이 떠오릅니다. 강은 아마 '요단강을 건넜다'라고 표현하는 죽음과 생의 사이에 놓인 강일 겁니다. 강물 위에 떠 있는 배는 죽은 자들을 강 건너로 건네주는 카론의 배입니다. 해골 전사는 검은색 바탕에 백장미가 그려진 깃발을 쥐고 있는데, 이걸 보니 사신으로 등장한 것 같습니다. 사신의 발밑에 죽은 자는 현재 영토의 왕이고, 사신을 맞이하고 있는 사람은 교황으로 보입니다. 교황 아래 2명의 어린 소녀는 순수함을 상징합니다.

이 웨이트의 카드의 상징을 파헤쳐 보면 현실적인, 인간적인 자아를 버리고 신의 메시지를 받드는 자만이 부활할 수 있음을 나타냅니다. 육체적인 죽음 너머의 재탄생을 보여주고 있습니다. 저 멀리 태양이 보이는 것은 나름 희망의 메시지를 보여줍니다.

**XIV
Temperance**

14

Temperance
(절제)

> 이 사람에게
> 돈을 쓰는게 맞을까요?

절제, 균형감, 인내,
욕심을 절제, 겸손한

쇠사슬과 자물쇠가 보입니다. 견고한 금고와 1만 원짜리, 5만 원짜리 지폐도 보이네요. 돈을 흥청망청 쓰는 사람이 아니라 아끼고 움켜쥐고 있는 사람 같습니다. 절제, 균형감, 인내, 겸손이 키워드입니다. 금고에 돈을 쌓아놓고 어디 투자도 안 합니다. 아마도 필요할 때, 중요한 순간에는 돈을 쓸 겁니다. 돈을 아예 안 쓰는 것이 아니라 쓸 때는 쓰는 사람입니다. 여자친구랑 데이트한다든가 하는 특별한 날에는 화끈하게 씁니다.

　자물쇠가 엄청나게 큽니다. 나름 현명한 사람이고 돈도 좀 있는 사람입니다. 비상금도 많아 보입니다. 이 카드를 뽑았다면 남성이나 여성 쪽에 숨겨놓은 돈이 좀 있을 겁니다. 1만 원짜리보다 5만 원짜리가 금고 더 안쪽에 있네요. 이 사람은 완고하고 철저하며 자기 것을 잘 지킵니다. 돈도 잘 안 새어 나갑니다. 다만 돈에 얽매여 있는 사람은 맞습니다. 사실 돈 많은 사람들이 돈에 더 얽매여 삽니다. 무거운 금고가 보이니 무게감이 있는 사람일 겁니다.

카드 리딩은 각 상징에 맞게, 내담자의 질문에 맞게 해석을 잘 연결하면 됩니다. 해석을 자연스럽게 잘하려면 상징성을 잘 뽑아내야 합니다. 내담자의 질문 중에 금고, 돈, 무게, 쇠사슬, 5만 원 등이 연결되는 고리가 있을 겁니다. 그 고리에서 해석이 출발합니다. 키워드 중심으로 설명하기 급급하면 고객은 당신의 리딩을 신뢰하기 힘듭니다. 카드 여러 장을 뽑아도 상징성을 못 뽑으면 해석이 갈팡질팡할 겁니다. 상징성을 잘 뽑은 타로상담사는 카드 한 장으로도 절창의 해석을 해낼 수 있습니다.

돈을 써야 할 상황 앞에서 이 카드를 뽑았다면 '당분간은 묶어 두라'고 얘기하고 싶습니다. 돈을 조금 무겁게 다루라는 얘기입니다. 정말 중요한 순간에 돈을 쓸 날일 올 겁니다. 그날을 대비해 지금은 좀 참는 게 좋습니다. 요즘 사람들은 참을성이 부족합니다. 돈이 좀 생기면 질러대기 바쁩니다. 빚을 내서 투자는 좀 하지만 한푼 두푼 아껴 모으는 저축은 사라진 것 같습니다. 이 카드는 그런 요즘 사람들의 세태에 경각을 울릴만한 카드입니다. 꼭 돈이 아니어도 좋습니다. 어쨌든 절제와 인내를 요구하는 카드가 이 카드입니다.

부부가 심각하게 다투고 있습니다. 어느 부부나 그럴 겁니다. 누구나 우리 부부가 가장 심각한 상태라고 얘기합니다. 그러나 이 카드를 뽑았다면 한발 물러서서 조금 인내하는 걸 권하세요. 물론 이 카드가 아닌 다른 행동을 촉구하는 카드가 나오면 이혼을 권할 수도 있습니다. 그러나 한발 물러나서 참는 것이 인생에 큰 도움이 되는 일이 많습니다.

저는 카드 리딩을 할 때 웬만하면 부정적인 말, 예를 들어 "갈라서세요, 혹은 끝장내세요"라는 말은 안 합니다. 그렇게 단정적인 말보다는 한 템포 쉬고 돌아가라고 권합니다. 이 카드는 그런 제 스타일을 닮았습니다. 세상일은 단정적으로 흘러가지 않습니다. 한 템포 쉬는 여백의 미가 필요합니다. 이 카드의 그림은 돈 위주로 되어있지만 우리는 그런 여백의 미까지 발견해내야 합니다. 그런 여백의 미를 고객에게 선물해 주어야 합니다.

절제

심리적 키워드 = 조화
숫자의 의미 = 중용, 진화, 발전

날개를 편 천사의 한 발은 물에 들어가 있고 한 발은 물 밖에 있습니다. 선택의 순간이고 중간의 상황입니다. 뭔가 딱 부러지게 결정하지는 않습니다. 조금 신중한 것 같습니다. 천사는 왼손에 든 컵의 물을 오른손의 컵에 붓고 있습니다. 뭔가 나누는 것 같기도 합니다. 천사의 머리 뒤에는 후광이 비치고 있네요. 신의 보호를 받는 거겠죠. 가슴에는 사각형 안에 황금 삼각형이 보입니다. 신의 숫자인 3과 자연계의 완성 숫자인 4가 결합하면 7이라는 완벽한 수, 절제의 숫자가 나옵니다. 그 숫자를 통해 균형을 유지하려고 애쓰는 듯합니다. 삼각형은 영적인 세계이고 사각형은 인간의 현실 세계입니다. 물은 풍요를 상징합니다. 돈은 많다는 얘기입니다. 하얀색은 옷은 순결함이고 검소함을 상징합니다. 컵이 2개인 것은 육체와 정신, 이성과 감성, 신성과 인성을 의미합니다. 산 너머에 황금빛 왕관이 태양처럼 빛나고 있습니다. 길 하나가 그곳으로 연결되어 있는데, 그 길을 가는 게 그렇게 어려워 보이지는 않습니다.

Temptation
(유혹)

> 66
> 지금 당신은 무엇인가에
> 집착하고 있지 않나요?
> 99

**속박, 종속, 유혹, 중독,
의처증(의부증), 의심이 가는**

그림이 좀 무섭습니다. 머리에 뿔이 달린 여성이 빨간색 뱀 같은 혀를 날름거리고 한쪽 눈도 빨개져 서는 남성을 마주 보고 유혹하고 있습니다. 두 사람은 이미 쇠사슬로 갇혀 있어서 빠져나오기 힘들어 보입니다. 남성 뒷머리는 파란색입니다. 아직 순수하다는 이야기겠죠. 여성의 머리가 까만색인 것은 속이 시꺼멓다는 얘기입니다. 이 여성은 일단 한 남성을 꼬셨지만 이 남성 말고도 또 다른 남성을 유혹할 수 있습니다. 이 쇠사슬 안에서 나올 생각이 별로 없습니다. 오히려 사람들을 이 쇠사슬 안쪽으로 유혹합니다. "들어와 봐, 엄청 재밌는 곳이야"라면서 말이지요.

이 카드는 유혹과 중독을 상징합니다. 의처증, 의부심 등도 보입니다.

남을 쉽게 신뢰하지 못한다는 얘기입니다. 우리가 세상을 살아가면서 알코올 중독, 도박 중독, 낚시 중독 등, 참 다양한 중독의 유혹을 접합니다. 이 그림에서 빨간색은 그 중독을 상징합니다. 유혹하는 저 여성이 악마 같지 않습니까? 아마도 클럽 같은 유흥가에서 잘 노는 여성일 수도 있습니다. 둘 다 옷을 벗고 있기 때문에 쾌락을 추구하는 것 같습니다. 의처증은 눈에서 나오는데 의심의 눈초리도 보입니다.

입에는 뱀의 혀가 나와 있습니다. 세 치 혀로 사람들을 구워삶는 여성입니다. 아마도 말을 엄청나게 잘할 겁니다. 40대 이후의 남성들을 유혹하는 여성들을 보면 특출나게 미인은 아닌데 묘한 매력을 가지고 있는 분들이 있습니다. 말도 엄청 흡인력 있게 잘합니다. 절대 남성들이 많이 따를 것 같지 않은데 그런 여성 주변에는 남성들이 5~6명씩 있습니다. 그 여성은 본인 만의 매력으로 남성을 유혹하는 방법을 알고 있기 때문입니다. 입으로 꼬시든, 눈으로 꼬시든 아니면 온몸으로 꼬시든 뭔가 남성을 자기에게 넘어오게 할 방법을 알고 있습니다. 자신이 점 찍은 남성은 반드시 유혹해낼 겁니다. 아주 위험한 여성이죠.

우리 주변에는 우리를 유혹하는 악마들이 참 많습니다. 건전한 길을 가려는 나를 참 많이 흔듭니다. 관심을 끌려고 해도 어느 순간 나타나서 내 마음을 뒤흔듭니다. 지금 누군가가 눈앞에 어른거리는데, 이 카드를 뽑았다면 그 인연은 놓아버리는 게 좋습니다. 당신을 파멸로 이끄는 악마이거나 내가 아닌 다른 모든 이들이 악마라고 얘기하지만 사실 내가 악마일 수도 있습니다. 내가 나 자신을 모르면 어느 순간 악마가 되어있는 나를 발견할 수도 있습니다. 오로지 돈을 벌기 위해 같이 동업하자고, 투자를 좀 해달라고 유혹하고 있지는 않습니까. 내가 마음의 균형을 잃으면 그 순간 나 자신이 악마가 되는 겁니다.

여성 뒤의 하늘이 온통 붉은 것이 마치 지옥의 불구덩이 같습니다. 도박에 빠진 사람을 보세요. 도박하는 순간 지옥에 빠지는 겁니다. 잃은 돈을 되찾기 위해 1분 1초가 지옥이 되는 겁니다. 이 카드는 의심의 카드이기도 합니다. 남편은 아내를, 아내는 남편을 의심합니다. 아내가 바람을 피우고 있을 수도 있으니 한 번쯤 의심을 해볼 만합니다. 단정은 짓지 말고 의심하고 관찰하라고 얘기하세요. 요즘 부부 사이가 소원했다면 한 번쯤 이런 의심을 가져볼 만합니다.

악마

심리적 키워드 = 속박
숫자의 의미 = 문명, 물질, 중독, 의존

맞습니다. 이게 제대로 된 악마의 모습이죠. 웨이트 카드는 악마를 제대로 그렸습니다. 저는 악마를 그리지 않고 유혹을 그렸습니다. 현대인들은 이런 모습의 악마보다 유혹에 더 가깝기 때문이죠. 이 악마는 머리에 염소처럼 뿔이 달려 있고 등에는 박쥐의 날개가 달려 있습니다. 얼굴은 염소처럼 생겼지만 몸은 사람의 모습이네요. 이런 걸 '반인반수半人半獸'라고 하죠. 악마 아래에는 몸에 사슬을 감고 있는 두 남녀가 알몸으로 서 있습니다. 그런데 각각 꼬리가 보입니다. 여성은 다산을 상징하는 포도 꼬리, 남성은 신의 음성을 상징하는 불의 꼬리입니다. 이 두 사람은 욕망에 묶여있습니다. 그 욕망에서 자유롭지 못하면 악마에게서 벗어날 수 없는 거죠. 이 카드를 뽑았다면 자신이 뭔가에 집착하고 있거나 중독되어 있음을 나타냅니다. 그런데 남녀의 목에 걸린 쇠사슬을 자세히 보니 조금 헐렁하게 묶여있습니다. 이는 언제든지 마음만 먹으면 벗어날 수 있다는 걸 말합니다. 그런데 스스로 악마의 노예가 되어 있군요. 요즘의 사람들이 딱이런 상태입니다.

16

Crisis
(위기)

> 66
> 지금 시작하려는
> 사업은 잠시 미루시죠
> 99

**붕괴, 위기, 파국, 재앙,
대혼란, 이별**

색상은 화려하지만 그림은 우울합니다. 파산, 절망, 헤어짐 등의 키워드를 가진 카드입니다. 웨이트 카드에서는 이 카드를 탑으로 이름 지었지만 저는 그림 스타일에 맞춰 〈위기〉라고 명명했습니다. 그림 뒷부분에 탑이 보이기는 합니다. 1층은 빨간색, 2층은 보라색, 3층은 녹색, 4층은 황색입니다. 그런데 외계인의 긴 발이 탑을 향해 가고 있습니다. 곧 탑을 붕괴시킬 것 같습니다. 천둥 우레를 동반한 날벼락이 칠 것 같은 분위기입니다. 저 공든 탑은 바벨탑이 무너지듯 한순간에 무너질 겁니다.

스스로 공들여 쌓은 탑이 외부의 침공으로 무너집니다. 말 그대로 위기인 겁니다. 우주의 외계인들이 침공해서 사람들을 밟아 죽입니다. 전쟁이 벌어지고 피가 튀는 대혼란이 벌어지며, 탑은 물론 온 마을이 초토화되고 있습니다. 큰 핏자국이 그림 상단에 보입니다. 이 카드는 경고의 의미를 가집니다. 무언가 일을 벌이고 있다면 조금 몸을 사릴 필요가 있습니다. 위기가 바로 코앞에 와 있기 때문입니다. 이 카드가 나왔다면 한 푼이라도 돈을 덜 쓰게 해야 합니다. 새어 나가는 돈이 많아서 파산의 위험도 있기 때문입니다.

사실 우리는 위기를 위기로 잘 인식하지 않습니다. 너무 많은 위기 속에서 살아서 그럴까요? 정말 현명하게 사는 사람은 자신 앞에 다가오는 위기를 잘 감지해 냅니다. 깨진 유리창의 법칙 아시죠? 유리창의 작은 깨진 부위가 전체를 망치는 주범입니다. 작은 위기를 무시하면 안 됩니다. 남성이 이 카드를 뽑고 새로 사업을 시작하려고 합니다. 그러면 일단 요번에는 자중하시고 다른 시기를 노리는 게 좋을 거라고 얘기하세요. 사업을 하기에 좋은 시기가 있기는 한데 지금은 아니라고 말입니다.

전체적으로 색깔이 다양하다는 건 위기의 형태도 다양함을 이야기합니다. 빨간색 위기, 보라색 위기 등 우리가 예측할 수 없는 조금 더 다양한 위기가 있을 수 있다는 의미입니다. 이 위기도 하나씩 오는 게 아니라 한꺼번에 몰아닥칠 수 있습니다. 그래서 지금의 위기를 일단 넘기고 더 좋은 시기를 봐야 합니다. 잠시 사업을 미룬다고 그 사업이 실패하는 게 아닙니다. 항상 무슨 일을 하든, 때가 중요합니다. 이 카드는 그때를 강조합니다. 위기가 뻔히 눈에 보이는데 불구덩이에 그냥 뛰어들 필요는 없습니다. 그건 모험이 아니라 무모함입니다. 누군가 투자를 권유하며 다가옵니다. 이 카드를 손에 쥐었다면 그 투자 역시 잠시 미루세요. "얼마나 미루면 좋을까요?"라고 물으면 직감적으로 탑이 4개 층이니 4달 정도만 숨을 고르시라고 이야기하시면 됩니다. 고객에게 정확한 숫자를 이야기하는 건 신뢰를 높이는 한 방법입니다.

심리적 키워드 = 파괴
숫자의 의미 = 파멸, 오만, 변화

칠흑같이 어두운 밤에 하늘에서 벼락이 내려치고 벼락을 맞은 탑에 불이 붙습니다. 탑에 있던 왕과 신하가 동시에 땅으로 추락하는 중입니다. 바벨탑처럼 이 탑도 인간의 오만함의 정점을 보여줍니다. 신에게 가까이 다가가기 위해 탑을 높이 쌓다가 신의 노여움을 삽니다. 탑이 높은 산보다 더 높이 올라가 있다는 건 욕심의 절정입니다. 탑이 무너졌다고 무조건 절망적인 것은 아닙니다. 탑에 갇혀 있을 때 몰랐던 새로운 자유가 생길 겁니다. 욕심에 눈이 먼 사람들이 이제 제대로 된 세상을 봅니다. 이 카드는 숨겨진 것이 다 드러나는 상황일 수도 있습니다. 비밀이 다 공개가 됩니다. 탑에서 사람들이 떨어져 나온 건 뜻하지 않은 이별을 암시하기도 합니다. 곧 내 주변에 급격한 변화가 생길 지도 모릅니다. 만약 탑이 사람을 상징한다면 직장을 잃거나 시험에서 떨어지는 것을 의미합니다. 이 카드는 현실을 바라보는 시각은 바꾸기를 원합니다. 지금까지 바라보던 관례와 관습이 아닌 새로운 시각을 요구합니다.

XVII
Good Luck

Good Luck
(행운)

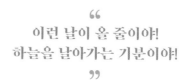

"
이런 날이 올 줄이야!
하늘을 날아가는 기분이야!
"

| 새로운 아이디어, 결실, 밝음,
| 행복, 행운, 좋은징조, 인기

세상의 주목을 받는 화려한 스타가 무대 위에서 공연을 펼치고 있습니다. 이 카드는 앞의 유혹과 위기 카드에서 느낀 우울함보다 밝고 희망찬 에너지가 느껴집니다. 눈앞의 야자수 두 그루는 우리가 꿈꾸는 지상낙원을 표현합니다. 나무 뒤로 별들이 반짝입니다. 이는 희망의 별들입니다. 우측 상단의 3가지 색 띠는 하늘이 내려 준 삼위일체의 선물입니다. 우리의 스타, 혹은 영웅이 마이크를 손에 쥐고 있습니다. 도대체 어떤 멋진 노래를 부르고 있는 걸까요? 그림에는 관객들이 보이지 않지만 세상 사람들의 뜨거운 환호가 들릴 것 같습니다.

손에 쥔 마이크는 세상을 향한 강력한 주장, 거대한 메시지입니다. 그

만큼 영향력이 있다는 의미입니다. 이 카드를 뽑은 사람은 세상의 주목을 받는 사람이거나 어떤 분명한 영향력을 가진 사람입니다. 카드에서 보이는 색들도 어떤 상징을 가지고 있습니다. 전체적으로 황금색을 띠고 있네요. 황금은 인간이 추구하는 최고의 물질적 가치를 나타냅니다. 가수의 머리카락 색도 황금색입니다. 머리에 든 생각과 아이디어도 황금만큼의 가치가 있을 겁니다. 이 카드를 뽑았을 때는 새로운 아이디어가 샘솟고 하는 일마다 좋은 결실이 이루어질 징조입니다.

가수가 빨간색 망토를 두르고 있네요. 세상에 관한, 자기 일에 관한 뜨거운 열정을 나타냅니다. 그 망토에도 별들이 반짝입니다. 내 몸에도 별이 있고 내 몸 밖에도 별이 있습니다. 이미 세상의 환대를 받는 스타임에도 안팎으로 별로 채워져 있네요. 이 스타는 완성된 것이 아니라 진행형입니다. 아직 더 올라갈 계단이 보입니다. 지금도 좋지만, 앞으로도 좋을 거라는 상징입니다. 더 올라갈 목표와 꿈이 있습니다. 저는 이 카드가 별로 다 채워져 있지만 이름을 별이라고 안 하고 '행운'이라고 했습니다. 조금 더 우리 인간에게 가깝게 하고 싶었습니다. 싸이의 노래 중에 "이런 날이 올 줄이야"라는 가사가 있습니다. 그렇습니다. 당신에게도 정말 이런 날이 올 줄이야 상상이나 했을까 싶은 행운이 와야 합니다. 이 카드가 그 행운을 부를 겁니다.

이 카드를 손에 쥐었다면 지금 꾸는 꿈을 조금 더 크게 가져도 좋습니다. 정말 속된 말로 우주의 기운이 당신을 돕습니다. 하늘의 기운도, 땅의 기운도 당신의 성공을 위해 움직입니다. 막연한 희망이 아니라 손에

잡히는 희망이 보입니다. 당신 혼자 잘나가는 꿈과 미래가 아니라 모두가 축복하고 모두가 기뻐해 주는 꿈이 펼쳐질 것 같습니다. 사람들이 축복해주는 것은 정말 행복한 꿈입니다.

심리적 키워드 = 희망
숫자의 의미 = 유지, 영속, 모성

웨이트 카드 역시 온통 별입니다. 한가운데에 노란색 팔각 별이, 그 주변으로 7개의 하얀 색 팔각 별이 있습니다. 7개의 별은 7개의 행성, 즉 태양, 달, 수성, 금성, 화성, 목성, 토성을 말합니다. 오른쪽 나무에 앉아 있는 새는 '나일강의 범람을 알리는 새라고 합니다. 노란색 큰 별도 홍수와 풍작을 부르는 시리우스입니다. 알몸으로 물을 버리고 있는 여인은 이집트 최고의 여신인 '이시스'입니다. 옷을 다 벗고 있는 건 에고를 벗어 던진 순수한 상태를 의미합니다. 그녀의 발은 한쪽은 물이 들어가 있고 한쪽은 땅을 딛고 있네요. 이 여인은 물질의 세계와 영적인 세계를 모두 주관합니다. 무의식과 잠재의식 모두의 세계를 나타내기도 합니다. 땅에 흘려보내는 물은 무의식적으로 흘려보내고 있습니다. 절제를 못 하거나 무언가 의식을 못 하고 있는 것입니다. 이 여인이 바라보고 있는 곳은 물입니다. 하늘의 그 많은 별은 보지 않고 지상의 것에만 집중합니다.

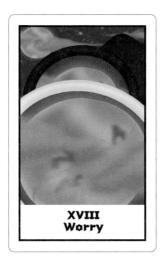

XVIII
Worry

Worry
(걱정)

> 66
> **걱정이 없으면
> 참 걱정이 없겠네요**
> 99

신경과민, 믿지 못하는,
근심걱정이 많은, 생각이 흐려진

하얀색 렌즈로 봐도, 검은색 렌즈로 봐도 뭔가 선명하지 않습니다. 보라색 암울한 구름이 달을 가리고 있습니다. 달은 달인데 달 같지 않습니다. 아름답게 둥근 보름달이 아니라 검은색 먹구름이 자리하고 있는 좀 지저분한 달입니다. 2가지 색깔의 렌즈는 항상 상반된 무엇을 상징합니다. 정신과 육체, 이성과 감성, 현실과 무의식, 신성과 인성 등 입니다. 그런데 2가지 모두 흐릿합니다. 눈앞의 시야를 가로막는 방해물이 많다는 이야기입니다. 렌즈가 2개인 것은 하나의 렌즈로는 안심이 안 되고 믿을 수 없다는 의미입니다. 2개의 렌즈로 보는 데도 여전히 답답한 세상입니다.

달은 보이지 않는 어떤 힘을 말합니다. 2개의 렌즈는 의식의 통로, 의식의 변화를 의미합니다. 2개의 렌즈로 달을 바라보는 게 쉽지 않습니다. 달빛을 지저분하게 하는 검은 얼룩들은 우리에게 다가오는 숨겨진 위험을 말합니다. 그 위험들이 우리의 앞길을 막고 있습니다. 늑대라도 나올 것 같은 칠흑 같은 밤이라 발걸음을 내딛기가 겁이 납니다. 곳곳에 어떤 위험이 있을지 상상할 수 없을 정도입니다. 마치 지뢰밭에 서 있는 느낌입니다. 그 어떤 새로운 일도 진행하기 힘든 상황입니다. 발을 내딛기만 하면 지뢰가 터질 것 같은 꼼짝달싹 못하는 처지라고 할 수 있습니다.

사람이 살다 보면 눈앞에 아무것도 안 보이고 그 어떤 판단도 하기 힘들 때가 있습니다. 눈을 아무리 비벼도 앞이 잘 안 보입니다. 내 힘으로 뭔가를 해보려고 해도 잘 안되는 상황입니다. 이럴 때는 잠시 멈추라는 신호입니다. 우리가 목표로 하는 달은 여전히 그대로 있습니다. 그냥 시야가 흐릿할 뿐입니다. 지금 잠시 잘 안 보일 뿐입니다. 그럴 때는 이 시기가 잠시 지나가기를 기다리면 됩니다. 먹구름이 지나가면 비가 그치고 다시 태양이 뜹니다. 비가 올 때 굳이 다른 일을 벌일 필요가 없습니다. 먹구름이 몰려오는 걸 보고 빨래를 너는 사람은 없으니까요.

누군가 이런 말을 합니다. 사는 데 걱정이 없으면 참 걱정이 없겠다고. 우스갯소리지만 우리는 늘 걱정을 안고 삽니다. 단 하나의 걱정도 없이 사는 사람은 별로 없습니다. 그런데 그 걱정은 실제 지나고 나면 별거 아닌 경우가 많습니다. 별거 아닌 일에 힘을 쓰지 마세요. 이 카드를 뽑았다면 잠시 휴식을 권합니다. 얼마나 쉬면 좋을까요? 2개의 렌즈가 있으니 2달 정도의 휴식기를 권합니다. 20일이어도 좋고, 단 이틀이어도 좋습니다. 억지로 무슨 일을 벌이면 안 됩니다. 세상은 스스로의 힘을 살아가야 하고 그게 안 되면, 즉 내 힘으로 안 되는 일이 생기면 그러려니 하는 면이 필요합니다. 타로상담사들은 적어도 이런 인생철학은 가지고 고객에게 리딩 상담을 해주어야 합니다. 무엇이든 억지로 하면 탈이 납니다. 눈에 뭐가 잘 보이지 않는데 일을 벌이면 내 몸이 다치거나 남의 몸이 다칩니다. 먹구름은 언제까지 내 머리 위에 머물러 있지 않습니다. '이 또한 지나가리라' 정신이 필요한 카드입니다.

심리적 키워드 = 불안
숫자의 의미 = 종말, 이상, 지혜

이 카드에는 사람의 옆모습을 한 달이 보이는데 그 사람의 표정이 심각합니다. 잠을 자는 것 같지는 않고 뭔가 심각한 생각에 빠져 있는 것처럼 보입니다. 달빛 아래에서는 어떤 사물이든 잘 보이지 않습니다. 앞길이 캄캄합니다. 뭔가 불확실하고 불안정한 상황을 말합니다. 2개의 하얀색 기둥은 꽉 닫힌 형상입니다. 2개의 탑은 다른 세계로 이어지는 관문이라고 할 수 있는데 달빛 아래에는 개 한 마리, 늑대 한 마리가 짖고 있습니다. 개는 사람에게 충성스러운 동물이고 늑대는 야생의 동물입니다. 이성과 감성, 길듦과 야생, 친절함과 무지몽매함을 상징합니다. 물에서는 단단한 껍질의 가재가 땅 위로 올라오려 합니다. 가재는 겉은 딱딱하지만 속은 연약합니다. 약한 자신을 숨기고 강한 척하는 존재를 말합니다. 주변에 강한 척하며 다가오는 사람을 조심하라는 얘기입니다. 개와 늑대 사이로는 저 멀리 산으로 이어진 길이 보입니다. 눈앞은 불투명하지만 가야 할 길은 분명히 있다는 의미입니다. 그림 하나만 봐도 곳곳에 숨겨진 위험 요소가 많아 보입니다.

19

Sun
(태양)

> "
> 두 사람이 힘을 합쳐
> 꿈을 이뤄보세요
> "

| 활기찬, 결실, 행복한 만남,
| 축복, 기쁨, 금전의 만족

이글이글 타는 태양이 눈앞에 보입니다. 천진난만한 소년, 소녀가 해바라기 밭에서 손을 잡고 서 있습니다. 소년, 소녀는 새로운 세계를 향한 희망과 꿈입니다. 태양이 비치는 곳으로 이 둘이 손을 잡고 걸어갑니다. 태양은 직선의 빛도 있고 구불구불한 곡선의 빛도 있습니다. 때로는 강렬하고 직선적이면서 때로는 부드럽게 감싸 안는 듯합니다. 태양의 앞을 가리고 있는 구름은 강렬한 그 열기 때문에 서서히 물러나려고 합니다. 구름도 먹구름이 아니라 그렇게 부담스럽지 않습니다.

2명의 어린아이는 순수함을 의미합니다. 둘은 남성과 여성, 이성과 감성, 물질과 정신을 의미합니다. 2개의 세계가 같이 손을 잡고 걸어가기를 권합니다. 어느 하나 부족하면 안 되고 적절히 조화를 이루어야 합니다. 남성 위주로 가서도 안 되고 여성 위주로 가서도 안 됩니다. 부부가 이 카드를 뽑았다면 두 분이 머리를 맞대고 눈앞의 문제를 해결하면 더 좋은 결실이 있을 것이라고 얘기하면 됩니다.

내가 부족한 것은 상대방이 채워줍니다. 혼자 힘으로 뭐든 해결하려고 하면 안 됩니다. 혼자 가면 빨리 가지만 같이 가면 멀리 갑니다. 이 카드는 함께의 가치, 혹은 '같이'의 가치를 보여주는 카드입니다. 해바라기는 기쁨과 환희의 상징입니다. 이미 소년, 소녀의 마음에는 기쁨과 환희로 가득 차 있습니다. 설레는 마음으로 어딘가로 떠나려 합니다. 둘이 함께하면 무엇이든 좋은 일이 생길 것 같습니다. 지켜보는 사람도 환한 미소가 저절로 지어집니다.

해바라기들이 소년 소녀의 앞날을 '잘될 거야. 둘이 힘을 합쳐 잘 해봐'라면서 응원의 메시지를 전하는 것 같습니다. 새 출발을 하는 이들에게 격려의 박수를 보내고 있습니다. 이런 그림이 나온다면 그동안 오랫동안 같이 호흡을 맞춰 온 사람과 동업을 생각해도 좋을 것 같습니다. 코로나19로 사람들이 많이 힘들어합니다. 그러나 저 그림처럼 밝은 태양 아래서 마스크를 벗고 환하게 웃는 날이 올 겁니다.

나 혼자 잘 산다고 살맛 나는 인생은 아닐 겁니다. 내가 거둔 성과도 주변에 누군가의 도움이 없었다면 불가능한 일입니다. 이 카드는 함께의 기쁨과 보람을 의미합니다. 우리 사는 인생이 그런 거죠. 함께 헤쳐 나가고, 함께 즐거워해야 합니다. 이 태양 카드는 계약의 성사를 예고합니다.

팀워크를 이루어 무엇인가를 준비했다면 큰 결실이 이루어질 겁니다. 시험을 준비하고 있는 분이 이 카드를 뽑았다면 좋은 결과를 기대해도 좋습니다. 남녀 둘이 와서 고민을 이야기합니다. 집안의 반대 혹은 예기치 않은 임신 등이 있을 겁니다. 그런데 어떤 무슨 문제든 이 카드라면 함께 잘 풀어갈 가능성이 큽니다.

이 카드는 좋은 운을 의미합니다. 이사운, 시험운, 승진운, 계약운 등 긍정적인 기운이 넘치는 카드입니다. 그러나 명심할 점은 혼자 힘으로 모든 것을 다 하려고 들면 안 된다는 것입니다. 최소한 한 사람이라도 같이 하는 사람이 있어야 합니다. 이 카드의 상승 기운이 그렇게 작동하고 있습니다.

태양

심리적 키워드 = 성공
숫자의 의미 = 완성, 시작, 탄생

태양의 표정이 참 온화합니다. 해바라기도 태양이 낳은 자식들 같습니다. 사방팔방에 태양의 좋은 기운이 퍼져 갑니다. 아이의 머리 위에도 태양처럼 밝은 꽃들이 피어 있습니다. 발가벗은 아이는 순수함 그 자체를 상징합니다. 아이도 순수한데 알몸의 순수한 상태 그대로입니다. 그 아이가 타고 있는 말도 백마입니다. 흰색은 순결을 상징하겠죠. 백마는 고개를 떨구고 있습니다. 뭐든 순종할 것 같은 온순한 모습입니다. 빨간색 천은 내일을 향한 열정일 겁니다. 아이의 표정을 보세요. 행복과 기쁨이 넘치는 아주 밝은 표정입니다. 아이 뒤로 흰색 담벼락이 보이네요. 이 담은 장애물이 아니라 보호물입니다. 아이를 나쁜 기운으로부터 안전하게 보호해줍니다. 이 카드는 어떤 큰 성과를 예고하며 금전과 명예를 보장합니다. 태양 카드는 인생을 즐기는 카드라 여행을 다녀와도 좋을 것 같습니다. 태양 빛이 강렬한 스페인은 어떨까요?

20

Victory
(승리)

**XX
Victory**

| 심판, 승소, 승진, 합격,
| 변화, 역전한

암행어사가 출두합니다. 암행어사가 등장한 것은 기존의 관습을 뒤집은 반전의 계기가 생겼다는 걸 말합니다. 마패의 4개의 말은 동서남북 어디서든 승리의 기운이 몰려오고 있음을 말합니다. 마패는 절대적 권위를 상징합니다. 그러므로 승리에 대한 절대적 믿음을 가져도 좋습니다. 암행어사는 불의를 심판하는 사람입니다. 웨이트 카드에서 이 카드의 명칭은 '심판'이었습니다.

그러나 저는 심판의 부정적 기운보다는 승리의 긍정적 기운을 드리고 싶습니다. 심판은 과정이고 적절한 심판을 통해 그동안 억눌렸던 에너지가 기를 펴고 새로운 역전승의 환희를 올리게 하고 싶습니다. 이 카드에는 그런 에너지가 충분히 내재되어 있습니다.

우리는 살면서 실수할 수 있습니다. 그 실수를 통해 한 단계 더 발전합니다. 실수를 단호하게 심판하면 도약은 더 쉬워집니다. 그러나 실수에서 배우지 못하고 그냥 두루뭉술하게 넘어가면 반복된 실수가 생길 겁니다. 하지만 인생은 연습이 아니기에 실수를 반복하면 안 됩니다. 실수나 실패에서 배우지 못하는 인생은 승리를 움켜쥐기 힘듭니다. 결국 승리는 오랫동안 준비한 자의 몫일 겁니다. 변화는 어느 날 갑자기 닥쳐오지 않습니다. 아주 작은 변화의 움직임들이 쌓여 인생 대전환점이 생깁니다. 역전홈런도 아무나 치는 게 아닙니다. 꾸준히 훈련하고 준비된 자만이 가능한 일이라 생각합니다.

승리 카드는 전환점입니다. 지금까지는 패배의 연속이었지만 이제 역전의 찬스가 왔습니다. 악행을 일삼은 자에게 하늘의 심판이 내려지고 억눌렸던 사람이라면 다시 한번 기회가 찾아왔습니다. 잠재된 능력이 깨어나고 숨겨진 인재가 세상에 나옵니다. 승리 카드는 '심판 카드'라 불리지만 '부활의 카드'라고도 할 수 있습니다. 다 죽어가는 사람에게 새 생명이 생깁니다. 참고 준비된 자에게 승리의 선물을 줍니다. 노력하고 준비했기 때문에 결과도 나오는 겁니다. 이 태양 카드처럼 긍정적인 카드입니다. 대학입시 때문에 걱정일 때 이 카드를 뽑았다면 좋은 결과를 기대해도 좋습니다. 고등학교 모의고사의 점수는 별로였지만 수능 시험에서는 반전의 계기가 생길 겁니다. 오히려 기대하지 않았던 좋은 학교에 합격하는 기쁨도 누릴 겁니다. 그게 역전의 승리입니다. 누군가 짝사랑하고 있다면 계속 밀어붙여도 좋습니다. 그 상대방도 당신의 고백을 기다리고 있을 지도 모릅니다. 오래 끌어온 소송에서도 기쁜 소식이 올 겁니다. 뜻밖의 인물이 당신을 도와줄 수 있습니다. 패색이 짙었지만 그 인물이 역전타를 날릴 겁니다.

심판은 인간의 몫이 아닙니다. 그저 열심히 성실하게 살아온 사람에게 하늘은 심판을 내립니다. 승리는 집요한 사람이 움켜쥡니다. 집요하게 노력하면 됩니다. 낙숫물이 바위를 뚫듯이 오랜 시간 반복된 노력만이 승리를 움켜쥘 수 있습니다. 이 카드는 당신의 그간 노력에 박수를 보내줍니다. 열심히 살아온 당신에게 선물을 주는 카드입니다. 그림에서 보면 군중이 암행어사의 등장에 환호합니다. 모두 함께 이룬 승리이고 모두가 기다려온 승리입니다. 기회는 자주 오지도, 빨리 오지도 않습니다. 서서히 다가올 때 확 움켜쥐어야 합니다. 이제 새로운 기회가 당신에게 주어졌습니다. 그 기회를 잘 살려보세요.

심판

심리적 키워드 = 반성
숫자의 의미 = 창조, 표현, 탄생

가브리엘 대천사가 승리의 나팔을 불고 있네요. 그 나팔 소리를 듣고 관에 들어가 있던 시체들이 다시 일어납니다. 이는 죽었던 이들에게 다시 생명을 부여하는 것으로, 부활은 육체적인 부활뿐만 아니라 정신적인 부활도 의미합니다. 정신적으로 다시 태어나서 새로운 삶을 살게 합니다. 가만히 보면 관이 땅속에 있는 게 아니라 물 위에 떠 있습니다. 물 위에 떠 있다는 것은 곧 정신적인 세계를 뜻합니다. 무언가 내적인 자각과 깨달음을 통해 새로운 전기를 마련하는 겁니다. 누구나 심판은 피할 수 없습니다. 심판은 부정적인 것만은 아닙니다. 보기에 따라 새로운 기회가 주어질 수 있습니다. 천사와 사람들 사이의 산은 메이저 카드의 첫 번째

인 바보가 험난한 여정을 건너온 그 산입니다. 새 생명을 얻은 남성들과 여성들 그리고 아이들이 하늘을 향해 경배를 올립니다. 이는 축하와 기쁨을 상징하는 카드입니다.

**XXI
Achievement**

Achievement
(성취)

❝
이제는 당신에게
강력한 힘이 생겼습니다
❞

| 국외 또는 먼 곳으로 이동,
만족한 결과, 행복, 만족, 달성, 완벽

바보가 여기까지 오는 길은 참 험난했습니다. 우리 삶의 여정도 그러할 겁니다. 마지막 카드는 영적으로 매우 성숙한 상태를 의미합니다. 산전수전을 다 겪고 인생을 어떻게 살아야 하는지 현명한 깨달음을 얻은 상태입니다. 비행기의 옆 날개가 보입니다. 어디론가 떠나고 있습니다. 낮에 열심히 살고 밤에 떠나는 여행입니다. 바다 건너 국외로 가는 여행일 겁니다.

좋은 결과를 안고 넉넉한 여유로 떠납니다. 비행기 밑으로 도시의 야경이 보입니다. 그런데 의외의 물건이 가운데 눈에 띕니다. 전등입니다. 하늘에서 전등이 내려와 있습니다. 마치 하늘이 가는 길을 비추는 것 같습니다.

카드의 테두리는 보라색입니다. 보라색은 영적인 고귀함을 의미합니다. 하늘에서 내려온 전등은 성스러움을 나타냅니다. 비행기의 날개는 새로운 세계로의 여정이고 비행은 자유로움입니다. 묶여있던 모든 것에서 벗어난 상태를 말합니다. 그림에 사람은 나와 있지 않지만 비행기에 타고 있는 우리의 주인공은 굉장히 여유롭고 기분이 좋은 상태일 겁니다. 웨이트 카드에서 이 카드를 〈세계〉라고 이름을 지어졌습니다. 마지막 카드이다 보니 '완성, 완벽, 성공, 결과, 달성' 등의 키워드를 가지고 있습니다. 저는 이 카드를 통해 성취를 표현하고 싶었습니다. 험난한 과정을 거쳐 다 이루어낸 상태를 보여줍니다.

그냥 이루어진 삶이 아닙니다. 주변 사람의 도움도 있었고, 하늘의 도움도 있었습니다. 수많은 유혹도 이겨냈습니다. 실패도 맛보았고 실수에 대한 심판도 받았습니다. 바보는 잘 모르던 세계를 하나씩 알아 갔습니다. 스스로 깨지고 다치면서 성취했습니다. 누가 그냥 준 것이 아닙니다. 다 자기 스스로의 경험을 통해 이루어낸 것입니다. 그래서 박수를 받을 만합니다. 바보가 이만큼 이루어냈다는 건 '우리도 그렇게 할 수 있다'는 걸 의미합니다. 과정, 과정을 잘 견뎌내면 누구나 자기가 꿈꾼 것을 이루어 내고, 그 성취감을 가지고 자기가 가장 가고 싶은 나라로 여행을 떠날 수 있습니다. 다 이루어낸 자의 여유, 그것이 최고의 보상일 것입니다. 우리는 그 달콤한 보상을 향해 쉼 없이 달려왔습니다. 물론 우울증에 걸리거나 슬럼프에 빠질 때도 있었습니다. 그럴 때마다 신의 계시가 템포를 조절하게 합니다.

당신이 어느 여인을 사랑하고 있습니다. 그런데 그 여인도 당신을 사랑하는지 궁금합니다. 그럴 때 이 카드를 뽑았다면 아주 사랑하고 있다고 말하고 싶습니다. 이 카드는 완성이기 때문입니다. 당신만 일방적으로 사랑하는 게 아니라 서로 완벽한 사랑을 이룹니다. 직장에서 마음에 드는 좋은 사람이 생겼습니다. 어떻게 해야 그 사람이 내 마음을 알아줄까요? 그냥 평소대로 하시면 됩니다. 당신은 충분히 매력적인 사람이기 때문입니다. 이 카드를 쥐고 직업에 대해 고민하고 있다면 조금은 활동적인 직업을 권합니다. 관광업, 무역업, 외교관은 어떨까요? 전 세계를 누비며 왕성한 활동을 하는 당신이 떠오르네요.

세계

심리적 키워드 = 보편
숫자의 의미 = 완성, 출발, 활동

타원형의 월계수는 순환을 의미합니다. 보라색 천을 휘감을 여인이 양손에 지팡이를 들고 춤을 추고 있네요. 물론 기쁨의 춤일 겁니다. 이 여인은 새로운 시작을 기뻐합니다. 월계수 잎은 승리의 상징이고 축하의 선물입니다. 카드 네 귀퉁이에는 운명의 수레바퀴 카드에 등장했던 인간, 황소, 사자, 독수리가 다시 나타났습니다. 바보가 인생 여정을 거치면서 만난 다양한 사건들의 모습입니다. 이 여인은 최초에는 바보였을 겁니다. 아무것도 모르는 무지한 상태였겠지요. 그런데 성공과 실패를 반복하면서 보다 완성된 인간, 성숙한 인간, 지혜로운 인간으로 성장했습니다. 그리고 이제는 완벽하게 조화된 삶을 살게 되었습니다. 그녀는 또 다른 여정이 준비되어 있음을 압니다. 그러나 그 여정이 이제는 두렵지 않습니다. 새로운 기쁨과 설렘으로 다가옵니다. 다 이루어진 세계입니다. 바보에게 주어진 모든 임무가 완성되었습니다.

메이저 카드의 메이저Major라는 단어가 의미하듯
이, 22장의 카드는 인생에서 중요한 순간에서 어떤
결정을 내려야 할지 조언합니다. 태어나서 죽을 때
까지 희로애락의 순간순간이 어떠한 연관성과 패
턴을 보여주는지도 알려줍니다. 타로를 처음 시작
하시는 분들은 이 메이저 카드의 신비로움에 먼저
빠져 보시는 게 좋습니다. 시각적이면서도 서사적
인 매력을 가진 카드이기 때문에 카드 리딩의 실력
을 높이는 데도 아주 유용합니다. 이름이 괜히 메이
저가 아닌 것 같습니다. 메이저 아르카나는 대 우주
를 관장하는 아주 특별한 22개의 법칙을 표현하고
있습니다.

마이너 카드 세계와 리딩법

마이너 카드는 수트카드와 코트카드로 구분됩니다. 사실 이름을 '마이너'라고 붙였지만 메이저보다 결코 비중이 적지 않습니다. 세상의 큰 틀은 메이저로 살펴보고, 우리 일상의 다양한 모습은 마이너로 살펴보면 좋겠습니다. 메이저는 하늘 세계의 일, 마이너는 우리 인간 세상의 일이라고 구분해도 됩니다. 메이저와 마이너는 서로 떨어져 있는 게 아닙니다. 하늘이 없으면 땅이 없고 땅이 없으면 하늘이 없듯이, 우리에게는 같이 순환하는 존재이지요. 낮에 뜨거운 태양은 저녁이면 달에게 자리를 물려주어야 하는 것과 같은 이치입니다.

수트 카드는 '완즈, 컵, 소드, 펜타클'이라는 총 4가지 종류로 구성됩니다. 이 4가지는 불과 물, 공기와 흙의 4원소를 의미하기도 하며 합이 4입니다. 완즈 10장, 컵 10장, 소드 10장, 펜타클 10장 이렇게 총 40장으로 구성되어 있습니다.

수트 카드는 메이저 카드 1번 카드에 잘 나와 있습니다. 마술사 카드를 보면 붉은 가운을 입은 마술사의 테이블 위에 지팡이(완즈), 컵, 검(소드), 동전(펜타클)이 놓여 있습니다. 이 4가지 물건이 바로 마이너 카드의 상징입니다. 지팡이(완즈)는 불을 상징하고 인간이 가지고 있는 직관, 창조, 열정 등을 담고 있습니다. 컵은 물을 상징하는데 인간의 감정, 사랑, 감각 등과 연결됩니다. 검(소드)은 바람을 상징하며 인간의 사고, 지혜, 논리를 의미합니다. 마지막 동전인 펜티클은 흙을 상징하는데 인간이 가지고 있는 것 중에 물질, 재물, 재능 등을 나타냅니다.

완즈는 남성적 에너지로 모든 것의 시작이며 인간의 의지를 보여줍니다. 어떤 생각이 떠오르면 바로 행동으로 옮기는 사람들을 생각하면 바로 연결됩니다. 성격이 화통한 이들입니다. 시원시원하고 직관력이 뛰어납니다. 웨이트 카드에서 보면 완즈를 새싹으로 표현하고 있습니다. 새로운 생명이 창조된다는 의미일 겁니다. 카드 리딩을 할 때 완즈 카드가 많이 나오면 행동이 필요하다고 보시면 됩니다. 컵은 완즈와 비교하면 여성적인 카드로 이성보다는 감성, 사랑과 연결됩니다. 영적으로 뛰어난 감수성을 지닌 사람, 돈이나 명예욕보다 사람 관계를 중요시하는 사람들이 이 부류입니다. 컵이 많이 뽑혔다면 감정이나 관계에 초점을 맞추면 좋습니다.

소드는 4가지 수트 카드 중에서 가장 저돌적입니다. 인생의 난관, 장애물을 나타낸다고 보시면 됩니다. 공기가 상징이듯 공기의 저항을 받는다는 걸 생각하시면 됩니다. 스프레드에서 소드가 많이 나왔다면 참 힘든 시기라고 리딩을 하시면 됩니다. 펜타클은 흙이 상징인데 4가지 수트 중에서 가장 현실적이고 안정과 풍요를 추구하는 카드입니다. 펜타클은 무조건 돈과 재물이라고 보시면 됩니다.

코트카드는 완즈, 컵, 소드, 펜타클에서 왕, 여왕, 기사, 소년 4장이 더 붙어 총 16장이 추가됩니다. 코트카드는 초보자들이 가장 리딩하기 힘들어 합니다. 이유는 어떤 상황 중심이 아니라 인물 중심으로 되어있기 때문일 겁니다. 코트카드 리딩이 어렵다면 코트카드 한 장에 더해서 다른 한 장의 카드를 더 뽑아 해석하는 걸 권합니다. 코트카드 리딩을 쉽게 하는 방법은 인물에 집중하기보다는 그 카드만의 특징에 초점을 맞추어 이미지 리딩, 응용 리딩으로 가는 게 좋습니다. 고객의 질문에 코트카드의 특징과 어떻게 접점이 이루어지는지 잘 살펴보면 리딩의 길이 보입니다.

코트카드에서 킹은 감성적 에너지, 정점, 최고 자리, 성숙, 40세 이상의 남성을 상징합니다. 퀸은 안정, 지혜, 격려, 배려, 어머니, 30대 이상의 여성 등을 의미합니다. 나이트는 남성적이고 활동적인 에너지를 보이는데 여행, 이동 등을 나타냅니다. 이사, 이직 등과 연결된다고 보시면 됩니다. 마지막 페이지는 미성숙, 미숙함, 순수함, 남녀 10~20대를 상징하는데, 이 카드가 나오면 보통 그 사람의 성숙도를 나타내는 기준이라고 생각하시면 좋습니다.

Ace of Wands

> 66
> **낡은 것이 허물어지고
> 새로운 세상이 시작됩니다**
> 99

**탄생, 새로운 시작, 자식을 낳음,
새로운 아이디어, 창조력**

완즈 시리즈에서는 잎의 개수를 보시면 됩니다. 아기가 거꾸로 있습니다. 우리는 태어날 때 이렇게 거꾸로 태어납니다. 줄기는 마치 탯줄 같습니다. 아기의 왼쪽 눈에 잎이 하나가 보입니다. 그 하나가 완즈의 첫 번째, 즉 에이스를 의미합니다. 웨이트 카드의 '에이스 오브 완즈'에는 지팡이 하나가 나옵니다. 지팡이, 막대기는 남성을 상징하기에 그 연장선에서 우리 그림의 상징성을 유추하면 이 아기도 아들인 겁니다.

이 그림을 보고 수강생들에게 이렇게 질문해 보세요. "이 아기가 남자 아이일까요? 여자아이일까요?" 그걸 유추해 내도록 하는 것도 재미의 한 요소입니다. 만약 수강생이 아들이라고 맞추면 선물을 줍니다. 강의는 분명 수강생을 자극하는 재미, 흥미 요소가 있어야 합니다.

꽃은 새로운 삶이 피어나는 것을 나타냅니다. 아기 그림이 나왔으니 새로운 탄생, 시작이 더 강하게 느껴집니다. 새로운 학교에 입학하고, 새로운 회사에 취직하며, 새로운 일을 창업하는 설레는 분위기가 느껴집니다. 첫 경험, 첫출발을 상징하는 카드입니다. 이 그림을 보고 아들을 낳을 거라고 얘기할 필요는 없습니다. 이 카드의 리딩에서 아들과 딸은 그렇게 중요하지 않습니다. 그저 자식을 낳는다고 보면 됩니다. 새로운 생명, 새로운 세대가 시작되는 겁니다. 꽃을 보니 아들이 아닌 딸일 수도 있습니다. 고객의 질문과 상황에 맞게 적절하게 리딩하시면 됩니다. 수강생에게 "남성일까요? 여성일까요?"라고 하는 질문도 정답이 정해진 건 아닙니다.

"제가 시험을 봤는데 합격할까요?"라고 물으면 합격의 가능성을 크게 보고 이야기하세요. 먼저 축하한다고 인사를 건네고 '좋은 소식이 갈 겁니다'라고 살짝 운만 띄우셔도 좋습니다. 아기가 거꾸로 놓인 것은 역발상 혹은 반전의 에너지를 의미합니다. 정권을 뒤집고 새로운 정권이 탄생할 수도 있습니다. 과거의 폐습을 허물고 새로운 가치를 창조할 수도 있습니다. "우리 아파트 재건축이 순조롭게 진행될까요?"라고 물으면 거꾸로 아기 카드를 통해 "낡은 것을 뒤집고 새로움을 창조하는 기운이 보입니다. 아주 잘 될 것 같습니다"라고 얘기해 주시면 됩니다.

이 에이스 카드는 강한 힘을 가지고 있습니다. 수트 카드 4개의 에이스는 메이저 카드와 비슷한 힘을 지녔다고 생각하시면 됩니다. 아마도 수트 에이스 카드들을 보면 공통으로 하늘의 구름에서 수트를 쥐고 있습니다. 신의 에너지를 받은 카드라는 의미입니다. 에이스 카드들에는 사람이 등장하지 않습니다. 인간의 힘을 넘어서는 영적인 세계의 큰 힘을 나타냅니다. 손 하나가 구름에서 나와 지팡이를 쥐고 있습니다. 하얀 손은 사람의 손이 아닙니다. 신의 강력한 힘이 느껴지는 손입니다. 막대기에서 8개의 나뭇잎이 떨어져 나가고 있습니다. 이 8개는 새로운 시작, 새로운 생명력을 상징합니다. 그림 왼쪽 하단 언덕 위에 작은 성이 보이네요. 이 성은 장차 다가올 성공을 의미합니다.

Wands 2

"
또 다른 목표를 향해
길을 떠날 준비를 하세요
"

| 지배력, 정복, 대담한,
| 목표달성

이 그림에는 왕관을 쓴 인물이 등장합니다. 오른손에 잎 하나를 들고 있고 등 뒤에 또 하나의 잎을 달고 있습니다. 이 사람의 몸에는 몽환적인 후광이 비춥니다. 왕의 모습도 그렇게 뚜렷하지 않습니다. 후광 때문에 얼굴조차 흐려 보입니다. 가고자 하는 목표가 뚜렷하지 않음을 의미합니다. 어디로 가야 할지 고민스러운가 봅니다. 어떤 선택 앞에서 망설이고 있는 약자의 모습이 그대로 투영됩니다. 우리는 그렇게 늘 망설이다가 좋은 기회를 놓치게 됩니다.

왕의 뒤편으로는 의외로 세계 지도가 그려져 있습니다. 세계 지도는 우리가 도전하고 가야 할 새로운 세계이거나, 단순하게 해석하면 여행을 가고자 하는 방향일 수도 있습니다. 어느 나라로 갈지 고민스러운 상황입니다. 왕이 입고 있는 빨간 색 옷은 열정을 상징하기도 하지만, 왕이 안고 있는 스트레스를 나타내기도 합니다. 여러 가지 스트레스에 꽉 갇혀 있는 답답한 상황일 수 있습니다.

왕은 외로운 존재입니다. 누구와 이 문제를 상의하기도 힘듭니다. 그의 결정은 고독합니다. 우리도 무언가를 결정할 때 철저히 외롭습니다. 다른 사람의 이야기는 그저 참고사항이지 결국은 자기 혼자 결정해야 합니다. 그 결정이 우리의 인생 항로를 정해줍니다.

세계 지도를 보니 마치 알렉산더가 떠오릅니다. 한 국가를 정복하면 바로 이어서 그 옆 국가를 정복해야 했던 세계 최고의 정복자 알렉산더처럼 새로운 영역이나 세계를 지배하려는 모습이 이 그림에 보입니다. 야망이라고도 하고 욕심이라고도 합니다. 우리는 태양의 뒷면을 보지 못합니다. 태양이 너무 눈부셔서, 태양의 뒷면조차 눈부셔서 그렇습니다. 그러나 사람은 그렇지 않습니다. 후광이 비치지만 사람의 뒷 모습은 쓸쓸하고 어둡습니다. 앞은 야망과 욕심으로 가득 찼지만 뒤는 우리가 모르는 그 사람의 약한 면을 볼 수 있습니다. 타로 리딩에서는 정방향 리딩뿐만 아니라 역방향 리딩도 중요하게 생각합니다. 야망이라는 정방향 뒤에는 욕심이라는 역방향도 있기 때문입니다.

한 남성이 한 손에는 지팡이를 들고 다른 한 손에는 지구본을 들고 있습니다. 지팡이를 잡고 있다는 건 이 사람이 목표한 것을 손에 쥐었다는 얘기입니다. 나머지 한 손은 다른 지팡이를 쥐는 게 아니라 지구본을 잡고 있습니다. 성취한 지팡이, 목표를 들고 지구 어디론가 떠나려는 것 같습니다. 아마도 더 큰 미래, 더 큰 목표를 생각하는 것 같습니다. 완즈 2번은 미래의 성공을 약속하는 카드입니다. 나름 아주 희망적인 카드입니다. 그러나 문제는 또 다른 목표를 향해 어디로 가야 할지 선택지 앞에서 망설인다는 갑니다. 그냥 안정적으로 지금의 자리에 머물러야 할지 아니면 지금 손에 쥔 지팡이를 잃을지라도 새로운 모험의 길을 떠날지 결정해야 합니다. 너무 망설이다 보면 기회를 놓칠 수도 있습니다. 지팡이 2개를 모두 욕심 내다보면 다 놓칠 수도 있습니다.

Wands 3

Wands 3

"
지금 진행 중인 협상이
아주 잘 될 것 같습니다
"

| 협상, 거래, 사업적 수완과 재능,
| 성공, 활동

빨간 넥타이를 매고 있는 직장인의 모습입니다. 파란색 서류는 희망과 새로운 블루오션 같습니다. 완즈 잎과 가지가 파란색 서류를 감싸고 올라오고 있습니다. 파란 서류 밑에 보라도 서류입니다. 이 카드의 인물은 직장인이거나 사업가이기 때문에 서류가 꽤 중요할 겁니다. 보라색은 아주 고귀한 색입니다. 사업에 있어 보라색은 새로운 가치 창출을 나타냅니다. 그래서 《보라색 소가 온다》라는 비즈니스 관련 책도 나왔을 겁니다. 이 카드가 나오면 계약 관련한 중요한 일이 생길 것을 예고합니다. 그 계약이 그렇게 어렵다는 느낌은 안 듭니다. 절차대로 정상적으로만 진행된다면 아주 잘 진행될 겁니다. 특별한 변수만 없다면 말이죠.

고객이 "계약을 밀어붙여도 좋을까요?"라고 물으면 "그렇습니다"라고 대답하세요. 다만 완즈 잎이 감싸고 있는 걸 보니 약간의 주의는 필요합니다. 그림에 보이는 보라색 서류들은 진행 중인 것들입니다. 보라색 밑에는 출력된 여러 종이가 보입니다. 계약을 위해 많은 준비가 필요하다는 의미가 될 겁니다. 꽤 중요한 서류들이라 외부에 유출되거나 누군가에 빼앗기면 안 됩니다. 특허 관련 서류이거나 회사의 운명을 좌우할 기밀에 관련된 것일 수도 있습니다. 내부 직원 중에 누군가 빼돌릴 수도 있습니다. 그런 위험을 완즈 잎이 경고합니다.

빨간색 튤립은 열정과 추진력을 상징합니다. 빨간 넥타이도 뭔가 강인한 의지가 보이는 것 같습니다. 협상하는 사람인데 수완이 좋은 아주 활동적이고 깔끔한 사람입니다. 3이라는 숫자는 완성을 뜻하고 3배의 수익을 상징합니다. 서류도 파란색, 보라색, 노란색 3개가 보입니다. 웨이트 카드의 완즈에는 3개의 봉우리가 나타나 있습니다. 그림에는 서류만 3개가 아니라 완즈 잎도 3개입니다. 이 3개는 협상이 잘 마무리되고 완성된다는 걸 의미합니다. 협상 절차도 3개 정도의 난관이 있을 수 있음을 해석해 낼 수 있습니다. 그런데 협상은 순조로울 겁니다. 단지 시간이 좀 걸릴 뿐이죠.

한 남성이 언덕 위에 서서 지팡이 하나를 붙잡고 바다를 내려다 봅니다. 바다 위에는 배 3척이 어디론가 가고 있습니다. 지팡이도 3개인데 잡은 지팡이 말고 나머지 2개는 땅에 꽂혀 있네요. 무기가 많은 남성입니다. 협상은 자신에게 유리하게 전개될 겁니다. 바다 건너 산봉우리도 3개가 보입니다. 3이라는 숫자가 3가지의 형상인 안정감, 완성 등을 나타내고 있습니다. 이 사람이 입고 있는 옷을 보니 마술사 같습니다. 뭔가 진취적이고 열정, 도전, 욕심이 강한 사람입니다. 지팡이를 가만히 보니 거기에도 나뭇잎에 3개씩 보입니다. 모든 것이 완성을 향해 갑니다. 자신감이 넘치는 카드입니다. 그러나 목표 달성을 위해서는 최소한 3달 이상의 시간이 필요합니다. 비즈니스맨이 이 카드를 뽑으면 굉장히 유리한 미래를 예상해도 좋습니다.

04

Wands 4

Wands 4

| 결혼, 동반자, 화합, 결실,
| 화목, 풍요

> "
> 새로운 사업에 마음껏
> 도전해도 좋을 것 같아요
> "

완즈 네 번째는 결혼 장면입니다. 축복을 받는 한 쌍의 부부가 서로 포옹하고 있습니다. 완즈 잎과 꽃으로 장식된 아치는 레드카펫을 밟고 통과할 수가 있습니다. 참 화목하고 아름다운 분위기가 펼쳐져 있습니다. 레드카펫이라고 하면 주목받는 인생, 다시 말해 주목받는 화합, 주목받는 결혼, 주목받는 팀워크 등을 의미합니다. 세상의 시선이 이들에게 모이고 이들은 충분히 칭찬받을만한 성과를 거두었습니다. 축복받는 결혼입니다. 두 사람의 사랑은 남들보다 뜨거웠을 겁니다. 눈에 확 띄는 빨간색의 높은 비중이 그걸 증명합니다.

만약에 고객이 "저희 결혼해도 잘 살까요?"라고 하면 굉장히 행복하게 잘 살 거라고 얘기해도 좋을 것입니다. 화목과 풍요, 결실의 기운이 다 느껴집니다. 만약 어떤 사업을 준비한다면 큰 결실을 이룰 수 있습니다. 파티, 축제해도 아주 기분 좋은 카드입니다. 녹색과 빨간색은 서로 보색 관계입니다. 서로 다른 색이 잘 조화를 이룹니다. 서로 다른 가치가 잘 조화를 이루고 화합을 할 겁니다. 의견과 가치가 안 맞아 늘 싸우던 사람들도 이 카드가 나왔다면 화합의 긍정적인 기운이 보입니다.

카드의 그림을 액면 그대로 해석해도 좋고, 상징만 잡아내서 다양한 해석을 시도해도 좋습니다. 남성과 여성이 나왔다고 해도 남녀 관계만이 아니라 팀워크, 동업 등으로 확장해도 좋을 것 같습니다. 물론 남녀 관계의 연애, 사랑, 결혼은 당연히 고객의 질문에 맞춰 적극적인 해석을 내놓아도 좋습니다. 연애, 결혼에 관해 물어보면 그렇게 해도 좋다는 얘기입니다. 그런데 비즈니스에 관해 물어보는데 연애를 이야기할 수는 없습니다. 그럴 때 같이 일하는 이들과 호흡이 의외로 잘 맞아 좋은 결과가 있을 것이라고 희망을 주어도 좋습니다. 이 카드는 '같이'의 가치가 느껴집니다. 프로 운동선수가 고민을 이야기할 때 이 카드가 나오면 자신의 성적보다 팀워크를 먼저 생각하는 게 좋을 것 같다고 조언하세요.

4개의 막대기 위에 아름다운 화환이 걸려 있습니다. 화환의 꽃도 참 다양하고 화려합니다. 화환 아래로는 한 쌍의 연인이 마치 결혼식을 끝내고 신혼여행을 떠나기 전의 모습처럼 그림에는 보이지 않지만 사람들의 환호에 그들이 받은 꽃다발을 들고 인사하고 있네요. 주변의 다른 사람들도 파티를 즐기며 오늘의 기쁜 상황을 축복하고 같이 즐기고 있습니다. 성 아래 온 동네가 축제의 분위기 같습니다. 성으로 들어가는 길에도 꽃으로 꾸며진 아치형 다리가 보입니다. 완즈 네 번째 카드는 정방향도 역방향도 다 좋습니다. 역방향도 약간의 난관이 있겠지만 결과적으로 좋은 결과를 예감할 수 있습니다. 나라가 올림픽을 유치하고 선수들이 금메달을 따면 온 국민이 환호합니다. 그런 좋은 결과를 서로 기뻐하고 축하하는 카드입니다. 이 카드가 나온다면 새로운 도전을 해도 좋겠습니다. 축하받을 일이 많은 기분 좋은 카드입니다.

05

Wands 5

> " 사소한 다툼으로 큰 목표가
> 틀어질 수도 있습니다
> "

| 논쟁, 소송, 반박, 경쟁,
| 혼란, 갈등

다섯 번째 카드는 뭔가 경쟁이 치열해 보이네요. 벌들이 서로 시기하고 질투하며 싸우고 있습니다. 갈등과 경쟁이 느껴집니다. 큰 꽃을 향한 벌들의 욕심이 소소한 시비와 다툼을 부릅니다. 이웃 간의 다툼도 예상됩니다. 그런데 그 다툼의 이유는 별게 아닙니다. 이러한 다툼은 나와 상대와의 다툼이 아니라 나 자신의 마음 속 다툼일 수도 있습니다. 그런데 그것 역시 심각한 게 아니라 '점심으로 무얼 먹을까?' 정도의 고민입니다.

살다 보면 시답지 않은 일로 많이 싸웁니다. 그 싸움이 그냥 흐지부지되면 정상인데 그 작은 불씨가 커져서 큰 싸움이 되는 경우도 종종 있습니다. 작은 싸움을 무시하면 안 된다는 말입니다. 어떤 고객이 애인과의

갈등을 이야기합니다. 그런데 이 카드가 나왔다면 그 갈등을 무시해서는
안 됩니다. 별거 아닌 일로 말다툼이 있었을 겁니다. 그 다툼을 그 자리
에서 풀었으면 될 텐데 그걸 하루, 이틀 점점 끌고 가다 보면 서운함도 커
집니다. 카드에서 꽃 하나는 크게 활짝 피었는데, 아래쪽 꽃은 시들었습
니다. 아마도 너도나도 손을 대고 경쟁이 붙다 보니 결국 자기 생명을 다
못한 겁니다. 싸움이나 갈등이 멈추지 않으면 귀한 것이 시들고 꺾이는
겁니다.

만약 고객이 "제가 회사에 가서 조심할 게 뭔가요?"라고 물으면 직장
내에 사소한 다툼이 있을 때 옆에 있지 말고 슬그머니 밖으로 나가라고
조언해 주세요. 뭔가 심상치 않은 싸움으로 전개될 수 있으니 말려들지
말라는 뜻입니다. 본인과 조금이라도 관계없는 일이라면 절대 나서지 말
기를 권하세요. 그림의 노란색은 천둥 번개를 의미하고 뭔가 안 좋은 징
조를 예고합니다. 벌들도 꿀을 쟁취하려고 싸우고 있지만 직접적으로 부
딪히기보다 그냥 눈치 보며 경쟁하는 상황입니다. 누군가 적극적으로 나
서지는 못하고 있습니다.

완즈 5번 카드답게 5명의 젊은이가 등장했습니다. 각자 막대기를 들고 서로 싸우는 것 같습니다. 그런데 표정은 왠지 즐거워 보입니다. 막상 싸우는 것 같지만 누구 한 명도 다치지 않았습니다. 서로 조금씩 부딪히고 있지만 치명적인 상처를 입힐 전투나 전쟁은 아닙니다. 그냥 사소한 다툼이고 그것도 감정적으로 심각하지는 않습니다. 이 싸움 자체가 그렇게 오래 갈 것 같지는 않습니다. 우리는 살면서 늘 선택의 갈등에 빠집니다. 이걸 할까, 저걸 할까 고민하며 살아갑니다. 5명의 싸움은 우리 자신의 내면 갈등을 이야기할 수도 있습니다. 남성 젊은이 5명이 있는 걸 보니 한 명의 여성을 두고 싸우는 상황일 수도 있습니다. 옷 모양도 같은 색깔, 같은 모양이 없습니다. 다 다른 생각, 다른 가치관으로 부딪히고 있습니다. 사랑을 놓고 경쟁하거나 공동 구매한 복권이 당첨되어 서로 다투는 중일지도 모릅니다.

06

Wands 6

Wands 6

> "
> 조만간 팀원들이
> 큰 승리를 만끽할 겁니다
> "

| 성공, 승리, 정복, 목적달성,
| 권위, 명예, 결과의 보상

여섯 번째 완즈는 분홍색의 예쁜 배경이네요. 문서에는 승리를 의미하는 빅토리Victory라는 글씨가 보입니다. 완즈 6답게 잎이 6개가 나 있고 맨 하단에 승리의 종이 울립니다. 문서는 승리를 보상하는 표창장일 수 있습니다. 황금색 종은 결과에 대한 보상으로 권위, 명예, 재물을 상징합니다. 문서 가운데에는 파란색 비행기가 보입니다. 비행기 안에는 여러 사람이 타고 있을 겁니다. 승리의 표창장을 받기 위해 팀원 모두가 비행기를 타고 어디론가 가는 것 같습니다. 비행기 안에 팀원들이 환호하는 표정이 보이는 듯합니다.

가운데 큰 꽃은 성공의 결실이 활짝 피어난 것을 말합니다. 뒤로 꽃 2개가 더 보이는 걸 보니 앞으로 또 다른 성공이 계속 이어질 겁니다. 문서, 서류는 세상에 이름을 남기거나 이름을 날리고자 하는 욕망도 있습니다. 서류는 중요한 계약서입니다. 비즈니스와 관련한 중요한 협상이 마무리되고 팀이 원하는 대로 계약이 이루어집니다. SNS 시대다 보니 성공의 일거수일투족을 스마트폰으로 세상에 알릴 겁니다. 승리의 기쁨을 세상에 자랑하고 싶은 겁니다.

지금 제가 제 그림을 가지고 해석하고 있지만 사실 리딩은 고객이 질문하는 상황에 따라 변할 수 있습니다. 지금 하는 해석은 그냥 참고이고 기본적인 상징일 뿐입니다. 정복과 목적 달성은 같은 의미입니다. 원하는 목표를 성취했다고 보면 됩니다. 목표를 이루기 위해 약간의 난관이 있겠지만 그렇게 큰 문제는 아닌 것 같습니다. 현대인들은 자신이 갖고 싶은 권위, 명예, 재물을 위해 앞만 보고 막 달려갑니다. 이 카드는 팀의 여러 사람 도움으로 이룬 결실인데, 이걸 자기만의 성취로 얘기하면 반발을 불러올 수 있습니다. 한 사람 한 사람의 힘이 쌓여 성공이 만들어지는 거죠. 6개의 완즈 잎 하나하나가 다 중요한 역할을 한 겁니다. 팀원이 6명일 수도 있겠네요. 6개월 안에 큰 성공이 있을 것이라고 얘기해도 좋습니다.

말 위에 탄 남성은 머리에 승리의 월계관을 쓰고 금의환향하고 있습니다. 연둣빛 천은 원하던 결과를 이루기 위해 그렇게 어려움이 없었던 것을 의미합니다. 막대기 6개는 여러 사람의 도움으로 이 성취를 이루었음을 나타냅니다. 갈색 망토는 안전함과 꾸준한 힘을 상징합니다. 이번 승리는 이 마을과 이 나라에 풍요와 안전을 가져다 줄 겁니다. 마을 사람들은 큰 전쟁에서 승리를 한 이 영웅을 축복하고 환대합니다. 그러나 이 영웅이 기억해야 할 것이 있습니다. 지금의 승리는 절대 자기 혼자만의 힘으로 이룬 게 아니라는 사실입니다. 팀의 승리라는 사실이 가장 중요합니다. 여러 사람의 협업으로 이루어진 결과입니다. 그래서 기쁨도 여러 사람과 나누어야 합니다. 자기 혼자 독식하려는 욕심을 조심해야 합니다. 노력에 대한 대가는 분명히 손에 쥘 것이지만 그 대가를 나누어야 진정한 리더십을 인정받을 수 있습니다.

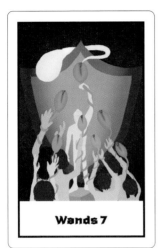

Wands 7

> 경쟁이 치열하지만 용기를 내면
> 승리할 수 있습니다

방어, 승리, 획득, 이득,
굴복하지 않는

이 그림에는 한가운데 방패가 보입니다. 방패 상단을 뱀 같은 게 휘감고 있습니다. 조금 독특한 것이 완즈 잎 7개가 마치 정자처럼 뱀을 향해 쭉쭉 올라갑니다. 빨려 들어가는 건지 올라가는 건지 구분하기 힘들지만 어쨌든 정상을 향합니다. 뱀은 방패 위에서 완즈의 공격을 방어하는 것일 수도 있습니다. 방패 아래에는 리더 격의 한 사람이 완즈의 공격을 선동하는 것 같습니다. 리더 밑에는 그를 추종하는 사람들이 손을 들어 환호합니다. 모두 어떤 목표를 향해 힘을 모으는 분위기입니다.

완즈 잎이 정자라고 비유한다면 임신을 시키는 것, 즉 무언가 결실을 본다는 의미일 겁니다. 가장 큰 그림인 방패는 아무리 강한 공격이라도 거뜬히 방어하겠다는 강인함이 느껴집니다. 그래도 공격은 계속될 것입니다. 아무리 강한 상대, 굳건한 성벽도 끊임없는 공격을 버텨내기 힘듭니다. 이 공격은 남성이 애인을 쟁취하기 위한 경쟁일 수도 있습니다. 남성은 정복하려고 하고 여성은 방어하려고 합니다. 어느 여성 고객이 이렇게 질문합니다. "선생님, 현재 제 남자친구의 마음 상태가 어떤가요?" 그때 이 카드가 나왔다면 남자친구가 당신을 정복하려는 심리가 엄청나게 강하다고 얘기하면 됩니다.

방패 위에 있는 형상, 뱀으로 보이지만 여성일 수도 있습니다. 어떤 남성이 자기에게 오는지 바라보고 있는 것처럼 보이기도 합니다. 방어는 하는 것 같지만 오히려 누가 올지 기다리는 것일 수도 있습니다. 막기는 막는데 탐색을 하고 있습니다. 완즈로 표현된 수많은 남성이 서로 이 여성을 차지하려고 달려들고 여성은 방패 위에서 관찰하며 느긋하게 기다립니다. 겉으로는 접근 금지의 방어 모드이지만 그 방어력이 강하지는 않습니다. 그런데 여성은 마음의 문을 열지 않았습니다. 그림의 3분의 1을 차지하고 있는 큰 방패가 그걸 상징합니다. 남성을 관찰할 뿐이지만 마음은 아주 완고합니다.

한 청년이 언덕 위에서 6개의 막대기 공격을 막아 내고 있습니다. 표정을 보니 그렇게 위기가 느껴지지는 않습니다. 일단 청년이 들고 있는 막대기의 길이가 공격하는 막대기들 보다 깁니다. 충분히 막아낼 수 있을 것 같네요. 그런데 가만히 보니 청년이 신고 있는 신발 중 오른쪽은 미처 다 신지 못한 상태입니다. 6개의 막대기 공격이 갑작스럽게 이뤄진 것 같습니다. 공격은 하고 있지만 청년을 굴복시키지는 못합니다.

이 청년은 용맹하지만 아직 어리고 미숙한 상태입니다. 그러나 이런 전투를 치르면서 점점 더 강해지고 노련해질 겁니다. 이 카드가 나오면 뒤로 물러서지 말고 맞서서 싸워야 하는 상황입니다. 비록 혼자서 이 난관을 극복해야 하지만 용기를 가지면 충분히 이겨낼 수 있습니다. 실패의 두려움을 넘어서는 도전과 용기, 자신감을 주는 카드입니다. 타협하지 않는 정신력, 필사적인 힘이 느껴집니다.

Wands 8

Wands 8

> 66
> 최대한 빨리 결정하고
> 빨리 행동하는 게 좋습니다
> 99

속도, 성급한, 빠른 이동,
급한 결혼, 갑작스런, 진보

얼굴은 없지만 한 남성과 여성이 손을 잡은 것 같습니다. 약혼 혹은 결혼의 분위기가 느껴집니다. 두 손 사이에 꽃도 있습니다. 축복받는 좋은 소식이 있을 것 같습니다. 그런데 그 굉장한 소식이 아주 빠르게 진행될 것 같네요. 좋은 소식이 빨리 올 거라는 얘기입니다. 이 카드가 나오면 빠른 행동을 촉구해야 합니다. "선생님, 제가 어떻게 해야 해요?" "빨리 연락하세요." "빨리 취업 준비하세요." 복권을 사려고 하면 꾸물거리지 말고 빨리 사라고 얘기하세요. 이처럼 이 카드는 신속함을 의미합니다.

　손으로 꽃을 잡은 것은 빨리 꽃을 사서 그녀에게, 혹은 그에게 고백하라는 이야기입니다. 프러포즈가 필요하다면 지금 당장 해야 합니다. 노란색 선이 위에서 내리꽂고 있습니다. 번개가 치고 있는 겁니다. 번개가 치는데 느긋할 수가 없습니다. 복권에 당첨되려면 기도만 하면 안 됩니다. 복권을 사지도 않고 기도하면 당첨이 됩니까? 일단 복권부터 사는 행동이 필요합니다. 이 카드가 나왔다면 결혼도 빨리 결정하는 게 좋습니다. 지금까지 여러 이유로 미뤘다면 이제는 결정해야 합니다. 이사가 필요하다면 조금 손해를 보더라도 빨리 내 집을 팔고 바로 이사할 집 계약을 하세요. 이 카드는 절대적으로 빠른 행동을 해야 함을 의미합니다.

"선생님, 제가 며칠 내로 결정하고 움직여야 하나요?" 이렇게 묻는다면 완즈 8이기 때문에 8일 내로 움직이라고 하세요. 기간을 물어보는 고객에게는 완즈 내의 숫자로 리딩을 하면 됩니다. 보통 타로 선생님들이 이 기간에 대한 답을 줄 때 스트레스를 많이 받는 것 같습니다. 정답이 있는 건 아니지만 해석, 리딩은 연관성이 중요합니다. 연관성이 있어야 고객이 공감합니다. 8일이라는 시간은 길면 길고 짧으면 짧은 시간입니다. 그 숫자가 고객에게 정답이 아니더라도 뭔가 행동의 변화는 줄 수 있습니다.

하늘에서 8개의 막대기가 땅으로 빠르게 내리꽂고 있습니다. 사선은 뭔가 역동적인 긴박감을 상징합니다. 땅에는 강도 보이고 산도 보이고 마을도 보이네요. 막대기가 궁극적으로 추구하는 것은 이런 평화로운 세상일 겁니다. 지상에 펼쳐진 풍경이 밝고 긍정적입니다. 마이너 수트 카드 중에서 인물이 등장하지 않는 딱 두 장의 카드 중 하나입니다. 4장의 에이스 카드에도 인물은 없다고 얘기할 수 있지만 그 카드에는 인물을 상징하는 손이 나옵니다. 이 카드는 '갑작스러운 연락, 예상치 못한 여행'을 예고하며 '운명적인 인연으로 갑자기 일이 진행되는 기운'이 있습니다. 그 일도 놀랄 정도로 잘 풀릴 겁니다. 하던 일은 더욱 속도를 내서 마무리 지을 필요가 있습니다. 좋은 일, 좋은 소식도 하나가 아니라 연달아 여러 개가 몰려들 겁니다. 이 카드는 어떤 행동을 취해야 할 적기를 강하게 얘기하고 있습니다.

Wands 9

Wands 9

> 당신의 소중한 것을 뺏기지
> 않고 잘 지킬 것 같습니다

| 휴전, 상처, 장애, 고통,
| 싸움에 지친, 의심하는

그림에 군인이 나왔습니다. 철문에 완즈 5개가 걸려 있고 얼굴에는 3개의 완즈가 붙어 있습니다. 8개의 완즈는 치열한 전투 끝에 잘 지켜낸 것 같습니다. 그런데 나머지 하나가 몸에 붙어 있지도 않고 문에 걸려 있지도 않습니다. 이 한 개가 좀 불안합니다. 언제 공격이 들어와서 빼앗아 갈 수도 있습니다. 8개의 완즈를 지켜낸 당당함과 동시에 나머지 하나를 지켜내야 하는 불안감도 공존합니다. 군인의 얼굴에는 상처가 보입니다. 완즈를 지켜내면서 다친 상처입니다. 그 상처는 영광의 훈장 같은 것으로 그것을 아파하는 게 아니라 뿌듯해할 겁니다.

8개를 지켜내면서 겪은 육체적인 아픔, 마음의 상처가 보상과 훈장으로 다가옵니다. '아, 내가 대단한 일을 해냈구나' 하는 자긍심이 보입니다. 내가 당당히 나라를 지켜냈다는 자신감이 뿜어져 나옵니다. 그러나 지금은 휴전 상태이고 언제 다시 공격받을지 모르기에 마음을 놓을 수 없는 상황입니다. 계속 철창 너머의 세상을 바라보고 있습니다. 러시아와 맞서는 우크라이나 병사 같은 느낌입니다. 지금까지 8명의 가족 생명을 지켰지만 남아 있는 한 사람도 지켜낼 각오를 하고 있습니다.

지금 저 군인은 심신이 피폐해져 있을 겁니다. 치열한 전투를 치르다 보니 극심한 고통과 피로가 찾아옵니다. 자신감, 의지만으로는 지금을 이겨내기가 만만치 않습니다. 싸움에 많이 지쳐 있어서 뭔가 지금의 상태에 대한 의미 부여가 필요합니다.

지금의 상황에 대한 의심, 자기 능력에 대한 의심과 불안이 있을 겁니다. 보이지 않는 것에 대한 의심이 커집니다. 누군가 다시 쳐들어와서 자신의 목숨까지 가져갈 수 있습니다. 그래서 지친 몸과 마음을 내려놓지 못하고 의심스러운 마음으로 철창 밖으로 관찰 중입니다. 그래도 이 군인은 참 많은 노력을 했고, 누구나 인정할만한 희생을 치렀습니다. 충분히 박수받을만 하지만 마음을 놓을 수 없는 현재 상태가 안타까울 따름입니다. 연일 야근하면서 좋은 성과를 만들어 낸 당신, 이제는 휴식이 필요한데 그럴 수 없어 안타깝네요.

머리에 상처 입은 한 남성이 막대기 하나를 들고 지친 모습으로 서 있습니다. 머리에 붕대를 감은 걸 보니 큰 전투를 치른 것 같습니다. 아직 전쟁이 끝난 건 아닌지 또 다른 공격이 있을 거라고 예상하고 의심의 눈초리로 관찰하는 중입니다. 이 남성의 뒤에 있는 8개의 막대기는 승리의 노획물 같습니다. 힘겨운 전투를 잘 치른 당당한 표창입니다. 8번의 전투, 그리고 다가올 또 다른 전투에도 이 남성은 여전히 승리할 겁니다. 그의 눈은 긴장의 끈을 놓지 않고 있네요. 완즈 9의 9는 완성의 숫자입니다. 손에 쥐고 있는 나머지 한 개의 막대기만 잘 지키면 그는 편안한 휴식과 보상을 받을 수 있습니다. 이 남성은 어떠한 난관도 극복하고 이겨낼 힘이 있습니다. 난관을 극복하는 강력한 정신력을 가진 남성입니다. 이 카드는 자신의 것을 잘 지키는 사람을 상징합니다.

10

Wands 10

Wands 10

> "
> 벼랑 끝에서
> 반전의 희망이 보입니다
> "

| 힘이 부치는, 허리가 휘는,
| 책임감, 과도한 업무

완즈 10에서는 완즈 10개를 다 짊어지고 가는 힘든 그림이 나옵니다. 마치 지구를 들어 올리고 가는 것 같습니다. 책임감, 중압감이 느껴지는 카드입니다. 이 남성 혼자서 무거운 짐을 지고 가고 있습니다. 주변에 보면 모든 걸 잘하려는 사람이 있습니다. 우리는 그 누구도 욕 한 번 안 듣고는 살 수 없습니다. 그런데 이 사람은 사람들로부터의 작은 불만에도 마음의 상처를 받습니다. 무조건 누구에게나 칭찬을 듣고 살고 싶은 사람입니다. 그러다 보니 심한 댓글에도 깊은 상처를 받습니다.

이 사람은 돈과 명예와 사랑을 다 가지고 싶은 욕구가 큽니다. 짊어지고 가야 할 무게는 점점 무거워지는데 그 어느 것 하나 내려놓지 못하네요. 1~2개쯤 내려놓으면 편할 텐데 성격상 그렇게 못합니다. 대부분의 사람들은 그렇게 무거운 짐을 지고 살아갑니다. 가난한 사람이든 부자든 예외는 많지 않습니다. 우리는 누구나 그 무게를 내려놓으려 합니다. 그게 잘 안 되어서 자기계발서를 수십 권 읽어도 실천으로 옮기지 못합니다. 직장생활에서도 내가 다 할 것이라고 덤비지 마세요. 나 하나 빠지면 회사가 안 돌아갈 것이라고 착각도 하지 마시고요. 내가 무언가를 다 움켜쥐고 있으면 다른 누군가는 빈손일 수 있습니다.

손에 쥔 무언가를 나누면서 살아가야 하는 게 인생입니다. 나 혼자 다 움켜쥐고 살면 나도 오래 못 살고 주변에 있는 다른 사람도 힘이 듭니다. 나 혼자 밤을 새워서 일한다고 회사가, 동료들이 나를 더 알아주지 않습니다. 요즘은 워라벨이 더 중요한 세상입니다.

삶의 가치가 일에 파묻히면 안 됩니다. 우리가 무엇 때문에 회사를 다니고 일하는지 인생의 본질을 꿰뚫는 지혜가 필요합니다. 이 카드의 배경 색상을 보세요. 보라색인데 조금 어둡습니다. 밝은 미래라고 느껴지지 않고 뭔가 압박을 받고 있는 느낌입니다. 이 그림에는 들고 있는 무게에 힘이 들어 하는 표정이 그대로 드러나 있습니다. 인간관계에서도 힘들면 잠시 내려놓아도 좋습니다. 내가 지금 하는 일이 좀 힘들다면 한 템포 쉬어 가는 지혜도 필요합니다. 이 카드는 스스로를 몰아세우지 말고 정신적인 중압감, 압박감에서 벗어나라고 얘기하고 있습니다.

한 남성이 상당히 많은 10개의 막대기를 혼자서 전부 거머쥐고 힘들게 가는 모습입니다. 타로 속 인물은 얼굴을 숨긴 채로 무엇인가 맡은 책임이 많은 것으로 보입니다. 그는 거부할 수도 있고 사실 바닥에 조금은 내려놓을 수도 있지만, 스스로 도전했거나 자신만 잘하면 된다고 생각했을지도 모릅니다. 이 모든 책임을 나누자고 할 수 없었을 겁니다. 딱 봐도 육체적, 정신적으로 힘겨워하는 게 느껴집니다. 그럼에도 이 남성은 묵묵히 자신의 일, 자신의 책임을 다하고 있습니다. 주변에서 보는 사람이 안타까울 정도입니다. 결국 목적지에는 도달할 것이고 지난 과거를 돌아보며 자신을 뿌듯해할 수도 있습니다.

Ace of Cap

11

> 조만간 사랑하는 사람에게
> 프러포즈를 받을 것 같습니다

풍요, 달성, 시작,
대인관계, 다산

이번에는 컵 시리즈입니다. 컵은 '사람의 감정'이라고 보시면 됩니다. 사람의 마음 상태를 표현하는 게 컵인데 저는 컵을 모자로 표현해 보았습니다. 모자도 뭔가를 담을 수 있기 때문이죠. 움푹 파인 것, 뭔가 담을 수 있는 것이 컵이 될 겁니다. 펜타클은 돈을 중시하지만 컵은 인간관계를 중시합니다. 돈보다는 관계에 중점을 둡니다. 모자하고 컵이 조금 다를 겁니다. 컵은 단순히 담는 것에만 치중하지만 모자는 담기도 하고 덮기도 합니다. 덮는다는 건 어떤 결정을 방어한다는 의미도 됩니다. 흔히 머리를 안 감은 날에는 모자를 쓰고 가는 경우가 있듯이 말이죠. 머리에 숱이 없는 사람이나 대머리 아저씨도 모자를 애용합니다.

모자를 영어로 캡^{Cap}이라고 합니다. 그렇다면 에이스 오브 컵이라기보다 에이스 오브 캡이 될 겁니다. 캡을 우리는 짱이라는 표현으로 사용합니다. "당신 캡이야"라고 표현했던 적도 있었죠. 에이스 오브 캡은 캡 중의 캡이라는 말입니다. 우리 카드의 리딩은 이렇게 가벼운 마음으로 진행했으면 좋겠습니다. 모든 에이스는 신의 은총입니다. 에이스 카드가 나올 때 고객들에게 '하느님이 사람을 도울 때 사람을 통해서 보내준다'고 설명해도 됩니다. 그것이 곧 신의 은총이라고 얘기하면 좋겠습니다.

모자 안에 뭔가가 참 많은데 이는 '다산과 풍요'를 상징합니다. 꼭 마술사가 빈 모자에서 깜짝 놀랄 것들을 만들어 내는 것 같습니다. 하단의 물도 풍요를 상징합니다. 물 위에는 연꽃이 있습니다. 그런데 가만히 보니 모자에서 물이 나옵니다. 넘치는 물줄기는 아이디어가 샘솟는 것을 의미합니다. 문제가 막혔는데 이 카드가 나왔다면 술술 풀릴 겁니다. 이 카드는 나눔과 베풂의 의미도 담고 있습니다. 귀인이 당신한테 와서 모자컵 안에 당신을 기쁘게 할 선물을 줍니다. 꽃이 담겨있는 걸 보니 프러포즈를 할 수도 있겠네요. 순수한 마음으로 새로운 로맨스가 시작됩니다. 연꽃은 '당신과 관계를 맺고 깨끗한 물 위에서 여유롭게 지내고 싶다'는 의미입니다. 연꽃은 약간 고결한 느낌을 줍니다. 연꽃이 2개가 있는 걸 보니 두 사람 간의 관계를 얘기합니다. 결혼운도 보인다고 할 수 있습니다.

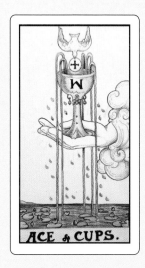

구름 속에서 손이 나와 황금색 컵을 받치고 있습니다. 그 컵에서는 신의 사랑, 신의 은총을 의미하는 5개의 물줄기와 히브리 문자 요드 형태의 물방울이 흘러내립니다. 컵 중앙에 W 글자가 보이는데, 사실 그 글자는 W가 아니라 M을 뒤집어 놓은 겁니다. M은 히브리 문자로 물을 의미하는 M멤을 나타냅니다. 컵 안으로 하얀색 비둘기가 수직 낙하하고 있습니다. 이건 성령이 내려오는 것을 말합니다. 신의 은총을 나타내는 에이스 카드의 본질이 그대로 드러나 있습니다. 컵 아래 있는 연꽃은 태초부터 있었던 강인한 생명력을 나타냅니다. 컵에서 나오는 물줄기, 그 물이 상징하는 것은 치유와 생명, 감정과 정화입니다. 5개의 물줄기는 오대양을 거쳐 신의 생명력으로 감정이 충만함을 의미합니다. 순수한 사랑을 시작하는 연인들에게 길조 같은 카드입니다.

Cap 2

"
**썸을 타던 사람과
곧 사랑에 빠질 것 같습니다**
"

| 결혼, 교환, 정착,
| 해결, 연합

이 그림에는 남성과 여성이 각각 모자를 하나씩 들고 있습니다. 두 사람이 서로 손을 잡은 걸 보니 화합, 결혼으로도 이어질 것 같네요. 가지고 있는 모자를 교환할 수도 있으니 '거래, 교류, 교환'의 키워드도 숨어 있습니다. 이 두 사람의 어깨 위치가 같은 걸 보니 위치가 같은 이들, 동등한 위치를 의미합니다. 예를 들어 남성이 의사라면 여성은 판사일 수 있습니다. 이 카드는 직업이 비슷하거나 재산이 비슷한 사람들일 겁니다. 눈높이가 같거나 공감이 서로 잘 되든지 타협, 소통이 잘 되는 이들입니다. 연합, 동업 등도 그렇게 어려울 것 같지 않습니다.

비즈니스 측면으로 보면 참 괜찮은 동업자가 나타납니다. 각각 자기 모자를 꼭 쥐고 있습니다. 자기 것은 지키면서 거래할 수 있는 사람입니다. 손을 잡고 있으므로 어쨌든 동업, 동맹의 관계로 이어질 수 있습니다. 자기 손해는 보지 않으면서 상생, 협력의 관계를 유지해 나갈 겁니다. 이 둘은 미래를 향한 긍정적인 계획을 서로 나눌 겁니다. 남녀 관계에서도 한쪽만 일방적으로 희생하는 구도는 절대 아닙니다. 상대가 가진 것은 존중하고 자기 것은 존중받습니다. 같은 위치의 사람들이기 때문에 결혼도 원만하게 진행됩니다.

남녀가 입은 옷을 보니 여성은 흰색, 남성은 회색입니다. 흰색은 순결함, 순수함을 상징합니다. 역방향으로 보면 잠시 아픈 사람일 수도 있습니다. 남성의 회색은 자기주장은 그렇게 강하게 드러내지 않고 남을 배려하면서 자신의 가치는 지키는 절제된 힘이 보입니다. 그러나 역으로는 회색주의자일 가능성도 있습니다. 만약 둘의 관계가 깨진다면 여성이라면 아파서 그럴 이유가 크고, 남성이라면 남성의 배신이 큰 이유가 될 겁니다. 그러나 역방향의 결과에 대해 그렇게 걱정할 필요는 없습니다. 그림의 바탕색의 전반적인 톤이 핑크와 연보라 색으로 희망적이고 긍정적입니다.

남성은 빨간색 화관을, 여성은 녹색 월계관을 쓰고 있습니다. 이 둘은 각각 들고 있는 황금색 컵을 교환하려는 중입니다. 이걸 교환하면서 서로 사랑의 서약이 완성될 겁니다. 이들 가운데 상단에 있는 붉은 색 사자 머리는 열정과 사랑의 서약을 상징하며, 그 아래 손잡이처럼 있는 곳에 곡선으로 말려 올라가고 있는 뱀 두 마리는 음양의 교류와 더 큰 사랑을 상징합니다.

썸을 타던 두 남녀가 본격적인 사랑을 시작합니다. 사랑과 우정 사이에서 사랑 쪽으로 조금 더 기운이 가고 있습니다. 서로의 감정이 자연스럽게 통하고 갈등이 해소되는 분위기입니다. 카드 배경 녹색의 언덕 위에 빨간색 지붕의 집이 보입니다. 마치 '저 푸른 초원 위에 그림 같은 집을 짓고 사랑하는 우리 님과 한평생 살고 싶다'라는 유행가 가사가 떠오릅니다. 이 카드가 나왔다면 곧 당신과 사랑을 나눌 이성이 등장한다는 의미라고 보시면 됩니다.

Cap 3

Cap 3

66
당신의 팀이
기립박수를 받을 겁니다
99

화합, 조화, 행복, 성공,
만족스러운 결과, 달성

환호하는 축제분위기를 느낄 수 있습니다. 모자 3개가 하늘로 던져졌네요. 목표했던 결과를 다 이루어서 서로 축하하고 성공을 기념합니다. 서로 '나름 잘 해냈다'는 덕담을 나눌 겁니다. 혼자 한 게 아니라 서로서로 협력해서 좋은 결과를 만들어 냈습니다. 같은 팀원으로서 아주 중요한 프로젝트를 따냈을 겁니다. 빨강, 파랑, 주황, 노랑, 연두, 보라의 색종이들은 축하를 의미합니다. 그림이 예쁘고 화려합니다. 그림에 나타나 있지는 않지만 폭죽도 터트릴 겁니다.

앞서 컵은 인간관계라고 했습니다. 혼자서 이루어내는 일은 없습니다. 우리는 모두가 주변의 도움으로 살아갑니다. 자신이 리더라고 하더라도 리더 혼자 프로젝트를 성공으로 이끌 수는 없지요. 더 큰 가치를 모자(컵)에 담으려면 자신이 나서고자 하는 욕망은 조금 줄이고 팀원과 호흡을 맞추어야 합니다. 내 것만 주장하면 더 큰 가치를 모자에 담을 수 없습니다. 이 카드는 '같이'의 가치를 강조합니다. 이 세 사람은 어떤 공연을 같이했을 수도 있습니다. 떨리고 힘든 과정이 있었지만 연습한 대로 공연을 잘 마쳤고 관객들로부터 큰 환호를 받았습니다.

3이라는 숫자는 주변에 세 사람의 도움이 꼭 있을 것을 예고합니다. 최소한 세 사람이라는 얘기입니다. 세 사람은 기본적인 조화를 상징합니다. 합당한, 완벽한 조화를 이루려면 3이라는 숫자가 꼭 필요합니다. 천지인天地人과 같이 말이죠. 이 카드가 나왔다면 친구들과 어디론가 여행을 떠나도 좋을 것 같습니다. 보통 여행을 가서 의견이 안 맞아 다투는 일도 많은데 이때는 참 순조롭게 좋은 추억을 쌓을 것입니다.

"제가 직장생활을 하면서 밴드를 하고 있는데 잘 될까요?" 고객에게 이런 질문을 받으면 활짝 웃으면서 "하시던 일 계속하세요. 조만간 더 멋진 밴드로 큰 박수를 받을 것 같습니다"라고 대답하시면 됩니다. 배경 색상이 주황색, 녹색, 보라색으로 나누어져 있습니다. 뭔가 더 희망찬 미래, 더욱 건고한 화합이 예상됩니다.

3명의 여인이 황금 컵으로 건배하며 원을 그려 가며 춤추고 있습니다. 하얀색 옷을 입은 여인은 순수, 붉은색 여인은 사랑, 노란색 여인은 풍요를 상징합니다. 타로카드 중에서 가장 즐겁고 기분 좋은 카드 중 하나입니다. 보통 기쁜 일이 생기거나 축하받을 일이 있을 때 나타납니다. 친구들, 가족들, 동료들과 함께 좋은 결과를 이루어 냈음을 서로 축하하고 격려하는 분위기입니다. 여인들의 발아래에는 풍요를 상징하는 과일과 채소가 있습니다. 이들은 이 풍요를 얻기 위해 같이 힘을 합쳐서 희생하고 노력했을 겁니다. 과일과 채소는 그 노력과 희생에 대한 보상입니다. 만약 고객이 몸이 아프거나 어떤 고통을 겪고 있는 상황에서 이 카드가 나왔다면, 곧 건강도 회복하고 고통에서 벗어날 수 있다고 희망적인 조언을 해도 됩니다. 세 사람이 투자해서 가게를 차렸다면 성공을 예감해도 좋습니다.

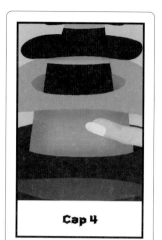
Cap 4

"
상황이 지루할지라도 빨리
슬럼프에서 탈출하는 게 좋습니다
"

| 반복, 무기력, 지루함,
첩첩산중, 권태

모자 4개가 탑처럼 쌓여 있습니다. 어떤 목적을 가지고 쌓은 게 아니라 그냥 아무런 생각 없이 모자를 쌓았습니다. 색상이 같은 모양의 모자를 쌓은 게 아니라 한 개의 모자는 핑크색입니다. 나머지 4개는 검은색 모자이지만 그마저 테두리 색깔은 다 다릅니다. 위에서부터 연두색, 하늘색, 파란색, 군청색입니다. 색깔이 서로 다르니 산만하고 집중력이 떨어지며 불만스러운 상태입니다. 바탕색인 노란색은 이 상황에 대한 경고등의 성격이 큽니다.

모자를 쌓아놓은 것은 해야 할 일이 첩첩산중임을 의미할 수도 있습니다. 너무 할 일이 많아서 하기 싫어지는 경우입니다. 할 일이 몇 가지

안 되면 충분히 집중력을 발휘하지만 10가지 이상의 일이 쌓이면 아무것도 하기 싫을 때가 있습니다. 바로 그런 경우일겁니다. 나른해지고 귀찮아지며 일이 쌓인 만큼 불만도 쌓여갑니다. 일에서 벗어나 어디론가 떠나고 싶지만 그것도 마음대로 안 됩니다. 이도 저도 못 하는 답답한 상황입니다. 이를 어떻게 헤쳐가야 할지 마음도 갈피를 잡지 못하고 있습니다. 뭔가 재정비의 시간이 꼭 필요한 카드입니다.

그런데 손가락 하나가 두 번째 모자, 색이 다른 모자를 잡고 있습니다. 검은색 모자 보다 핑크색의 다른 모자를 잡고 있다는 건 생각이 다른 데가 있다는 겁니다. 해야 할 일도 2개 이상은 하기 싫다는 의미입니다. 모자가 쌓인 것은 반복, 지루함을 나타냅니다. 이 그림이 표현하고 있는 키워드는 '반복, 지루함, 권태, 무기력'입니다. 아마도 컵이 4개이다 보니 4달 정도 긴 슬럼프에 빠져 있을지도 모릅니다.

공장에서 일해보신 분은 아시겠지만 일이란 게 기계적으로 반복되는 경우가 많습니다. 다만 내 생계를 위해서 그 일을 할 뿐이죠. 반복된 일을 하다 보면 '내가 이 일을 왜 해야 하는 거지?'라는 회의가 들 때가 있습니다. 아주 좋은 기회가 바로 옆에 지나가도 눈치채지 못할 정도로 감각이 둔해져 있습니다.

한 남성이 나무 아래에 앉아 팔짱을 끼고 있습니다. 팔짱을 끼고 있다는 것은 심리적으로 자기 방어 상태를 말합니다. 이 남성에게 구름에서 뻗은 손이 황금 컵을 건네고 있습니다. 그런데 이 남성은 선뜻 잡으려 하지 않습니다. 아니 오히려 컵을 외면합니다. 지금 이 순간에는 그 무엇도 관심이 없습니다. 사회에 대한 불만과 지루함이 큰 것 같습니다. 뭔가 과거에 대한 나쁜 생각에서 벗어나지 못하고 있습니다. 눈앞에 있는 황금 컵 3개도 충분히 좋은 기회가 될 수 있는데 그것 역시 잡지 않습니다. 아무리 좋은 기회가 와도 이 남성을 스쳐 지나갈 뿐입니다. 감정과 사고가 정체되었기 때문입니다. 4개의 컵에서 4는 입체적인 숫자입니다. 어디로든 갈 수도 있지만 사방팔방 갇혀 있을 수도 있습니다. 이 남성은 혼자 자기만의 세계에 갇혀 있네요. 이걸 탈피하려면 획기적인 터닝포인트가 필요합니다. 슬럼프는 오래되면 될수록 자신을 갉아먹습니다.

Cap 5

15

> " 눈앞의 손실에 절망하지 말고
> 희망의 불씨를 살리세요 "

실패, 부분적 손실, 후회, 실망

장점보다는 단점이 먼저 보입니다. 모자에 담겨있는 돈이 어떤 충격으로 인해 밖으로 튕겨 나오고 있습니다. 가운데 모자 3개는 칼로 절반을 자른 것처럼 뒤틀어져 있네요. 딱 반쪽으로 잘려 어긋났다는 건 결혼생활을 예로 들더라도 실망한 결혼생활, 헤어지려는 결심을 하게 되는 상황이 그려집니다. 결혼이 어긋나면 당연히 위자료 지급 등 나갈 돈도 생길 겁니다. 그래서 돈이 안에 담겨 있지 않고 밖으로 튕겨 나가는 겁니다. 돈이 새 나갈 일이 생긴다는 거죠.

　우리는 살아가면서 돈이 참 중요합니다. 그러나 돈 때문에 목숨까지 바칠 정도는 아닐 겁니다. 이 그림은 돈 때문에 목숨도 위험한 경우일 수 있습니다. 모자가 반쪽으로 쪼개진다는 건 사람 목숨을 가른다는 의미일 수도 있으니까요. 펜타클은 돈을, 컵은 사람, 감성을 상징합니다. 이는 사람 간의 관계에서 큰 문제가 생겼다는 의미입니다. 감정이 폭발하니 소중하게 담아 두었던 돈이 튕겨 나갑니다. 감정조절만 잘하면 벌어지지 않을 일이 큰 손실을 불러옵니다. 그러고 나서 후회합니다.

우리는 돈으로 사는 게 아니라 사람으로 살고 순간에 삽니다. 돈을 더 갖기 위해 노력하지만 그 노력의 과정이 의미 있는 겁니다. 모자가 깨지면 부분적 손실이 발생합니다. 사람이 살다 보면 예기치 못한 손실이 생길 수 있습니다. 그러나 그것 때문에 목숨을 버리지는 않습니다. 돈의 손실이 너무 마음을 아프게 해서 극단적 선택을 하는 사람도 꽤 있습니다. 뭔가 잘못된 판단을 하는 겁니다. 우리가 겪는 실패는 실패가 아니라 과정입니다. 그 과정이 쌓여 우리가 갖고 싶고 가져야 할 진정한 보물을 얻게 됩니다. 주가가 추락해서 투자한 돈이 다 날아갈 수도 있습니다. 그러나 그 과정이 우리를 더 단단하게 하는 겁니다.

산이 있고 계곡이 있습니다. 올라갈 일이 있으면 내려갈 일도 있지요. 그 평범한 자연이 주는 진리를 깊이 새기면 지금 눈앞의 손실이 큰 손실로 다가오지 않을 겁니다. '후회, 손실, 실망' 등을 의미하는 키워드지만 그걸 넘어서는 힘도 그걸 겪는 당사자에게 있음을 알려줍니다.

검은색 망토를 걸친 남성이 고개를 떨구고 땅에 떨어진 황금 컵을 슬프게 내려 보고 있습니다. 검은색은 슬픔, 절망, 죽음 등을 상징합니다. 이 남성과 멀리 보이는 성 사이에는 강이 흐릅니다. 5개의 컵 중에서 3개의 컵만 쓰러져 있고 나머지 2개의 컵이 세워져 있는데도 이 남성은 절망합니다. 오른쪽 끝에 다리가 있어 못 건너갈 강이 아닌데도 이 남성의 눈에는 보이지 않습니다. '300억 원을 가진 부자가 100억 원을 잃었다고 자살했다'는 독일의 실제 부자 이야기가 이 남성과 오버랩 됩니다. 남아 있는 컵 2개로 충분히 쓰러진 3개의 컵 이상을 다시 얻을 수 있음에도 오직 손실에만 집중하고 있네요. 아주 작은 희망의 불씨를 외면하고 실패와 손실만 생각합니다. 자꾸 절망의 동굴로 들어가는 이들에게 희망을 말하는 카드입니다.

16

Cap 6

> 66
> 너무 오랜 시간 과거에
> 빠져들지 마시기 바랍니다
> 99

| 어린시절 추억, 순진,
| 희미해진, 향수

이 카드의 그림은 추억을 생각하는 영화 필름입니다. 잘나가던 시절, 행복한 시절을 회상하고 있습니다. 흑백 필름 속에도 환하게 웃는 어린아이가 보입니다. 우리는 누구나 추억을 떠올리며 삽니다. 그 추억이 가끔 방전된 에너지를 충전해 주기도 하지요. 파노라마처럼 스쳐 지나가는 지난 일들이 한 편의 영화 같습니다. 그러나 너무 추억에만 젖어 있으면 앞으로 나가지 못합니다.

좋은 과거는 회상하고 추억이 됩니다만 나쁜 과거는 트라우마가 됩니다. 트라우마를 안고 살아가는 사람도 의외로 많습니다. 과거를 떨쳐 버리지 못하고 그 속에 자꾸 머물게 됩니다. 트라우마는 미래로 가는 발목을 잡습니다. 과거에 얽매이면 자유롭지 못하고 창조적이지 못합니다. 생산적인 다른 활동을 못 하게 됩니다. 추억과 향수는 좋은 단어지만 트라우마는 그냥 아픔입니다. 이런 아픔은 털어 버릴 필요가 있습니다.

사람들이 과거에 머문다는 게 무조건 나쁜 건 아니지만 너무 오래 머문다는 게 문제입니다. 컵 6(루아 카드 캡6)이기 때문에 6달 이상 영화처럼 하나의 과거에 머물 겁니다. 예를 들면 헤어진 연인을 6달 정도 잊지 못하고 마음 고생을 하는 일이 그렇습니다. 그런데 추억이라는 게, 아픔이라는 게 그렇게 무 자르듯 잘리는 게 아닙니다. 하나씩 조금씩 끊어가는 게 필요합니다. 고객이 "이 사람을 언제 잊는 게 좋을까요?"라고 물으면 정확한 숫자로 표현하면 믿음을 가질 겁니다. "6달만 생각하고 잊으세요"라고 말하면 됩니다. 6달 후에 잊을 수 없다고 해도 강박관념에서는 벗어날 수 있을 겁니다. 누군가의 마음속에서 잊힌다는 건 참 슬픈 이야기입니다. 세상에 영원한 게 어디 있나요? 그냥 흘러가는 것뿐입니다. 죽을 때까지 사랑한다는 건 미친 사랑입니다. 한 달 내내 열이 나 있으면 그건 병이라고 합니다. 아무리 뜨거운 사랑도 10년 이상 지속될 수는 없는 법입니다.

한 소년이 자기보다 어린 소녀에게 백합이 담긴 황금 컵을 건네려 합니다. 다른 컵들에도 순수함을 상징하는 하얀 꽃이 다 담겨 있네요. 소년과 소녀의 사랑이 느껴집니다. 마을 풍경도 풍요롭고 포근해 보입니다. 왼쪽을 보니 어른 한 사람이 창을 들고 다리를 건너고 있습니다. 전체적인 색감은 노란색입니다. 노란색은 과거의 기억이 트라우마, 아픔이 아니라 행복에 젖어 들게 하는 기분 좋은 추억이라는 의미입니다. 큰아이가 작은 아이에게 선물을 주는 건 상하관계 같습니다. 어린아이 둘이 나온 걸 보니 어른들의 어릴 적 모습에 대한 회상일 수 있습니다. 계절이 겨울은 아닌데 두 아이는 두툼한 겨울옷을 입고 있네요. 계절과 어울리지 않은 걸 보니 비현실적입니다. 비현실적이라는 건 이상적, 회상적이라는 얘기입니다. 하얀색 다린 기둥에는 금지, 부정을 의미하는 ×자가 보입니다. 너무 과거에 빠져들지 말라는 경고의 표시 같습니다.

Cap 7

> 과대망상은 육체와 정신을
> 망가뜨립니다

| 혼란, 뜬구름잡는, 과대망상, 공상

머릿속에서 뱀이 튀어나와 모자를 물려고 합니다. 과대망상, 허상을 표현합니다. 머리에서 뱀이 나온다? SF적인 상상력입니다. 사악한 생각을 하나 봅니다. '복권을 사지도 않았는데 당첨이 되었다?' 이게 바로 과대망상입니다. 그림이 참 독특합니다. 머리에 뚜껑이 열렸습니다. 머리에서 뱀도 나오고 모자도 나오고 돈도 나옵니다. 사람이 화가 치밀면 뚜껑이 열렸다고 말하죠. 이 그림은 그냥 홀라당 열려 버린 겁니다.

　뱀은 지혜롭지만 간사한 면이 있으니 사악한 게 맞습니다. 누군가를 유혹하는 스타일이라 그렇게 건전하지는 않습니다. 뜬구름 잡는 생각을 할 겁니다. 절대 건전한 생각은 하지 않을 겁니다. 이런 카드가 나오면 저는 고객에게 명상을 해보라고 얘기합니다. 마구마구 튀어나오는 잡생각을 가라앉힐 필요가 있으니까요. 사람들은 마음대로 일이 안 풀릴 때 여러 가지 잡생각을 합니다. 그 생각이 꼬리에 꼬리를 물고 현실과 동떨어진 세상으로 사람을 끌고 갑니다. 나도 모르게 도착한 곳이 과대망상입니다.

좋아하는 여성이 있습니다. 그런데 그 여성이 자꾸 나를 피하다가 어느 날 자기를 보고 살짝 미소짓습니다. 남성은 그 미소에 생각의 풍선을 타고 달나라로 갑니다. 그녀의 미소가 호감의 미소인지 비웃음과 경멸의 미소인지 구분이 안 됩니다. 그냥 좋아하는 여성이 자기에게 미소를 보낸 그 자체가 중요한 거죠. 바로 이 지점이 과대망상역으로 직행할 순간이 됩니다. 자기가 생각을 자유롭게 통제하면 상상력의 힘이 세집니다. 그런데 자기의 생각이 자신을 통제하면 과대망상이 됩니다.

상상은 세상을 밝게 만들지만 과대망상은 우울하게 만듭니다. 병이기 때문에 그렇습니다. 현실에서 벗어난 생각은 다시 현실로 돌아오기 힘듭니다. 매일 환상에 빠져 살면 마약에 중독된 것과 비슷한 증상이 됩니다. 내가 지금 해야 할 일에서 꿈을 만들어 가는 게 아니라 꿈부터 꾸면서 거기에 현실을 맞춥니다. 그러다 보니 세상 사람들은 자기를 인정하지 않고 색안경을 끼고 바라보는데 이를 인지하지 못합니다.

검은색 옷을 입은 한 남성이 황금색 컵들의 유혹에 황홀해하고 있습니다. 7개의 컵 안에는 보석, 월계관, 드래곤, 뱀, 성 등 다양한 유혹의 형상이 펼쳐져 있네요. 이 남성은 이 중에서 무엇을 선택해야 할지 당황스러울 겁니다. 그러나 그 당황이 황홀함과 만족감을 흠집내지는 못합니다. 이 그림은 현실성 없는 환상, 망상의 세계입니다. 마치 40억 원 복권에 당첨된 걸 상상하며 이 돈을 어디에 쓸지 궁리하고 있는 것이나 다름없습니다. 이미 이 사람은 현실에서 한참 벗어나 있습니다. 현실로 다시 돌아오려면 이 망상을 가라앉혀야 합니다. 헛된 생각은 자신의 일상을 파괴하는 법입니다. 매일매일 복권을 산다고 복권 1등에 당첨되는 게 아닙니다. 이 세상 최고의 복권은 현재를 충실하게 사는 것이라고 조언해주세요.

18

Cap 8

"
성과에 집착하지 말고
새로운 도전을 하세요
"

성취감 부족, 실망감, 회피,
탈출욕망

전체적으로 회색빛이라 울적합니다. 상단의 먹구름에서 비가 내리고 중간의 스크린에는 생각이 실타래처럼 꼬인 한 사람의 실루엣이 보입니다. 마치 극장에서 우울한 영화 한 편을 보는 것 같습니다. 왜 저렇게 우울할까요? 아래를 살펴보니 이 사람이 그동안 살면서 쌓아온 모자 8개, 즉 그가 공들인 것들이 보입니다. 그렇게 공들여서 완성한 것을 포기하고 가는 사람의 마음이 오죽하겠습니까. 이 사람은 인생의 참 중요한 터닝포인트에 서 있습니다.

　이 사람이 공들인 것들을 두고 어디 가는 걸까요? 잠시 바람을 피우는 것일 수도 있고, 너무 자신을 피곤하게 하는 세상을 떠나 잠수를 타는 것일 수도 있습니다. 그러나 결국은 돌아옵니다.

모자가 8개니 8일 안으로는 돌아옵니다. 여자친구가 갑자기 연락이 안 됩니다. 그럴 때 이 카드가 나오면 8일 안에 연락이 될 거라고 얘기해도 좋습니다. 제가 이렇게 숫자 리딩을 섞어서 하면 고객들이 놀랍니다. 그래서 루 아카데미 카페에는 그 감탄의 댓글이 넘쳐 납니다. 저야 고마울 따름이죠. 기왕 타로 리딩을 하려면 고객에게 색다른 접근, 남다른 감동을 일으켜 줘야 합니다. 어차피 타로는 사람의 심리를 다루는 겁니다. 팩트가 그 심리를 자극하면, 해석이 그 심리와 손을 잡으면 공감이 폭이 커지는 겁니다.

지금 이 사람은 어디론가 탈출하고 싶습니다. 그런데 창문에 갇혀 있습니다. 고민, 생각이 많고 꼭 담배를 피는 것 같습니다. 고민 탓에, 우울함 때문에 정체된 상태입니다. 아마도 자기가 쌓아놓은 성과보다 지금 당장 이 창문을 탈출하고 싶은 마음이 클 것 같습니다. 저는 이 모자가 참 마음에 듭니다. 제 고객이나 제 카페 회원들에게 이벤트로 이 모자를 선물하고 싶습니다. 강의할 때도 이 모자를 쓰고 해도 좋을 것 같네요. 저도 일탈이 필요하니까요. 제 강의를 수료할 때는 이 모자를 날리면서 다른 세상으로 도약해도 좋을 것 같습니다.

붉은색 옷을 입은 한 남성이 8개의 황금 컵을 뒤로한 채 지광이를 들고 어디론가 가고 있습니다. 저 멀리 보이는 험한 산으로 가는 걸까요? 8개의 컵은 그가 인생에서 가장 많은 공을 들여 쌓은 성과물입니다. 그걸 버려두고 새로운 길을 떠나고 있습니다. 가는 길이 순탄해 보이지 않지만 가고 있네요. 다행히 달빛이 그의 가는 길을 비추고 있습니다. 달님의 얼굴도 온화해 보입니다. 지금 이 사람이 떠나는 게 실패로 보이지는 않습니다. 오로지 자신의 선택입니다. 실망하고 떠나는 것 같은데 깨달음은 얻어갑니다. 사실 그 깨달음이 공들여 쌓은 8개의 황금 컵보다 더 소중하고 큰 것일 수 있습니다. 겉으로 드러난 화려함보다 내면에서 우러나오는 진리를 찾아 떠나는 것일 수 있기 때문입니다. 이 사람의 깨달음은 더 큰 성공을 예감합니다. 현재에 안주하지 않고 계속 도전할 겁니다. 걸어가는 모습이 우울해도 그다음에 만나는 것들에 대해 그렇게 두려워하지 않습니다.

19

Cap 9

Cap 9

> 당신에게서는 자수성가한
> 사람의 여유가 느껴집니다

| 성취감, 자신감, 만족, 성공, 회복

8번 카드를 보다가 이 카드를 보면 분위기 반전이 느껴집니다. 이룰 거다 이룬 사람의 환호가 보입니다. 모자 9개를 하늘에 던지고 있습니다. 이제 홀가분해진 느낌이네요. 마치 졸업식 때 사각모를 던지는 그런 분위기입니다. 하늘에 모자만 날리는 게 아니라 돈도 막 날리고 있습니다. 돈에 대해 초월한 것 같기도 하고 돈이 너무 많아서 자랑하는 것 같기도 합니다. 물질에 대한 성취감이 최고조입니다. 본인의 능력이 만개하고 꽃을 피운 상태입니다.

모자가 9개이니 9가지 감정을 가졌습니다. 감정이 참 풍부한 사람입니다. 돈도 많고 모든 것이 만족스러운 상태입니다. 그렇게 노력하지 않았는데도 행운도 따르는 사람입니다. 우리가 흔히 말하는 '복이 많은 사람'입니다. 자기의 노력으로 이룬 성취도 있고 행운으로 손에 쥔 것도 있습니다. 어쨌든 인생이 순탄하게 풀리고 있으니 어깨가 올라가고 삶의 자세가 위풍당당합니다. 자기 힘으로 이룬 게 많다고 생각할 때는 나름 고집스러운 부분도 있을 겁니다. 그럼에도 거만함이 느껴지지는 않습니다.

그러고 보니 이 사람이 입은 옷이 졸업생 느낌이네요. 한 단계의 성과를 마무리하고 새로운 도전을 합니다. 이 사람은 정신적, 육체적으로 가장 행복한 시기를 걸어가고 있습니다. 물질적으로 안정되니 마음의 여유도 생깁니다. 지금까지 사는 게 힘들었던 사람이라면 이 카드가 나온 이후로는 탄탄대로의 삶이 펼쳐질 겁니다. 연애에서도 그동안 고민과 아픔이 많았다면 이제는 걱정을 내려놓고 알콩달콩 재미있는 삶을 살 것 같습니다. 걱정이 9가지나 있던 사람이라면 이제는 훨훨 그 걱정을 날려도 좋을 것 같습니다. 좋은 복 9가지가 몰려들 겁니다. 사람 간의 관계를 나타내는 컵이기에 그동안 얽히고설킨 인간관계가 잘 풀릴 겁니다. 마음 졸이며 상사 눈치 보고 아랫사람 눈치 보고 살았다면 이제부터는 자신감을 가지고 당당히 살아도 좋을 것 같습니다. 주변에 모든 사람이 당신이 이룬 업적, 당신의 능력에 대해 부러운 시선을 보낼 겁니다.

자수성가한 사람이 나무 의자에 앉아 있습니다. 나무 의자를 보니 귀족 출신은 아닌 것 같습니다. 그러나 돈이나 풍요로운 모든 것을 다 가진 사람이라 표정에서도 만족스러워 보입니다. 50대 초반의 부동산 재벌일까요? 팔짱을 끼고 있는 걸 보니 굉장히 당당합니다. 이 사람은 물질적으로 정신적으로 아주 풍요롭고 안정된 상태입니다. 이 사람 스스로의 힘으로 원하던 모든 것을 이루었습니다. 많은 것을 가졌지만 쉴 수는 없습니다. 부동산 재벌이 쉬는 걸 보셨나요? 집 한 채를 가졌다면 두 채, 세 채 욕심이 날 겁니다. 보통은 돈 없는 사람이 쉽니다. 9라는 숫자는 감정적으로 완성된 상태를 의미합니다. 그의 뒤편에 가지런히 놓여 있는 9개의 컵은 그가 이루어낸 성과물입니다. 이 사람보다 더 가진 사람 입장에서는 한 수 아래로 보이겠지만 지금 이 사람은 그 누구의 평가, 비교에도 아랑곳하지 않고 자기만의 만족을 즐기고 있습니다.

20

Cap 10

"
당신의 인간관계에는 사랑과
배려의 무지개가 떠 있습니다
"

| 노력, 성공, 성취감, 평화,
| 행복, 화목한

화목한 가족의 모습이 보이네요. 이 가족을 비둘기가 떠받들고 있고요. 비둘기는 평화의 상징으로써, 그 뜻만 보아도 이 가족은 '행복하고 편안한 상태'라는 것을 알 수 있습니다. 현재의 상태도 그러하지만 결혼한다면 미래에 이런 가정을 꾸릴 수 있다는 것을 의미합니다.

그리고 꼭 가정뿐만 아니라 미래의 직장이나 비즈니스와 관련된 모든 협상이나 사업이 순조롭게 순탄하게 잘 이루어진다고도 볼 수 있습니다. 다만, 이 카드는 금전의 좋은 기운보다는 주변 사람들과 돈독한 감정을 나누고 대인관계에서 무리 없이 좋은 관계를 유지하거나 유지할 수 있다는 카드로 해석하는 것이 좋습니다.

예를 들어, 우리 가족은 매일매일 고기반찬이 밥상에 올라오지 않더라도 '건강하고 서로 위해주며 살아가는 마음 부자 가족'이다. 이런 의미를 담고 있습니다. 회사의 경우 어느 조직이나 사람들이 모여 있는 곳에서는 대립이나 충돌이 있기 마련인데 이 카드는 그런 갈등조차도 술술 풀리게 하는 힘이 있습니다.

모자 10개는 완벽한 감정의 완성입니다. '엄마, 아빠, 아이의 머리색이 다르다'라는 것은 각자가 지닌 성격과 성향이 다르다는 것을 의미하기도 하지만 이 다름조차 화합과 화목으로 이루어집니다. 이 카드를 뽑았다면 '감정적인 부분에서 이보다 더 좋을 수 없다'고 해석하면 100점짜리가 되겠네요.

컵 10은 화목한 가정을 상징합니다. 엄마와 아빠는 두 팔을 벌려 눈 앞에 펼쳐진 그림 같은 미래를 반기고 있습니다. 두 아이는 기뻐서 춤을 추고 있네요. 컵 10개는 이들의 머리 위에 무지개처럼 펼쳐져 있습니다. 아이들 머리 위 저 건너편에는 빨간 지붕의 예쁜 집이 보입니다. 언덕에서 물도 흘러 내려오고 있는데요. 물은 풍요를 상징합니다. 이 카드는 수트의 10번 카드 중에서 가장 큰 행복과 만족을 보여줍니다. 물질적 풍요를 나타내는 펜타클 10번 보다 감정적으로는 더 풍요롭고 만족스러운 상태입니다.

이 부부는 도시가 아니라 전원에서 넓은 땅을 가지고 여유롭게 살아갑니다. 모든 것이 충만하고 평화로운 상태를 보여주네요. 가족이나 공동체 구성원은 있는 그대로의 모습으로 서로를 존중하고 인정할 겁니다. 지금까지 쌓아온 유대관계 역시 더욱 단단해질 겁니다. 하늘 위의 무지개는 희망과 꿈이 실현되는 이상적인 모습입니다.

21

Ace of Swords

> 66
> 당신은 피도 눈물도
> 없는 사람이에요
> 99

새로운 시작, 개척,
역경 속의 힘,
주도권, 힘, 세력, 활동

국화에 잎이 달렸고 칼 위 손잡이에 국화가 있습니다. 새로운 시장을 개척하러 갑니다. 칼을 들고 뭔가 무찌르러 갑니다. 보통 소드들은 약간 냉정하고 이성적인 느낌으로, 다시 말해 냉철하고 결단력이 있고 차갑습니다. 칼은 아픔입니다. 이 카드가 많이 나오면 나올수록 그렇게 좋지는 않습니다. 이 카드는 '에이스 오브 소드'인데 에이스 카드들은 다 신의 은총입니다. 펜타클이든, 컵이든 에이스, 즉 첫 번째 카드를 뽑았을 때는 '뭔가 결단한다'는 의미라고 보면 됩니다.

이 그림에는 웨이트 카드의 왕관 대시에 왜 국화를 썼을까요? 너무 차갑고 위엄이 있는 이미지를 완화하여 조금 부드럽게 표현하기 위함입니다. 손으로 칼을 위에서 누르고 있는데, 이것은 끓어오르는 욕망을 절제하고 억제하는 겁니다. 너무 칼 같은 사람 옆에는 사람이 적습니다.

소드는 전체가 다 칼 같은 사람들입니다. 냉정하고 차가우면서 피도 눈물도 없는 분위기가 소드에 흐릅니다. 반면에 컵은 좀 따뜻하고 포근합니다. 소드들은 공기를 별로 안 좋아합니다. 공기 성향이 떠돌아다니는 건데, 소드는 자유로운 걸 인정하지 않습니다. 굉장히 논리적이고 이성적이며 융통성이 없습니다. 이공계 계통의 계산에 철저한 사람들이 이런 부류일 겁니다. 인간적인 따뜻한 면은 부족하지만 반면에 추진력과 목표 달성은 강한 사람들입니다.

그림에는 산이 굴곡이 있고 산 높이도 높고 가야 할 길도 좀 험난해 보입니다. 3개의 산이 보이는데, 이 숫자 3은 리딩할 때 유용한 도구가 됩니다. 손등은 보이는데 손바닥이 안 보이는 그림으로 이건 인간관계에서 속내를 알 수 없다는 뜻입니다. 에이스 오브 소드의 역방향을 굳이 얘기한다면 부정적인 것들, 즉 냉정하고 차가우며 난관이나 어려움도 있어 보인다는 정도일 겁니다.

에이스는 신의 은총인데 뭔가 결단하지만 역경이 있을 것이고 그 역경 속에서 결실의 꽃이 피어날 겁니다. 역경 속에서 피어나는 꽃을 상징하기에 그림에 왕관 대신 꽃을 그렸습니다. 국화는 장례식장에서 많이 보이는 꽃인데 죽음을 상징합니다. 죽음은 새로운 시작일 수 있습니다. 과거를 죽이고 새롭게 피어나는 겁니다. 환생이나 전환점 정도로 생각할 수 있습니다. 자기 앞의 굴곡, 난관을 헤쳐 나가서 새로운 것에 도전합니다. 손톱이 하얀색인 것은 순결함을 상징합니다. 처음 시작하는 사람의 순수한 열정을 나타낼 수 있습니다. 때 묻지 않은 느낌이라고 할까요. 그런데 시간이 지날수록 때가 묻을 겁니다. 지금은 신의 은총을 받아 순수함을 유지할 뿐입니다. 하얀색은 차가운 이미지입니다. 소드가 전체적으로 냉정하고 차가운 느낌인데, 그중에서도 하얀색은 그런 성향이 강한 것이지요.

구름 속에서 손이 하나 툭 튀어나와서 칼을 잡고 있습니다. 칼은 금빛 왕관을 관통하고 왕관 좌우에는 승리의 상징인 야자수 나뭇잎과 평화의 상징인 올리브 나뭇잎이 보입니다. 왕관을 뚫은 건 시련을 뚫고 승리를 쟁취한다는 의미입니다.

칼을 잡은 손이 시체처럼 하얗습니다. 손잡이 부분에는 노란색 히브리 문자인 요드 6개가 있고 손 밑에는 역경을 의미하는 산자락이 펼쳐져 있습니다. 에이스 카드 4개 중에서 소드 카드가 제일 메마르고 험난해 보입니다. 지혜, 직관, 현실, 직시, 판단, 집중, 이성, 냉철, 분석 등이 키워드입니다.

Swords 2

> " 충고하지 마세요.
> 내 마음 가는대로 할 거에요 "

불확실한, 상쇄, 견고함,
막다른 궁지, 망설임,
대화 필요(현실을 보지 않으려 함)

이러지도 저러지도 못하고 갈등을 겪는 상황입니다. 딱 보면 칼 2개가 겹쳐 있습니다. 불가, 금지를 의미하는 ×일 수도 있고요. 막다른 골목이라는 느낌도 듭니다. 뭔가 불투명하고 답답한 상황임을 알 수 있습니다. 여성이 어떤 희망을 품고 뭔가를 바라보다가 눈이 가려져 버렸습니다. 입은 뭔가 얘기하려고 하는 듯 살짝 벌어져 있네요. 생각은 많은 것 같은데 온통 근심투성이입니다. 눈이 가려져 있다는 것은 현실을 보고 싶지 않다는 얘기입니다. 현실을 부정하고 자기 생각에 갇혀 있습니다. 타협과 협상이 어렵습니다. 오로지 자기 고집, 자기 길로만 갑니다.

어떻게 보면 궁지에 몰린 상황일 지도 모릅니다. 어떻게 해야 할지 판단이 안 서는데 궁지에 몰려서 더 망설이고 있는 것이지요. 고민의 상황이기는 하지만 자기 생각을 버리지는 않습니다. 결국은 자기 고집대로 갈 겁니다. 가만히 그림을 살펴보면 방어적인 느낌도 보입니다. 누구도 가까이 오지 말라고 합니다. 즉, 자기방어의 성격이 강합니다. 본인은 어떻게든 해보려고 하는 의지는 좀 있지만 마음이 잘 안 움직여집니다. 우유부단한 성격의 사람일 수도 있습니다. 뻔히 진실이 보여도 외면합니다. 그러다 보니 지금의 상황을 점점 유지하기 힘듭니다.

카드리딩은 어차피 그림을 보고 상징성을 찾고 해석을 잘 해내는 게 중요합니다. 같은 그림이라도 해석을 줄줄 뽑아내는 사람이 있고 그렇지 못한 이가 있는데, 그 차이는 상징성을 발견하고 연결하는 힘이 있느냐의 차이입니다. 결국 해석을 잘하는 사람이 리딩도 잘합니다. 이 그림에서도 색깔만으로도 해석해 낼 수 있습니다. 빨간색과 파란색, 행동하려는 열정과 좀 참으라는 냉정함이 서로 싸우고 갈등을 빚습니다. 이성과 감성이 다툽니다. 차가운 마음이 따뜻한 마음을 밀고 올라갑니다. 그림을 보면서 느끼는 직관이 해석으로 이어지면 됩니다. 하나의 그림을 가지고 여러 해석을 해낼 수 있어야 다양한 상황의 상담에 대처할 수 있습니다.

바다 위에 달이 떠 있는 걸 보니 밤입니다. 그런데 여성은 눈을 가리고 있네요. 시각적으로 어떤 선택을 하기 힘든 상황입니다. 밤 하늘과 달은 자신의 내면에서 그 답을 찾으라는 신호입니다.

이럴 때는 자신의 직관이 떠오를 때까지 참을성 있게 기다려야 합니다. 칼을 들고 있는 자세를 보니 가슴 앞에서 ×자로 교차하여 뭔가 방어적인 자세를 취하고 있습니다. 바다를 보니 험한 바위가 보이고 저 끝에 육지가 보입니다. 육지라는 목표에 이르려면 참 험난한 과정을 거쳐야 하는 걸 의미합니다. 그나마 다행인 것은 그녀의 손이 묶여있지는 않다는 점입니다. 손이 자유롭다는 것은 눈가리개를 스스로의 힘으로 벗어 던질 수 있음을 의미합니다. 그녀는 언제든지 진실과 대면할 수 있는 상황입니다.

23

Swords 3

Swords 3

> 66
> 지금 만나는 사람과의
> 관계를 정리하세요
> 99

| 대립, 이별, 손해, 손실,
| 제거, 분산, 실망, 슬픔

심장을 세 번이나 찔렸습니다. 상처 있는 곳에 또 상처가 생겼습니다. 반복된 상처는 많이 아프죠. 심장을 세 번이나 찔렸는데 여전히 빨간색인 걸 보니 아직 심장은 뛰고 있습니다. 심장이 죽었다면 색깔이 거무튀튀해질 겁니다. 3번 소드는 상처, 슬픔, 트라우마를 보여줍니다. 사람을 만나면서 상처를 받는 사람이 참 많습니다. 그렇다고 사람을 안 만날 수도 없습니다. 이 카드는 실연, 아픔, 이별로 해석하면 됩니다.

만약 사업을 하려는 사람이 이 카드를 뽑았다면 잠시 보류하라고 얘기하세요. 당장 사업을 시작하면 손해 볼 가능성이 큽니다. 이 카드를 뽑고 결혼이나 연애를 상담한다면 역시 말려야 합니다. "지금 만나는 사람하고 연애를 해도 될까요?"라는 질문을 받으면 '서로 사랑하는 마음은 있으시지만 잦은 다툼으로 금방 헤어질 것 같다'고 얘기하시면 됩니다. "그래도 조금은 맞는 것 같은데 만나보면 안 될까요?"라고 묻는 고객이 종종 있습니다. 그럼 정확한 숫자를 제시해 주세요. 소드 3번, 칼이 3자루이니 3달 정도로 한정하면 좋을 것 같습니다.

3달 동안 말 그대로 지지고 볶고 싸우다가 헤어질 겁니다. 그렇게 힘든 사랑을 굳이 할 필요가 있느냐는 거죠. 서로 상처를 주고, 상처받은 곳에 또 상처를 줍니다. 그렇게 서로를 힘들게 하지 말고 3달 시간을 두고 잠시 만남을 보류합니다. 생각의 시간을 갖는 거죠. 석 달 후에도 계속 만나야 할 것 같다는 확신이 들면 다시 사귀는 겁니다.

이 카드는 크게 싸우는 것을 의미합니다. 결혼한 사이라면 이혼 얘기까지 나오고, 연애하는 사이라면 그냥 싸움이 아니라 천둥·번개가 치는 큰 싸움이 됩니다. 타로 리딩에서 숫자는 꽤 설득력이 있습니다. 숫자로 해결 방법을 제시하면 고객은 신뢰를 갖습니다. 이때 3년이라는 숫자는 너무 멀게 느껴지니 3달이 적당합니다. 만약에 3년 후에 연애하시라고 말하면 발길을 돌리거나 전화를 끊을 겁니다. "에라이, 내가 이러려고 타로 봤냐?" 하면서 화를 낼지도 모릅니다.

"연애는 언제 하게 될까요?"라고 묻는 건 사실 '연애를 하고 싶다'는 이야기입니다. 연애도 자주 해본 사람이 잘하고, 잘 생기고 예쁜 사람들이 오히려 연애를 못 하기도 합니다. 공주처럼 산 사람은 남성에 대한 벽이 있을 수 있습니다. 그런 직관도 리딩에 도움이 됩니다. 자기가 그냥 가만히 있는데 사람들이 꼬이는 이들도 있습니다. 그걸 도화살이라고 합니다. 묘한 매력이 있는 사람이죠. 연애에 관해 묻는 사람이 있다면 그에게 도화살이 있는지도 살펴보아야 합니다.

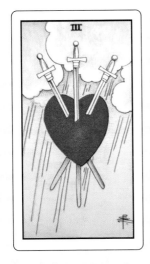

웨이트 카드에는 비도 오고 구름도 껴 있으며 천둥·번개가 그대로 표현되어 있습니다. 뭔가 큰 싸움이 벌어진다는 의미입니다. 슬픔과 상처가 그대로 느껴집니다. 심장을 찌르는 고통이지만 아직 살아 있는 심장입니다. 이 카드는 피할 수 없는 시련, 정신적 육체적 시련을 상징합니다. '이혼, 파혼, 별거' 등이 키워드일 겁니다. 금전에 대해서는 수입을 늘리기보다 지출을 줄여야 하는 상황입니다. 이런 카드가 나왔을 때는 당신에게 해가 되는 사람은 과감히 떠나보내는 게 좋습니다. 심장이 죽지 않은 것은 아직 희망이 있다는 얘기이니 현재의 고통을 잘 이겨내면 새로운 시작을 기대해도 됩니다.

24

Swords 4

> ❝
> 지금은 아무것도 하지 말고
> 쉬시기 바랍니다
> ❞

| 휴식, 중단, 버림, 보호,
| 칩거, 피로

칼 3개는 세로 방향으로 놓여 있고 칼 한 개는 가로 방향으로 놓여 있네요. 가로 방향의 칼은 '잠시 휴전'이라는 의미입니다. 가운데 빨간 머리 여성도 쉬는 포즈를 취하고 있습니다. 너무 힘들어서 진이 다 빠진 상황입니다. 인생에 있어서 이 보다 힘든 시기는 없을 정도의 고통스러운 상태입니다. 한고비를 넘기기는 했는데 녹초가 되었습니다. '아픔도 다 끝났다, 너와의 관계도 다 끝났다' 그런 느낌입니다. 너무 아픈 관계가 종료되면 이제 밝은 미래가 옵니다. 밤이 지나면 곧 새벽이 밝아 오듯이 말이죠. 이제 더 이상의 아픔은 없습니다. 그러니 잠시 에너지 충전의 시간을 가져야 합니다.

소드의 모든 카드는 칼이 있다 보니 안 좋습니다. 그런데 이 카드만큼은 유일하게 평화롭고 편안합니다. 카드가 "나 좀 쉬고 싶어"라고 말하고 있네요. 마치 거친 전투를 하다가 지쳐서 돌아와 쉬는 것 같은 분위기입니다. 달은 '차분함, 감성, 휴식'을 상징하는데 칼 사이에 달이 있고 달 안에서 한 여성이 편하게 쉬고 있습니다. 빨간 머리는 열정적으로 하루를 보낸 걸 나타냅니다. 머리가 늘어져 있는 걸 보니 모든 에너지가 늘어진 걸 의미합니다.

칼이 가로로 가로질러 있는 건 모든 전투, 전쟁, 싸움, 불화가 중단된 상태를 말합니다. 더는 서로 공격하지 말고 휴전하자는 거죠. 만약 부부 싸움이 벌어지는 상황이라면 잠시 싸움을 멈추는 게 좋습니다. 연애라 하더라도 서로 다툼이 있다면 쉬어갈 타이밍입니다.

사업도 마찬가지입니다. 상대를 공격해서 내가 이겨야 하는 경쟁의 구도라면 그 역시 잠시 멈추는 게 좋습니다. 이 카드는 모든 싸움을 멈추라고 얘기합니다. "요즘 남자친구가 이상해요. 왜 그런가요? 제가 어떻게 해야 하나요?" 이 카드를 뽑고 이런 질문을 받았다면 그냥 남자친구를 내버려 두라고 말하고 싶습니다. 남자친구는 지금 굉장히 스트레스가 많은 상태라고 덧붙일 거고요. 소드 4번 카드는 치유와 휴식을 상징합니다. 그러므로 한발 물러나서 명상이 필요한 시기이지요. 달은 차분한 기운입니다. 바탕의 녹색은 평화를 상징하고 일보 후퇴를 의미합니다. 그러므로 지금 거의 녹초 상태, 피로가 극심한 상태이기 때문에 절대 휴식이 필요합니다.

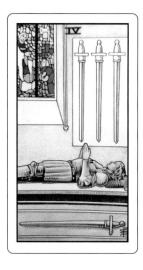

전투를 치른 기사가 관 위에 기도하는 포즈로 누워 있네요. 왼쪽 상단의 벽에는 성당에서 볼 수 있는 은총의 스테인드글라스가 보이고 그 오른쪽에는 전투에서 사용했던 칼 3자루가 세로로 놓여 있습니다. 나머지 칼 하나는 자신의 옆에 같은 포즈로 누워 있고요. 주인공은 전쟁 같은 일상에서 잠시 벗어나서 치유를 위한 휴식을 취하는 중입니다. 이 카드가 나오면 모든 활동을 잠시 멈추고 쉬는 게 좋습니다. 기다리던 결과도 바로 나오지 않으니 마음 편하게 휴식을 취하세요. 관은 왜 나왔을까요? 유럽의 기사들은 전투에 임하기 전에 자신의 관을 마련해 두는 관습이 있다고 합니다. 기사가 전투에서 살아 돌아오면 그 관 위에 누워 명상한다고 하네요.

25

Swords 5

Swords 5

> ❝
> 누군가에게 사기를 당할
> 가능성이 큽니다
> ❞

배신, 경쟁, 다툼,
패배, 적, 불명예

칼이 많이 찔려 있는 잔인한 장면입니다. 참 힘겨운 전쟁을 치르고 본인
도 상처를 입었지만 그 전쟁에서 이겼습니다. 이겨서 좋긴 하지만 사실
은 중상모략입니다. 아주 비겁한 행동으로 이겨낸 결과입니다. 예를 들
면 승진하고 싶어 아부하고 뇌물을 주는 등 실력 이외의 일을 합니다.
해서는 안 되는 일을 한 거죠. 두 손에는 남의 칼 두 자루를 쥐고 있습
니다. 남의 것을 들고 있다는 것이 바로 중상모략입니다. 자신의 몸에
는 칼 3개가 찔려 있습니다. 앞에 한 개, 뒤에 2개네요. 3은 신령스러우
면서도 완성의 숫자입니다. 앞부분의 칼이 제대로 안 보이는 것, 그것이
바로 음흉함을 상징합니다. 앞부분의 칼은 가슴, 즉 마음까지 찔린 겁니

다. 배신당한 상황일 수도 있습니다.

우리의 주인공은 다른 건 눈에 안 보입니다. 오로지 이길 생각 말고는 없습니다. 자신이 이기기 위해서 상대가 어떤 상처, 어떤 손해를 입을지는 고려하지 않습니다. 먼 미래를 보는 사람이 아니고 그저 눈앞의 이익만 생각합니다. 이기긴 이겼는데 이긴 게 아닙니다. 겉으로는 이긴 것으로 보이지만 모두가 진 게임입니다. 하늘의 분위기는 우중충하고 우울합니다. 승리의 기쁨을 누릴만한 분위기가 아닙니다. 즉, 하늘이 인정하는 승리가 아닙니다. 우리의 인간관계가 이럴 수도 있습니다. 오로지 나만 챙기고 보는, 오로지 나만 이득을 보려는 자기중심적 사고가 이 그림에 담겨 있습니다. 이기고 챙기려는 목적 때문에 자신이 어떤 상처를 받았는지 깨닫지 못합니다. 그러다 그 상처가 곪아서 죽어갑니다. 그러다 보니 결국 이겼지만 진 게임이 되는 겁니다.

노란색 옷은 황금, 돈, 재물을, 피는 희생을 상징합니다. 들판은 전쟁터이고 우리네 인생을 상징합니다. 이 카드는 타인을 억압하거나 지나치게 경쟁심이 강한 사람을 보여주며 역방향이나 정방향이나 다 나쁩니다. 그림에는 피를 흘리는 주인공 혼자만 남아 있습니다. 승리한 사람인데 참 외로워 보입니다. 기쁨과 환희가 전혀 보이지 않습니다.

웨이트 카드에는 인물의 표정이 더 생생합니다. 야비하게 승리한 자의 표정이 보입니다. 자신의 칼이 아닌 패배자의 칼 다섯 자루를 모으며 미소짓고 있습니다. 마치 조롱하는 표정 같습니다. 하늘의 회색 구름은 승리자가 아닌 패배자의 마음을 대변합니다. 하늘도 승리자의 편은 아닌 것 같네요. 부정한 방법으로 승리를 쟁취한 자에게 보내는 경고의 카드입니다. 이 카드를 뽑으면 사기를 치거나 당한 가능성이 큽니다. 희생을 당하거나 가지고 있는 모든 것을 뺏길 가능성이 있습니다. 이 카드가 그려내는 모습은 조금은 불공평하고 잔인합니다. 우리의 현실처럼 승자와 패자의 이분법으로 정확하게 구분된 상황입니다. 이 카드의 상징은 자신이 누군가를 괴롭힐 수도 있고 누군가로부터 괴롭힘을 당할 수도 있음을 다 보여줍니다. 괴롭힘, 억압, 사기의 상황에서 감정조절을 잘해야 함을 권고합니다.

26

Swords 6

"
목표를 향해 인내하고
꾸준히 걸어가세요
"

힘든 이동, 중심을 잡아야 하는,
고집센 시도, 근심 뒤 성공(오르막 다음 내리막)

칼을 손수레에 싣고 언덕을 오릅니다. 무기를 잔뜩 짊어지고 자신의 목표를 향해 올라갑니다. 6개의 칼 중에 한 개는 떨어지려고 합니다. 자신의 무기 중에 1~2개는 자기 마음대로 안 되는 겁니다. 힘들게 오르막길을 가고 있습니다. 이동수는 있는데 쉽지 않습니다. 땅이 기울어져 있다는 건 불공평하다는 겁니다. 무겁고 힘들지만 계속 올라가야 합니다. 중간에 멈추고 다른 길을 갈 수도 있는데 고집스럽게 올라갑니다. 꿋꿋하게 자기 스타일을 유지하는 사람입니다. 근심스러운 상황이지만 이 고비만 넘기면 성공이 온다는 걸 잘 압니다. 곧 내리막이 올 겁니다. 칼이 하나 떨어지는 건 자기가 가진 것 중에 하나를 잃어버릴 수 있다는 얘기입니다. 손실을 의미하지요.

어쨌든 보기에는 힘들어 보이는 상황이지만 희망은 있습니다. 오르막 이라는 끝도 없이 이어지지는 않으니까요. 밤이 깊어도 새벽은 오고야 맙니다. '고진감래苦盡甘來'라는 게 이런 것이겠지요. 인생이 그렇지요. 조금 힘들다고 포기하면 그다음 얻을 게 별로 없습니다. 저 사람처럼 꿋꿋하게 올라가야 합니다. 최소한 다리 근육 탄탄해지는 정도는 건집니다. 손수레라는 이동 수단도 그렇게 훌륭해 보이지는 않습니다. 손수레의 힘을 빌리지만 결국은 자기 힘으로 목표를 향해 갑니다. 저 사람이 뒤돌아서기만 하면 내리막입니다. 반전의 묘수가 있을 수 있습니다.

주인공이 입고 있는 옷 색깔은 파란색입니다. 바지는 빨간색입니다. 뭔가 대립과 조화가 공존합니다. 맞서지만 같이 가야 하고 갈등이 있지만 어쨌든 함께 가야 합니다. 파란색은 차분하라고 하고, 빨간색은 조금 더 행동하라고 합니다. 그 사이의 완충작용이 필요합니다. 그래도 파란색의 차분함이 더 강합니다. 신발 색도 파란색이다 보니 그렇게 경거망동할 것 같지는 않습니다. 차분하게 자기 목표를 향해 걸어가는 스타일을 보여줍니다.

여성이 어디론가 아이와 함께 떠나가고 있습니다. 노를 젓는 사람은 조력자입니다. 이혼소송이 걸려 있는 상황일 수도 있고요, 그렇게 보면 뱃사공은 남편이 아니라 변호사 정도가 될 겁니다. 아니면 내연의 남성일 수 있습니다. 이혼 소송 중이라면 6달 정도의 시간을 이야기하면 좋을 것 같습니다. 배 위에는 고난과 상처를 상징하는 6개의 칼이 실려 있습니다. 배 오른편 강물은 거칠게 출렁이지만 왼쪽 강물은 잔잔합니다. 현재는 고난의 상황이지만 앞으로는 편안한 일들이 생길 겁니다. 지금 떠나는 것도 걱정과 근심에서 벗어난 안정된 세계로의 여행입니다. 뭔가 희망을 품고 떠나가는 것이니 지금만 잘 참으면 됩니다. 뭔가 섣불리 결정하지 말고 참고 인내하도록 조언합니다. 잘못 선택하면 해결 불가능한 사면초가의 상황에 빠질 수도 있으니까요. 이 카드를 뽑으면 뭔가 중요한 변화의 시기가 다가왔음을 예측할 수 있습니다.

27

Swords 7

> "
> 주변에 배신자가 있으니
> 조심하세요
> "

스파이, 부분적 성공, 미련(2개의 칼)
새로운 계획(다른 곳으로 이동)
위험한 혹은 짜릿한 계획

이 카드는 전체적으로 보라색 톤입니다. 보라색은 귀족의 색상이라고도 하지만 정신이상자의 색이라고도 합니다. 소위 말하는 또라이 기질을 '똘끼'라고 합니다. 뭔가 평범하지 않은 이들입니다. 소드 7번은 배신자 카드입니다. 칼 5개를 들고 도망가고 있는데, 이 여성의 모습을 보면발은 반쯤 밖으로 나가 있고 머리는 아직 안쪽에 있습니다. 아…. 안쪽에아직 칼 2자루가 남아 있네요. 그것마저 욕심이 나는 걸까요?

조금 얄미운 캐릭터 같습니다. 배신자는 어느 시대나 다 있습니다. 구석기 시대에도 돌도끼로 친구 뒤통수를 칠 정도로 배신은 인간이 탄생하면서 계속 발생한 일입니다. 아마도 개인적인 욕심의 정도가 지나치기 때문입니다. 자기 것을 더 챙기고 싶은 마음이 배신을 부르는 거겠죠. 지금 이 여성은 크게 열린 문으로 나가는 게 아니라 마름모꼴의 좁은 문을 통해 나갑니다. 당당히 나가는 것 같지는 않고 은밀하게, 몰래 몸이 빠져나가는 느낌입니다. 배신한다면 당당할 수 없겠죠. 이 여성은 과거에 누군가를 홀렸을 가능성이 큽니다.

뭔가 짜릿하고 은밀한 계획이 있을 겁니다. 아주 위험한 계획입니다. 걸리면 모든 걸 망칠 수도 있습니다. 5개의 칼은 가지고 나가지만 남아 있는 중요한 2개의 칼은 미처 가지고 나오지 못했습니다. 2개의 칼은 미련을 의미하고, 미련이 있으니 뒤를 돌아볼 겁니다. 얼굴이 남아 있는 칼 2개를 보고 있습니다. 어떤 고객이 "떠나간 애인이 아직 저에게 미련이 있는 것 같나요?"라고 질문했는데, 이 카드가 나왔다면 아직 미련이 있는 것 같다고 리딩하시면 됩니다.

만약 사업을 하는 분이 이 카드를 뽑았다면 주변에 배신자가 있을 수 있으니 조심하라고 조언하세요. 동업하는 상황이라면 당분간 미루라고 말씀하세요. 이직이나 이사 등 이동 수도 있지만 그것 역시 조금 조심하는 게 좋습니다. 리딩의 멘트는 신중하고 긍정적이어야 합니다. 고객이 사기 칠 생각이 보이더라도 대 놓고 "고객님이 곧 사기칠 것 같습니다"라고 얘기하면 안 됩니다. 우리의 리딩은 사람을 살리는 일이기 때문에 더욱 조심해야 합니다.

이 카드 역시 남성의 몸과 머리가 따로 놉니다. 몸은 나가고 있는데 마음은 칼 2자루에 가 있네요. 뭔가 모순되고 불안전한 상황입니다. 까치발을 하고서는 소리 내지 않고 은밀하게 빠져나가는 중입니다. 얼굴 표정을 보니 웃고 있습니다. 5개의 칼을 도둑질하는 데 성공했다는 얘기입니다. 모자와 신발의 빨간색은 뭔가 부도덕한 일을 저지르고 있음을 상징합니다. 천막들은 자기가 머물던 근거지, 자기가 일하던 곳입니다. 회사 기밀을 들고 어딘가 몰래 가는 상황입니다. 이래서 사람을 잘 뽑아야 합니다. 기껏 일을 어느 정도 하게 훈련이 되면 싹 퇴사해버리는 이들이 있습니다. 심지어는 뒤통수를 치기도 하지요. 인성이 중요한 겁니다. 가게를 창업하더라도 아르바이트생을 잘 써야 합니다.

28

Swords 8

> "
> 당신은 지금 사면초가의
> 상황에 빠져 있네요
> "

| 감금, 구속, 덫, 고립,
| 미동 없는, 갈등

칼들이 얽히고설켜 있는 모습입니다. 감금된 느낌으로 빠져나갈 구멍이 없어 보입니다. 꽉 막혀 있고 칼로 다 갇혀서 고립되었습니다. 그나마 희망적인 것은 가운데 칼 자체가 어두운 느낌이 아니라는 겁니다. 제일 큰 칼은 막힌 상황을 뚫고 나올 가능성을 상징합니다.

근데 가만히 보면 다른 칼들은 다 멀쩡한데 가운데 큰 칼만 약간 녹이 슬고 어딘가 흠이 많습니다. 혼자서 상처를 다 짊어지고 있어서 칼 역할을 못 하는 것 같습니다. 그런데 가운데 칼이 그 희생을 감내하며 틈을 열어줍니다. 이런 카드는 가족 간의 갈등을 의미하기도 합니다.

사람은 누구나 갈등을 겪습니다. 그 갈등을 현명하게 풀어야 사이가 좋아집니다. 우리는 살면서 병이 되는 사람, 약이 되는 사람을 두루두루 만납니다. 이 카드를 뽑으면 그사람 주변이 병에 들게 하는 이들을 조심하라고 얘기해 주세요. 병이 든 사람, 병에 들게 하는 사람들은 주변 사람들을 힘들게 합니다. 주변에 있는 칼들을 보세요. 칼이 다 멀쩡해 보입니다. 그런데 살면서 멀쩡해 보이는 사람들이 멀쩡하지 않은 경우가 참 많습니다. 가운데에 있는 흠집 많은 칼이 오히려 멀쩡해 보입니다.

이 카드는 사면초가의 상황을 상징합니다. 꼼짝달싹 못하는 곤란한 처지에 놓여 있을 수 있습니다. 이런 때는 내가 빠져나오려고 몸부림치면 칠수록 더 힘들어지게 됩니다. 오히려 주변에 갈등을 만든 사람이 갈등을 푸는 예도 있고요. 내가 뭔가 해결하려고 움직이기보다는 차분히 사태를 관망하며 기다리다 보면 다른 요인으로 문제가 해결될 가능성도 있습니다. 남녀 사이의 갈등 역시 잠시 시간을 두고 서로를 생각하면 됩니다.

그러다 보면 스스로 욱하는 감정에 잘못 판단했다고 하는 반성의 시간이 찾아옵니다. 이 카드는 이런 상황을 얘기해 줍니다. 바탕색인 녹색은 생명과 희망을 의미합니다. 갈등은 있지만 해결할 방법이 없는 건 아닙니다. 세상 문제라는 게 다 그렇지요. 아예 꽉 막히거나 해답이 없는 일은 거의 없습니다. 잘 찾아보면 문제 해결의 실마리는 나오게 되어 있습니다.

묶여있는 여성의 등 뒤에 칼 8자루가 꽂혀 있습니다. 이 사람은 완전히 갇혀 있는 것 같지만 밧줄이 약하게 묶여있어서 자기가 마음만 먹으면 풀려 나올 수 있습니다. 그런데 본인이 나올 생각이 없네요. 눈은 가려 있고 손발은 묶여 있지만 그녀의 앞길은 막혀 있지 않습니다. 그녀가 입은 옷의 색상은 빨간색입니다. 이 난국을 헤쳐 갈 열정과 에너지가 충분한 상황입니다. 그러나 어디 세상일이 자기 힘으로만 되나요? 주변에 그녀를 도와줄 사람이 있어야 하는데 안타깝게도 그런 이들이 보이지 않습니다. 생명력은 있지만 혼자 힘으로 헤쳐 나가기에 조금은 버거워 보입니다. 포로가 되고 구속이 되어서 자기 자신에게 선택권이 별로 없네요. 이런 카드 뽑았다면 자중하고 기다리는 수밖에 없습니다. 마음의 병도 좀 있어서 치유의 시간이 필요합니다.

Swords 9

> **“**
> **너무 자책하며 살지 마세요.**
> **당신 탓이 아닙니다**
> **”**

**걱정, 악몽, 불안, 절망, 병,
불면증, 두려운, 자책,
외로움**

'내일 우리 집이 무너지면 어떻게 하지? 내일 회사에서 잘리면 어떻게 하지?' 이처럼 일어나지도 않을 일을 걱정하며 밤잠을 못 자는 스타일인가요? 적당한 걱정은 조정과 조율의 역할을 하지만 과도한 걱정은 일상에 스트레스를 주고 온전한 삶을 살 수 없게 합니다. 이 카드의 그림을 보세요. 8개의 칼은 가로로 걸려 있고 칼 하나가 세로로 남성 뒤에 놓여 있습니다. 이 칼이 이 남성을 찌르고 있는 것 같습니다. 남성은 머리가 너무 너무 아픈가 봅니다. 배경이 어두운 걸 보니 걱정으로 밤을 새우고 있을지도 모릅니다.

이 카드는 좀 우울한 느낌입니다. 악몽에 시달리거나 불안하고 우울

중이 있을지도 모릅니다. 이별 후의 아픔도 나타납니다. 누군가 빚을 받으러 쫓아올 것 같은 위기 상황일지도 모릅니다. 아무튼 마음이 많이 쫓기고 있네요. 그림의 색상을 봐도 밝고 희망적인 것이 하나도 안 보입니다. 옷의 녹색과 파란색 정도인데 그마저도 색상은 우중충합니다. 남성은 머리를 쥐어 뜯고 있습니다. 자학하는 겁니다. 자기 때문에 잘못된 일이 벌어졌을 거라고 아주 심하게 자책합니다. 그러다 보니 많이 외로운 상태입니다. 이럴 때는, 즉 자학이나 자책하는 사람에게는 "선생님 때문에 그런 게 아닙니다"라고 위로해 주는 게 좋습니다. 그 작은 한 마디가 힘들어하는 사람에게 아주 큰 힘을 줍니다.

세상에는 자기 힘으로 안 되는 일들이 너무 많습니다. 그런 일에 부딪힐 때마다 자학하거나 자책하지 말고 도움을 받아야 합니다. 한자 사람 인人을 보면 서로 기대고 있습니다. 내가 무엇 때문에 힘든지 주변에 얘기해야 합니다. 그게 힘들다면 저 같은 타로상담사와 상담하는 게 좋습니다. 상담하면서 이런 그림의 상황에 처해 있는 안타까운 경우의 사람들을 많이 봤습니다. 막 울고불고 힘들어하는 이들도 있었습니다.

우리 주변에는 의외로 외로움에 힘거워하는 이들이 참 많습니다. 전화 상담을 하는데 엉엉 웁니다. 나이 많은 사람인데도 그렇게 우는 고객을 보면 세상에 아픈 사람이 이렇게 많은가 싶어 놀랄 때가 있습니다. 그리고 보니 다들 아픈데 겉으로 드러내지 않고 살았던 겁니다. 어른이다 보니 아프다고 시원하게 울거나 표현하지 못했는데, 저와 상담하면서 그게 터져 나온 겁니다. 타로는 이렇듯 내면에 감춰두고 쌓인 게 터

져 나오게 하는 힘이 있습니다. 이 카드는 그런 잠재된 아픔을 나타내
줍니다.

9개의 칼이 가로로 걸려 있는 어두운 방에
서 한 여인이 얼굴을 감싸 쥐고 괴로워 하
고 있습니다. 뭔가 끔찍한 악몽을 꿨거나
내일 일에 대한 걱정에 사로잡혔기 때문입
니다. 침대 아래를 가만히 살펴보니 어떤
사람이 칼로 공격당하는 장면이 보입니다.
그녀도 이 침대의 조각처럼 누군가에게 공
격받고 있을 겁니다. 헤어지고 싶은 어떤
남성의 언어폭력일 수도, 빚쟁이의 독촉일
수도 있습니다. 그녀가 덮고 있는 이불에는 붉은색 장미와 별자리들이
보입니다. 붉은색 장미는 생명력을 상징하고 별자리는 그녀가 가야 할
길을 안내하는 조력자 역할을 합니다. 조금 힘들어 보이지만 희망이 있
다는 얘기입니다. 누군가 그녀를 보며 도움의 손길을 뻗을 것 같습니다.
이 카드는 외면할 수 없는 현실의 두려움을 표현합니다.

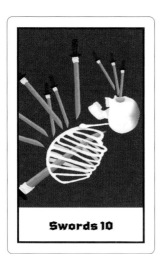

30

Swords 10

"
죽음의 끝에서 반전의
희망을 발견해보세요
"

**죽음, 끝, 몰락, 고통, 황량,
정신적 고통, 고뇌**

이 카드는 파멸, 죽음, 몰락, 고통, 고뇌 등을 상징합니다. 소드 10번째 카드에서 결국 죽음을 만납니다. 해골은 죽음을 의미하지만 죽음이 항상 끝이라고 여기면 안 됩니다. 죽음은 새로운 전환점일 수도 있습니다. 그림으로 보면 절망적이지만 그 이면을 들여다보면 희망이 보입니다. 웨이트 카드의 소드 10번을 보면 죽은 시체의 살덩어리라도 보입니다. 그런데 이 그림에는 살조차도 없는 뼈 그대로입니다. 더 잔인한, 더 강한 파멸과 죽음을 표현했습니다. 시간상으로 죽은 지 오래되었을 수도 있습니다. 과거 200~300년 전에 죽은 역사의 흔적일 지도 모릅니다.

이 카드는 너무 큰 고통, 다시 말해 인간관계에서 큰 배신을 당했을 때 나오는 카드입니다. 칼이 10개인데 10이라는 숫자는 완성과 끝을 상징합니다. 더는 없습니다. 칼 하나를 보면 가슴을 관통하고 있습니다. 제일 큰 칼이 관통했습니다. 말 그대로 '가슴을 찌르는 듯한' 너무 심한 고통을, 저 가슴을 관통한 칼로 표현했습니다. 그런데 해골을 한번 보세요. 머리 뒷부분에 빨간색인 걸 보니 아직 생명이 있습니다. 해골인데 생명이 있다는 건 극단의 상황에서 반전의 희망이 있다는 겁니다. 해골의 붉은 피는 희망, 생명의 씨앗입니다.

칼 3개는 눈을 찌르고 있습니다. 아무것도 볼 수가 없습니다. 남자친구랑 헤어지는 상황에 관해 묻는다면 '눈에 뵈는 게 없다'고 얘기합니다. 완전히 미쳐서 무슨 일을 저지를지 모릅니다. 눈에 콩깍지가 껴서 올바른 판단을 할 수가 없습니다.

판단이 흐린 상태에서는 사업도 시작하면 안 됩니다. 앞을 보는 눈이 흐리멍텅해서 취업도 당분간은 힘들 겁니다. 자기 사업이 어떻게 될 것 같은지 물어보았는데 이 카드가 나왔다면 잠시 보류하고 얘기하세요. 아무리 절호의 기회라고 고객이 강행하려 해도 일단은 10일이든, 100일이든 잠시 기다리는 것이 좋습니다. 숫자는 소드 10의 10이라는 숫자와 연계해서 상징성을 주시면 됩니다. 고객이 심각하게 질문할 때 이 카드가 나오면 살짝 방향을 바꿔주세요. 지금은 때가 아닌 것 같다고 말입니다. 요즘 집 팔려고 내놓은 분들이 많은데 잘 안 나갑니다. 안 될 때는 무얼 해도 안 되는 겁니다. 운의 흐름이라는 건 잠시 시간의 힘에 맡기면 풀릴 때가 있습니다.

웨이트 카드

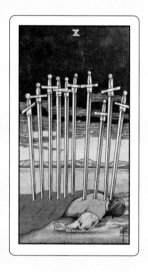

아, 칼을 10개나 몸에 맞았는데 어떻게 살 겠습니까. 그림을 딱 봐도 잔인한 영화의 한 장면 같습니다. 이 남성의 죽음과는 무 관하게 바다는 참 평온합니다. 바다 건너 산에는 새벽이 물러나고 새로운 태양이 떠 오를 겁니다. 죽음이 가면 새 생명이 오듯 이 말이죠. 지금 현재는 죽음의 시간입니 다. 극도로 상황이 안 좋은 것을 감안하고 모든 일을 한 템포 늦추는 게 좋습니다. 시 기만 조금 늦추면 저 산 너머 새로운 희망의 태양을 맞이할 수 있습니다.

선거도 마찬가지입니다. 내가 지지하는 정권이 패한다고 나라가 망하 는 게 아닙니다. 죽음은, 패배는 새로운 전환일 수 있습니다. 이 보다 더 한 고통은 없을 것 같지만 더한 기회도 없을 것입니다. 이 카드는 절망의 이면을 보는 지혜를 요구합니다.

31

Ace of Coin

Ace of Coin

"
복권을 사세요.
당신에게 횡재수가 있어요
"

새로운, 시대의 시작,
재탄생, 부, 풍요

펜타클은 인간의 삶 자체이고 자본주의의 극단이자 물질문명과 돈을 상징합니다. 펜타클의 상징을 우리는 보다 직접적인 돈으로 형상화했습니다. 그중에서도 요즘 핫 아이템 중 하나인 가상화폐, 코인을 그렸습니다. 에이스다 보니 동그라미 형상이 가장 큽니다. 에이스 카드는 횡재수이고 제일 돈 되는 길조 카드입니다. 풍요를 상징하고 현실적입니다. 주인공인 큰돈을 손으로 받치고 저 먼 산을 바라봅니다. 산은 가야 할 목표 지점일 겁니다. 큰 산이 2개, 작은 산이 2개가 있네요. 작은 목표 2개, 큰 목표 2개를 의미할 수도 있습니다.

돈은 별로 없는데 자선 사업을 하려는 사람이 있습니다. 그런 사람 앞에서 이 카드를 뽑았다면 돈도 없는데 무슨 자선 사업을 하냐고 현실적인 조언을 해줄 필요가 있습니다. 우선 자신의 앞가림부터 잘하고 다른 일을 모색하라고 이야기해 주어야 합니다. 취미로 타로를 배우려는 사람도 있었습니다. 이 카드는 그런 사람에게 따끔하게 현실을 이야기해 줍니다. 펜타클 카드는 흙의 성향이 강합니다. 소드가 공기의 성향이 강한 것처럼 말이죠. 이 그림에도 산까지 이어진 길에 흙, 대평야가 펼쳐져 있습니다.

펜타클 에이스 카드는 흙의 성향으로 봐서 부동산 쪽 사업이 유망합니다. 빌딩 투자, 재건축 투자도 권할 수 있습니다. 이 카드는 누군가에게 큰 선물을 받거나 복권에 당첨될 가능성도 의미합니다. 신의 은총을 받아 전원생활의 여유를 누릴 수도 있습니다. 참 안정감이 느껴지는 카드입니다. 뭔가 새로운 가능성과 희망이 시작된다고 할 수도 있습니다. 돈에 찍혀 있는 C 알파벳이 기회Chance 혹은 변화Change일지도 모릅니다. 도전할 기회이고, 변화가 찾아올 시기입니다. 그런데 뭔가 안 좋은 변화가 아니라 아주 기분 좋은, 아주 풍요로운 변화입니다. 내일에 대한 기대가 크다고 할 수 있는 겁니다. 이 카드를 뽑은 고객에게는 희망과 긍정을 이야기해줘도 좋습니다. 조만간에 좋은 일이 생길 거라고 얘기해 주세요. 그 조만간을 굳이 숫자로 얘기해야 한다면 저 너머에 보이는 산이 힌트입니다. 빠르면 큰 산 2개를 이야기하며 2달 정도, 늦어도 뒤에 작은 산 2개를 이야기하며 합쳐서 4달 안에 좋은 소식이 올 거라고 말할 수 있습니다.

구름에 큰 손이 하나 나와 밝게 빛나는 큰 돈을 잡고 있는데, 웨이트 카드의 펜타클 돈 안에는 별이 그려져 있습니다. 코인은 마치 대낮의 태양과 같은 느낌입니다. 지상에는 역시 흙의 기운이 물씬 느껴집니다. 땅에는 아름다운 정원이 꾸며져 있습니다. 푸른 녹지 사이로 길이 이어져 있고 잎의 터널을 지나면 저 멀리 2개의 높은 산이 있네요. 산은 고차원의 높은 세계입니다. 정원에는 빨간색 꽃과 백합이 흐드러지게 피어 있습니다.

꽃과 식물은 새로운 생명과 희망을 상징합니다. 이 카드는 물질적 만족, 경제적 안정, 사업의 확대, 새로운 투자 등을 의미합니다. 역방향으로는 돈에 대한 집착과 구두쇠, 금전적 손실, 직장에서 퇴사 당하는 것 등이 나타날 수 있습니다. 돈을 얻는 일도 있고 돈을 잃는 경우도 생깁니다. 카드는 항상 정방향, 역방향을 다 봐야 합니다.

Coin 2

> " 앞으로 2개의 횡재수가
> 찾아올 겁니다
> "

여행, 이전, 균형, 새로운 모험,
잠재적 위협, 잠재적 이익

이 그림에는 '위험, 난관' 등을 상징하는 가시가 있습니다. 인생은 어차피 이런 굴곡이 있을 수밖에 없습니다. 바다는 언제나 잔잔하지 않습니다. 파도도 치고 쓰나미도 몰려옵니다. 그래도 이 카드는 인물의 이목구비가 다 드러난 편입니다. 뭔가 생각에 잠겨 아래를 내려 보는 여인이 코인 2개를 끈에 매달아 들고 있네요. 코인이 2개다 보니 투잡을 한다고 할 수도 있습니다. 투자도 주식 하나, 부동산 하나 이렇게 두 분야로 투자하고 있을 수도 있고요. 펜타클 카드는 횡재수가 많습니다. 이 카드 역시 앞으로 좋은 호재가 있을 것을 예고합니다.

여성이 빨간 옷을 입고 있습니다. 전체적으로 색감이 몽환적이면서 붉습니다. 화려하고 예쁩니다. 저 여성은 지금의 가시 같은 난관을 벗어나 어디론가 여행을 떠나고 싶을 겁니다. 위험과 모험이 교차합니다. 잠재적인 위험도 보이고 잠재적인 가능성도 보입니다. 투자해도 좋지만 조심할 필요는 있습니다. 가시가 있지만 그게 그렇게 위험해 보이지는 않습니다. 살면서 늘 느끼는 약간의 장애라고 보면 됩니다. 그 정도는 감내할 수 있습니다. 2개의 코인이 단순히 돈이 아닐 수도 있으며, 두 남성을 두고 고민하는 한 여인일지도 모릅니다.

몽환적인 그림은 미지의 세계입니다. 일상에서 만나기 힘든 새로운 세계입니다. 그런데 여인은 코인 2개를 손으로 쥐고 있는 게 아니고 끈에 매달고 있네요. 돈에 대한 집착, 그 어떤 것에 대한 집착이 큰 것은 아닙니다. 끈이 떨어지면 코인도 떨어지게 됩니다. 여성 입장에서 코인 2개는 자식일 수 있습니다. 결혼한 여인이 자식에 관해 물어본다면 두 자식 모두 잘 될 거라고 얘기해 주세요. 만약 어떤 선택의 고민 상황이라면 어떤 것을 선택해도 잘 될 것이라고 해도 좋습니다. 2개 모두 좋은 기운을 가지고 있기 때문입니다. 한 사람이 2개의 코인을 가지고 있으니 일석이조의 효과라고 할 수도 있습니다. 그러나 가시가 두 줄이어서 난관도 2개 정도 있을 겁니다. 아니면 2달 정도의 고비가 있을 겁니다. 하지만 그 고비 역시 그렇게 심각한 것은 아닙니다.

뫼비우스 띠 사이에 코인 2개가 있습니다. 빨간색 높은 모자를 쓰고 빨간색 바지를 입은 청년이 곡예를 하듯이 그 띠를 잡고 있네요. 뫼비우스는 무한을 상징합니다. 이 청년은 '어떤 문제도 능수능란하게 처리할 수 있는 무한 능력의 소유자'라는 얘기입니다. 앞으로 어떤 일이 벌어질지는 몰라도 이 청년만큼은 잘 처리할 수 있는 희망과 믿음이 보입니다. 청년의 뒤로는 높은 파도가 치고 있습니다. 파도의 높이가 꽤 높은 걸 보니 인생의 기복을 의미하는 것 같습니다. 아주 높이 치솟았다가 갑자기 추락할 수 있는 게 인생이니까요. 파도 위에는 배 2척이 청년처럼 곡예를 하듯이 항해하고 있습니다. 굉장히 불안전한 상황이지만 순조롭게 해결될 가능성이 큽니다. 2개의 코인은 양자택일 혹은 일거양득을 나타냅니다. 2가지 일을 동시에 처리할 능력도 엿보입니다. 물론 타이밍을 놓치면 2가지 모두 다 놓칠 가능성도 배제하지 못합니다.

Coin 3

"
재능을 인정받아 명예로운
임무를 맡게 될 것 같아요
"

**성공적 결과, 높은 목적,
지식, 의사소통 능력**

머리에 쓴 모자를 보니 화가나 예술가 같습니다. 이 사람의 머리 뒤로 코인 3개가 그려져 있네요. 마치 3개의 태양이 뜬 것처럼 보입니다. 코인의 뒷 배경은 분홍색의 화려함으로 칠해져 있고, 그 아래로는 사각형 흙기둥이 어수선하게 쌓여 있습니다. 세상이 드러나지 않은 숨은 장인이자 숨겨진 고수입니다. 흙은 산을 의미하는데 그렇게 보면 산속의 고수일 겁니다.

이 사람의 볼에는 빨간색 볼 터치가 되어 있습니다. 그런데 볼 터치의 크기가 다릅니다. 오른쪽이 조금 크고 왼쪽에 좀 작습니다. 조금 큰 문제, 조금 작은 문제이거나 조금 큰 기회, 조금 작은 기회로 해석할 수도 있습니다. 이 사람은 평범한 사람 같지는 않습니다. 빨간색은 열정, 속에 하얀색 옷은 순결함과 순수함을 나타냅니다. 순수한 마음으로 세상을 열정적으로 살아가는 사람입니다. 한 분야의 전문가일 가능성이 큽니다.

전문가의 역방향 해석은 한쪽으로만 치우친 사람입니다. 예술적 영감이 있는 사람으로 이 사람과 함께하면 돈이 들어올 수도 있습니다. 하늘은 왜 분홍색일까요? 미래를 표현하는 말 중에는 '핑크빛 미래'라는 게 있지요. 그런 긍정적 의미로 해석하면 좋을 것 같습니다. 이 카드에서는 2명 혹은 3명과의 관계가 보입니다. 의사소통 능력이 보이는 카드입니다. 이 사람은 나름 세상으로부터 재능을 인정받아 중요한 임무를 맡게 될 것 같습니다.

우리는 카드 리딩을 할 때 숫자의 의미가 꽤 큰 역할을 한다는 걸 잘 알고 있습니다. 3개의 코인이 숫자의 핵심일 거고 2개의 볼 터치가 다른 해석을 만드는 힌트입니다. 3개의 코인은 3달 안에 전문가를 만나 지금의 고민을 해결하거나 큰 도움을 받을 거라고 얘기할 수 있습니다.

3달이 아니라면 3명의 지인이 혹은 3명의 전문가가 당신의 문제를 해결해 줄 것이라고 얘기할 수 있습니다. 어쨌든 펜타클은 횡재, 행운, 물질적인 풍요 등이 상징되기 때문에 그런 방향으로 좋은 에너지가 흐를 것으로 예측하고 해석하면 됩니다. 사실 우리는 타로카드가 아니라도 살면서 참 다양한 신호들을 접합니다. 그 신호를 무시하면서 아무렇지도 않게 살다 보니 무감각해졌을 뿐입니다. 타로카드는 그 신호들을 집약시키고 해석해 내는 중요한 열쇠가 됩니다.

이 카드에는 조금 특이한 점이 보입니다. 웨이트 카드에서 모든 펜타클은 노란색 입니다. 돈, 황금을 상징하기 때문에 그렇습니다. 그런데 지금 펜타클 3만큼은 검은색 입니다. 미래가 불투명할 때 '앞이 캄캄하다'고 표현합니다. 이 카드를 보니 그런 느낌이 좀 듭니다. 그런데 역시 3명의 사람이 모여 있습니다. 두 사람은 단 위에 서 있는 사람에게 도움을 청하는 것 같습니다. 두 사람의 손에 들려 있는 게 설계도입니다. 그러고 보면 단 위에 있는 사람은 교회의 공사를 담당하는 석공이 됩니다. 교회 안쪽이 캄캄한 것은 그 안에 뭔가 감춰진 진리나 기술, 보물이 있다는 얘기입니다. 이 카드는 팀워크와 소통을 강조합니다. 돈을 검은색으로 표현했듯이 검은돈, 검은 거래를 조심하라고 합니다. 돈보다는 인간적 소통을 통해 새로운 방법을 찾으라고 조언합니다. 등장 인물이 여러 명인 걸 보니 동업의 가능성도 엿보입니다.

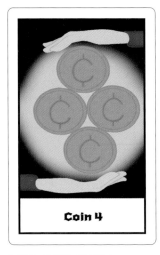

Coin 4

"
이제는 좀
베푸시라고 하는데요?
"

**탐욕, 인색함, 물질주의,
물질의 구속**

손 위아래로 코인 4개가 뭉쳐 있습니다. 돈을 움켜쥔 욕심쟁이입니다. 돈에 집착하는 사람으로 남에게 자기가 가진 것을 나누어 주지는 않을 겁니다. 아주 인색한 사람이겠죠. 오히려 지금 가진 돈을 빼앗길까 봐 전 전긍긍할 가능성이 큽니다. 아마도 부동산으로 큰돈을 번 사람일 수도 있습니다. 평생 먹고살 돈을 다 벌어 놓는데도 욕심이 멈추지 않습니다. 젊은 사람이 강남에 빌딩도 몇 채 가지고 있고 집안에는 아주 견고한 금고를 가지고 있으며 매우 여유롭지만 한 푼이라도 더 벌려고 눈이 벌 건 그런 형상입니다.

일단 두 손을 보시면 돈이 새어 나가지 않도록 아래위로 감싸고 있습니다. 물질적으로 돈을 매우 중요시 하는 사람일 겁니다. 이 사람 주머니에 들어간 돈은 잘 안 나올 겁니다. 네 군데 정도에서 월세도 받고, 아파트도 4채 정도 있는 사람입니다. 돈이 넉넉한데도 돈에 대한 욕심은 장난이 아닙니다. 대부분 부자가 이런 유형일 겁니다. 돈이 있어도 돈에 집착하는 현대인들의 모습이 이렇습니다. 구두쇠 스타일이라고 보시면 됩니다. 이런 사람은 어디 기부도 잘 안 합니다. 그런데 이 카드에서는 배경 색감을 조금 따뜻하게 해서 그런 기부의 여지도 조금 열어 놓았습니다. 배경의 노란색은 그 따뜻함을 상징합니다.

'조금 인색하다'는 소리를 들을 수 있는 카드입니다. 이런 카드가 뽑힌 고객에게는 "조금 베풀고 나누세요"라고 권합니다. 너무 움켜쥐지 마시고 조금 돈을 푸시면 더 큰 돈이 들어올 수 있다고 얘기합니다. 그렇게 얘기하면 고객들 대부분은 수용합니다. "저는 안 나눠줄 겁니다"라고 거절하지는 않습니다. 돈을 움켜쥔 카드이기 때문에 고객에게 "구두쇠시네요"라고 직설적으로 얘기하지 않고 "쓸 때는 쓰시는 합리적인 분이시네요"라고 표현합니다. 그러면서 사업을 하실 때 조금만 베풀라고 권합니다. "돼지갈비 사줄 걸 소갈비 정도로 업그레이드해서 사주세요. 그 정도는 쓰실 수 있잖아요?" 하면서 부추깁니다. 원래의 밥에서 한 숟가락만 더하는 거죠. 타로 리딩은 그때그때 응용력이 아주 중요합니다. 그래서 암기로는 해결될 문제가 아니라고 여러 번 강조합니다.

머리 위에 황금 돈, 두 손 사이에 황금 돈을 들고 있는 젊은 재벌이 보입니다. 발아래에도 2개의 황금 돈을 밟고 있습니다. 돈을 움켜쥐고 있는 것은 제 카드 그림과 크게 다르지 않습니다. 청년의 뒤로는 건물들 여러 채가 보입니다. 대도시의 느낌인데 마치 이 청년이 저 건물들을 다 가지고 있는 부동산 재벌 같습니다. 이 카드와 고객의 연결점은 부동산, 돈, 재물, 투자 등과 연결됩니다. 이 사람의 머리 위에도 황금 돈이 있는 걸 보니 온통 돈 생각, 물질적 사고만 하고 있습니다. 돈을 움켜쥔 자세는 돈에 대해 인색함을 그대로 보여줍니다. 아마도 이런 카드 유형이라면 고리대금업자일 가능성도 있습니다. 루아 카드 설명에서도 이야기하듯이, 이런 카드는 돈에 대해 인색함을 풀고 나눔을 권장하는 게 좋습니다. 너그러움과 베풂을 강조하는 겁니다.

Coin 5

Coin 5

> " 지금의 금전적 고민이 곧
> 해결될 수 있을 거예요
> "

| 절망적 여정, 빛이 없음,
| 운이 나쁨, 수입 적음

이 카드의 그림은 보자마자 마음이 추워집니다. 딱 봐도 성냥팔이 소녀 같습니다. 눈이 내리는 어느 날, 파랑 코트를 입은 소녀가 발목까지 푹푹 빠지는 그 눈길을 외롭게 걸어가고 있습니다. 지금 수중에 돈은 없지만 머릿속에는 온통 돈 생각뿐이네요. 지금 당장 돈이 필요한데 가지고 있는 돈이 없습니다. 돈이 머리 위에 있다기보다 등 뒤에 있는 게 정확합니다. 돈이 가까이 있는데 돈을 못 봅니다. 하늘에서 돈을 내려 주려고 하는데 그걸 눈치채지 못합니다. 다른 사람들은 이 사람이 돈의 아우라가 처져 있는 걸 볼 겁니다. 본인만 모르는 겁니다. 그러므로 조금 운이 나쁜 상황이라 할 수 있습니다. 발목이 눈에 푹푹 빠져 있는 건 뭔가 헤어

나오지 못하는 문제를 의미합니다. 빨간 내복, 파란 코트를 보니 아예 없는 집, 가난한 사람 같지는 않습니다. 어느 정도 부유하였는데 파산을 당한 상태일 겁니다. 이런 상황을 겪는 이들이 늘 있지요. 돈이 더더더 필요한 아주 절박한 경우입니다. 타로카드는 우리의 삶과 직간접적으로 연결되어 있습니다. 그 연결점만 잘 찾으면 타로 리딩은 그렇게 어렵지 않습니다. 우리의 어제, 오늘과 다 관련이 있으므로 가까운 미래도 충분히 예측할 수 있지요.

눈은 우리가 살아가면서 느끼는 삶의 무게입니다. 옛날 노래 가사에도 나온 '등이 휠 것 같은 삶의 무게'입니다. 그러나 그 정도의 무게 없이 세상을 살아갈 수는 없습니다. 눈은 우리의 인간관계일 수도 있습니다. 하늘에서 내리는 눈은 우리에게 다가오는 수많은 인간관계입니다. 어떤 이는 좋은 기운을 주고 어떤 이는 나쁜 기운을 줍니다. 발이 푹 빠져 있는 것은 그 인간관계의 늪에 빠진 것이라 할 수 있습니다. 벗어나려고 애를 쓸수록 더 푹푹 빠져들 겁니다. 카드의 주인공은 혼자서 험한 길을 걸어가고 있습니다. 참 외롭고 힘들어 보이지만 그것 역시 우리의 인생입니다. 우리가 온전히 살아가려면 돈은 꼭 필요합니다. 5달 안에 생각지 않은 큰돈이 들어올 수도 있습니다. 가는 길이 험하지만 등 뒤에 있는 돈이 희망입니다.

문둥병에 걸린 남성이 목에 종을 달고 걸어갑니다. 걸으면서 종소리가 날 겁니다. 이건 사람들에게 자기를 피하라는 신호입니다. 문둥병 남성 앞에 숄을 걸친 여인이 춥고 고통스럽게 걸어갑니다. 그런데 이 두 사람 모두 맨발입니다. 남성은 문둥병에 목발까지 짚고 여인을 따라 갑니다. 여성은 그렇게 힘든 몸으로 왜 나를 따라오냐고 휙 돌아보며 짜증낼 것 같습니다. 성당의 스테인드글라스 안에는 이들에게 힘이 되어줄 황금 돈 5개가 보입니다. 그런데 그 5개는 그림의 떡입니다. 성당 안 신자들이 이들에게 나누고 베풀지 않는 한 이들의 고통을 덜어줄 수 없습니다. 이 둘의 모습만 봐도 살아가는 현실이 참 힘들어 보입니다. 눈앞의 고통이 너무 심해서 정신적으로도 빈곤한 상태입니다. 물질적으로도 가난하고 정신적으로도 가난한 이들입니다. 어디선가 구원의 손길이 필요한데 그렇다고 아예 절망적인 것은 아닙니다.

36

Coin 6

Coin 6

> 66
> 조만간 파격적인 인센티브가
> 지급될 예정입니다
> 99

| 선물, 공정, 재정적 안정,
관대함의 중요성, 상호이익

이 그림에는 돈의 크기가 서로 다릅니다. 많은 돈도 있고 적은 돈도 있습니다. 두 사람이 돈을 사이에 두고 선물을 주고받습니다. 그런데 이 선물이 돈을 배경으로 오고 가는 걸 보니 왠지 뇌물 같아 보입니다. 돈을 나눠주려는 의도도 읽힙니다. 펜타클 5번에 비해서는 나누고 베푸는 따뜻한 기운이 느껴집니다. 그림 색감도 전체적으로 온화하고 부드럽습니다. 선물이 오고 가는 게 보이니 마음의 오고 감도 보입니다.

뇌물이라는 다른 의도만 아니라면 참 좋은 분위기입니다. 공정하고 균형감각도 있습니다. 이런 카드 유형의 인물은 일한 만큼 인센티브도 정확하게 주는 사람입니다. 나누는 정도 있지만 철저히 계산적입니다.

그 철저함을 사람들은 의외로 존경스럽게 바라볼 수 있습니다.

선물을 주려는데 두 손이 뻗어 있습니다. 구원의 손길을 내미는 것 같습니다. 선물은 보이는 그대로 선물이기도 하지만 저 두 손이 받으려고 하는 구원입니다. 파란 손, 빨간 손이 서로 달라고 손을 뻗칩니다. 서로 뻗은 저 손은 힘이 있는 사람에게 아부를 하려고 하는 몸짓 같습니다. 무엇이 되었든 한눈에 선물의 상징성이 강하기 때문에 고객이 "여자친구가 삐져 있는데 어떻게 하면 좋을까요?"라고 물으면 선물을 사주라고 얘기하면 됩니다. 리딩은 맞아떨어지는 게 중요합니다. 고객의 요구와 감정, 상황의 타이밍이 뽑은 카드와 잘 맞도록 리딩을 하세요. "어떤 선물을 하는 게 좋을까요?"라고 물으면 "그녀가 사고 싶은 거 사라고 5만 원짜리 한 다발을 주면 어떨까요?"라고 답해보세요.

지금 그림에 나와 있는 선물을 보니 박스의 크기가 그렇게 크지 않습니다. 작은 박스다 보니 담을 선물의 사이즈가 클 것 같지는 않습니다. 그런 사소한 유추도 하셔야 합니다. 그렇다면 뭘 담을까요? 작은 액세서리 정도겠죠. 뭐 비싼 보석도 사이즈는 작으니까 고객의 상황에 맞게, 저 사이즈에 맞게 선물을 추천하면 됩니다. 세상 사람 중에는 선물을 주려는 마음보다 선물의 크기를 중요시하는 사람도 많습니다. 순금이냐, 다이아냐, 몇 백만 원짜리 골프채가 중요한 사람도 있습니다. 그 기준은 고객이 정하겠지만 카드가 나타내는 신호는 사이즈가 크지 않고, 마음을 담을 크기 정도일 겁니다. 손이 2개가 보이니 뭔가 공정해 보이지는 않을 것 같습니다. 그럼에도 균형 있게 배분하려고 노력할 겁니다.

돈과 권력을 다 쥐고 있는 한 사람이 구걸하는 두 사람 중 한 사람에게 돈을 줍니다. 무릎 꿇고 있는 두 사람은 존경과 기쁨이 가득한 얼굴로 이 사람을 바라보고 있습니다. 오른손은 황색 겉옷의 남성에게 돈을 주고 왼손은 저울을 들고 있네요. 나름 공정하고 균형 있게 처신하려고 노력한다는 얘기입니다. 이 카드에서는 '자비, 친절, 관용' 등이 느껴집니다. 이 카드는 앞으로 어떤 금전적인 보상이 주어질 것이라는 걸 예감하게 합니다. 자기가 일한 만큼의 대가를 충분히 받을 수 있습니다. 그동안 밀린 월급이 있다면 곧 받게 될 겁니다. 큰 성과를 올린 사람이라면 인센티브도 받을 겁니다. 돈과 행운이 보이는 카드입니다.

37

Coin 7

" 당신의 남자친구는 일에 푹
빠져 사는 워커홀릭입니다
"

| 노력, 끈기, 보상,
| 결실, 인내심

초록의 나무에 펜타클 7개가 열매처럼 주렁주렁 열렸습니다. 보기만 해
도 풍성해 보입니다. 나무가 푸르른 건 건강한 생명력을 의미합니다. 건
강한 노력, 건강한 과정을 통해 결실을 이룬다는 뜻입니다. 나무의 등장
은 순수함, 생명력, 건강함, 보상, 결실 등을 상징합니다. 그림 자체가 편
안해 보입니다. 뒷돈이나 부정한 행위로 돈을 버는 것 같지는 않습니다.
누구나 박수를 칠만한 그런 노력으로 결실을 이루고 있습니다. 정정당당
하게 돈을 버는 아주 밝은 느낌이 느껴집니다.

그런데 그림 왼쪽 하단에 하얀 장갑을 낀 손이 보입니다. 저 장갑은 어
떤 예식이 있을 때 끼는 것입니다. 그만큼 지금 상황에 임하는 태도가 참

경건하고 순수합니다. 그 노력의 열정으로 손을 뻗어 황금의 돈을 잡으려고 합니다. 나무에 열매가 맺으려면 기다려야 하지요. 우리가 뭔가 큰 결실을 이루려면 참고 인내하는 것과 결정적인 순간 그 보상과 결실을 감사히 받아들이는 경건한 태도가 필요합니다.

돈을 벌기 위해서 우리가 해야 하는 정정당당한 노력 역시 일입니다. 당연히 일해야 돈을 벌지만 일에 파묻히다 보면 일 이외의 다른 게 안 보일 때가 있습니다. 워커홀릭인 겁니다. 친구도 안 보이고 애인도 안 보이고 오직 일만 보입니다. 저 하얀 경건한 손으로 돈만 숭배합니다. 펜타클 7번에는 사람이 보이지 않습니다. 결국 지향점은 돈입니다. 그래서 편안한 그림이고 넉넉하고 여유로워 보이지만 역시 물질 본능의 차가움도 느껴지게 됩니다. 고객이 남자친구를 만날 건데 어떤 스타일이냐고 묻습니다. 그런데 이 카드가 나왔다면 워커홀릭, 돈 중독일 가능성이 있네요. 돈을 많이 가지고 있는 사람이 아니라 돈을 향해 손을 뻗치고 있습니다. 다행인 건 부정한 돈이 아닌 당당한 노력의 보상입니다. 만약 이런 남성을 만나면 일에 남성을 빼앗겨 고독할 가능성이 큽니다. 남성의 야근이 의심된다면 걱정하지 말라고 얘기해도 좋습니다. 이 카드는 일을 열심히 하고 정당하게 돈 버는 스타일이니까요.

웨이트 카드

일하다가 자신의 수확물을 뿌듯하게 바라보는 청년이 있습니다. 긴 괭이에 턱을 괴고 황금 돈이 있는 포도 넝쿨을 바라봅니다. 펜타클 하나는 땅에 떨어져 있네요. 결국 수확한 건 한 개뿐이라는 의미입니다. 나머지 6개는 다시 열심히 일해서 수확해야 합니다. 이 청년은 그래도 땀의 가치, 노동의 가치는 아는 순수한 청년입니다. 그 순수함이 일과 돈에만 빠져 있다는 것이 문제입니다. 턱을 괴고 바라본다는 것은 뭔가 고민하고 있다는 증거입니다. 뭘 고민할까요?

기대한 만큼 결실을 이루지 못한 것에 대해 실망하고 있는 걸 수도 있습니다. 현실에 대한 불만족도 느껴집니다. 아직 시작도 하지 않은 일에 대해 걱정하거나 한숨을 쉬는 것도 같습니다. 이 청년은 자기가 한 노력에 비해 보상이 적다고 여기는 듯 보입니다. 그렇다면 현재의 직장에서 다른 곳으로 이직할 가능성이 있거나 현재 만나는 여성에 대해 불만이 있습니다. 그렇다면 지금의 여자 친구를 버리고 다른 여성에게 가버릴 수도 있겠네요. 이 청년은 오직 눈앞의 이익에만 집중하는 스타일이라고 보시면 됩니다.

Coin 8

Coin 8

> "
> 성실하고 믿음직한 최고의
> 남편감을 사귀고 계시네요
> "

**집중력, 헌신, 지나친 열정,
일과 돈에 대해 집착**

이 사람은 망치로 돈을 두드리고 있습니다. 마치 돈을 만들어서 하나씩 하늘에 걸어 놓는 것 같지요. 7개를 다 만들었고 이제 8개째를 만들고 있네요. 돈을 만든다는 건 '돈이 되는 일을 한다'는 의미입니다. 펜타클은 역시 돈과 관련된 아주 현실적인 카드입니다. 그렇다면 손바닥 위의 수건은 무엇을 의미할까요?

바로 '열심히 땀을 흘리는 노동을 의미합니다. 손을 다치지 않도록 하는 안정도 상징하고요. 입고 있는 녹색의 옷은 희망을 말합니다. 이 사람은 돈을 모아서 하나씩 쌓아두고 있습니다. 저축하는 걸 좋아하나 봅니다. 돈만 쌓아둘까요? 사람들과의 추억, 애인과 좋은 감정들도 쌓아두는 스타일입니다.

망치로 만드는 걸 보니 이 사람은 기술자입니다. 기술자는 묵묵히 자기 일을 하는 전문가입니다. 자신의 기술과 능력으로 성실하게 돈을 모읍니다. 우리 주변의 성실한 직장인들이라 생각하면 됩니다. 코로나19의 위기에도 꿋꿋이 살아남은 자영업자일 수도 있습니다. 오늘의 땀으로 내일을 키우는 부지런한 이들입니다. 남자친구에 대해 고민하는 고객에게 '착하고 성실한 남성이니 걱정하지 않아도 될 것 같다'고 이야기해 주면 됩니다. 수건을 보세요. 계속 연습하고 일하며 자신의 실력을 키우고 자신의 재산을 불립니다. 남편감으로는 최고라고 얘기할 수 있습니다.

그러나 카드리딩은 정방향, 즉 긍정적으로만 봐서도 안 됩니다. 자신의 일에 대한 열정과 헌신이 참 좋아 보이지만, 이 사람은 너무 일에만 집착하고 돈에만 빠져 있습니다. 손재주는 좋지만 허영에 빠져 있을 가능성도 있네요. 모아 놓은 돈이 많으니 조금 게을러질 수도 있습니다. 헛된 욕심으로 투자의 손실 가능성도 보입니다.

이 카드는 혼자서 열심히 하는 모습으로 동업을 권하지는 않습니다. 그런데 고객에게 리딩할 때 안 된다고 말하기 보다는 '잠시 시간을 늦추라'고 얘기하세요. 고객에게 하는 조언은 단언보다는 조언 혹은 유보로 접근하는 것이 좋습니다. 부정적인 단언은 특히 안 좋습니다. 고객에게는 최대한 긍정적으로 생각의 여지를 주면서 부담을 갖지 않도록 리딩합니다.

망치와 끌을 들고 펜타클을 만들고 있습니다. 만들어 놓은 펜타클을 나무에 하나씩 걸어두고 있네요. 그런데 펜타클의 모양이 제각각입니다. 초보자의 솜씨로 보입니다. 딱 봐도 이 청년은 전문 기술자라기 보다 일을 배우고 있는 견습생 같습니다. 뭔가를 배우는 사람, 시험을 준비하는 사람, 기술을 익히는 사람들이 여기에 해당합니다.

지금 이 청년이 하는 일은 나중에 자신을 더 크게 만드는 무기가 될 겁니다. 하루하루의 성실함이 쌓여 더 큰 자신을 만드는 법이니까요. 가까운 미래에 자신의 기술로 돈을 벌거나 다른 일을 잡을 수 있거나 사업을 생각해도 좋을 것입니다.

시간을 들여 기술을 익히는 그 성실함은 반드시 보상받게 되어 있습니다. 그러나 역방향으로 보면 일을 대충 하고 넘기려는 게 보이고 꾀를

부리려는 태도도 나타납니다. 꾸준하게 성실한 게 아니라 중간에 나태해

질 가능성도 있다는 얘기입니다.

39

Coin 9

> 66
> 혼자 힘으로 자수성가한
> 여인을 만날 겁니다
> 99

| 풍요, 자연,
| 욕망의 결실, 지적

어딘가의 휴양지 같습니다. 야자수 두 나무 사이로 해먹이 걸려 있고 한 여성이 편안하고 여유롭게 앉아 있네요. 파란색 옷이 참 시원해 보입니다. 생각도 마음도 시원시원해 보입니다. 말년 복이 있는 여성입니다. 혼자서도 잘 살아갈 것 같습니다. 8개의 펜타클은 야자수에 열매처럼 걸려 있습니다. 나머지 하나는 자기가 가슴에 움켜쥐고 있네요. 머리를 염색한 것으로 보아 화려한 걸 좋아하나 봅니다. 8개의 펜타클은 마치 은행에 저축해 둔 돈 같습니다.

이 카드 그림에는 가난하고 쫓기며 힘든 상황이 보이지 않습니다. 이 여성은 자기 힘으로 풍요를 만든 자수성가 스타일입니다. 통찰력도 있고 똑똑해 보입니다. 보라색과 분홍색 배경을 보면 낭만적인 감수성도 있습니다. 원하는 건 다 가진 것으로 보입니다. 정말 휴가다운 휴가를 즐기고 있네요. 그런데 이 그림에는 그녀 혼자만 있습니다. 누군가와 함께한다는 느낌이 없습니다. 혼자 성공한 것, 자수성가라고 합니다. 혼자다 보니 조금 외로워 보입니다. 휴가를 보내고는 있지만 쓸쓸함을 지울 수 없습니다. 일에 대해서는 열정적이지만 사랑과 연애는 소질이 없어 보입니다.

여행을 좋아하는 여성일 겁니다. 일에 지치면 가끔 자신에게 선물하는 시간을 갖습니다. 혼자서 훌쩍 어디론가 잘 떠납니다. 그렇다고 연락이 끊어지거나 소위 말하는 '잠수를 타는 건' 아닙니다. 재정적으로는 넉넉합니다만 사람은 곁에 없습니다. 아마도 자기 입장만 생각하는 이기적이고 계산적인 면이 있을 수도 있습니다. 사람이 곁에 없다고 하지만 한편으로는 사람에게 상처를 많이 받아서 사람을 곁에 두지 않는 것일 수도 있겠네요. 그냥 차라리 외롭게 사는 게 더 좋다고 여기고 있을지도 모릅니다.

돈과 권력을 움켜쥔 사람이 가끔 공허한 순간을 맞이할 때가 있습니다. 돈과 권력을 향해 열심히 달렸는데 그다음은 무엇인가 회의가 드는 것이지요. 이 그림의 다음 순간이 바로 그런 경계가 될 겁니다. 다행인 것은 이 사람이 자연 속에 있다는 겁니다. 자연이 주는 생명력이 그녀를 회복시켜 줄 겁니다. 사람에게 받은 상처를 자연에서 치유하는 건 참 건강한 겁니다.

포도밭에 한 여인이 여유로운 표정으로 서 있습니다. 포도밭은 풍요를 상징합니다. 손에 잘 훈련된 새 한 마리가 앉아 있네요. 서양 귀족들은 취미로 매를 기르고 사냥을 즐겼습니다. 꼭 매가 아니어도 이 여인은 굉장히 부유한 집안사람이라는 걸 한눈에 알 수 있습니다. 펜타클 9개는 포도밭 속에서 포도와 함께 잘 영글어 있습니다.

이 사람은 혼자 있지만 표정을 봐서는 그렇게 외로워 보이지는 않네요. 이 여성은 세상을 이끌 현명한 지혜를 가진 리더입니다. 오로지 그녀만의 능력으로 현재의 자리까지 올라선 사람일 겁니다. 그녀의 발아래를 자세히 보면 달팽이 한 마리가 보입니다. 달팽이는 확고한 발판이나 안정을 상징합니다. 이 여인은 물질적인 풍요뿐만 아니라 정서적으로 매우 안정된 상태임을 알 수 있습니다. 통찰력, 분별력, 자기 확신을 가진 여인입니다. 나무도 두 그루가 보입니다. 하나를 잃어도 뭔가 대안이 있다는 얘기입니다. 내면 외면이 다 풍요롭다고 해석할 수도 있습니다.

40

Coin 10

"
혹시 남편 분이 집 안에 비상금을
숨겨 놓았을 지도 모릅니다
"

| 화목한 가족, 희망, 결혼

펜타클의 마지막 카드입니다. 그림이 전체적으로 온화하고 화사합니다. 침대 위에 가족사진이 있는 걸 보니 더 따뜻함이 느껴집니다. 화목하고 행복한 가정의 단면이라고도 할 수 있습니다. 침대 양옆 벽에 펜타클 2개가 붙어 있네요. 큰돈은 이미 확보해 놓은 상태입니다. 바닥에도 돈이 깔려 있습니다. 이 카드가 나오면 당신의 남편이 비상금을 좀 감춰둔 것 같다고 넌지시 예상할 수도 있겠네요. 바닥에 깔린 돈은 바닥에 숨겨놓은 돈이 됩니다. 보통 돈을 바닥에 놓지는 않잖아요.

숫자 리딩으로 하면 약 8백만 원의 돈이 비상금으로 바닥에 깔려 있습니다. 깔린 것, 보이는 돈만 그 정도 수준이고 아마도 더 많은 돈이 숨겨져 있을 수도 모릅니다. 겉으로는 화목한 가정이지만 서로가 비밀이 있을 수 있다는 얘기입니다. 우리 주변에 이런 가정, 이런 인간관계 많을 겁니다. 겉으로만 화목이고 속으로는 곪아 터져 살얼음판을 걷는 사람들 말이죠. 현실은 그렇다고 하지만 이 카드는 결코 부정적이지는 않습니다. 결혼을 생각하는 고객에게는 이 카드가 나오면 생각대로 잘 풀릴 거라고 얘기해도 좋습니다. 결혼에 드는 비용도 걱정할 것 없다고 얘기해 주세요. 벽과 바닥에 돈이 있듯이 위아래에서 당신을 도와줄 것입니다.

가만히 보면 벽도 노란색입니다. 노란색은 황금, 즉 돈을 의미합니다. 돈 걱정은 없다는 얘기입니다. 펜타클 10, 즉 10이라는 숫자는 완성을 나타냅니다. 모든 것을 다 이룬 상황입니다. 더는 걱정할 게 없는 풍족한 상태입니다. 이제는 푹 쉬라고 침대가 가운데 가장 크게 자리하고 있습니다. 이 카드는 돈, 재물에 관한 가장 좋은 카드 중 하나로 사업을 하는 분이라면 좋은 계약을 성사할 것입니다. 장사를 하시는 분이라면 지금까지는 조금 힘들었지만 당신이 꾸준히 노력하고 열심히 산 덕분에 앞으로는 좀 더 여유로워질 것으로 예측할 수 있습니다. 연애에 힘들어하는 사람도 이 카드라면 굉장히 희망적입니다. 남성이라면 여성이 많이 따를 것이고 여성이라면 남성들이 줄을 설 겁니다. 그렇다고 너무 과대 포장해서 얘기할 필요는 없습니다. 타로 리딩은 헛된 망상을 심어주는 게 아니라 인생의 긍정적 신호와 전파를 주는 것이기 때문입니다.

백발의 노인이 강아지들의 재롱을 느긋하게 바라봅니다. 노인의 옷에는 풍요의 상징이라고 할 수 있는 포도가 그려져 있습니다. 2마리의 흰색 강아지는 노인을 믿고 친근감을 표시합니다. 노인의 인자한 품성을 느끼게 합니다. 웃으며 이야기를 나누고 있는 남녀는 아마도 노인의 자손들인 것 같습니다. 이 자손들은 노인이 열심히 살아온 대가로 지금의 부를 누리고 있는 듯합니다.

그림 상단에는 둥근 아치의 반쪽이 보이고 아치 안쪽에는 도시의 풍경이 그려져 있습니다. 이 노인은 도시를 지배하는 영주나 군주인 것 같습니다. 우측 하단에는 엄마의 옷을 잡고 있는 꼬마가 있는데 아이가 있다는 것은 새로운 희망을 나타냅니다. 그러고 보니 한 그림 안에 3대가

다 나와 있습니다. 강아지까지 화목하게 어우러져 있는 참 가족적인 보기 좋은 풍경입니다. 노인 한 명, 아이 한 명, 부부 2명 이렇게 총 네 사람이 있고 강아지가 2마리 있습니다. 아마도 펜타클 카드 중에서 가장 많은 사람이 등장하는 카드 같습니다. 우리는 항상 이 상징, 숫자 등을 유심히 봐야 합니다. 바로 거기서 해석이 시작되기 때문입니다. 남들이 할 수 없는 해석을 해내는 힘은 남들이 발견하지 못하는 상징을 발견했기 때문입니다. 매의 눈으로 각각의 카드를 바라보면 독특한 해석의 세계를 만나실 수 있을 겁니다.

41

King of Wands

> 불같은 리더십을 가졌지만
> 무조건 밀어붙이지는 않습니다

| 조직의 리더, 리더십 강한,
경력 많은, 독재적인

완즈는 성향이 불입니다. 불처럼 뜨겁고 강합니다. 건드리면 위험합니다. 불을 연상하는 빨간 색으로 도배되어 있습니다. 이 왕도 강하고 배경도 강합니다. 우리는 욱하는 성격이 있는 이들에게 "성격이 불같다"고 말합니다. 성격도 그렇지만 하는 일도 불같은 열정으로 뜨겁게 처리합니다. 사람들이 벌벌 떨 정도의 강력한 카리스마가 있습니다. 프랑스의 공포 정치인인 로베스피에르Robespierre를 연상시킵니다.

그런데 노란색 옷을 입고 있네요. 내면에 따뜻함도 어느 정도 간직하고 있으며 외강내유라고 할 수 있겠네요. 지배하고 통솔할 때는 강력한 카리스마를 보여주지만 인간적으로 포용하고 품는 마음도 가지고 있습니다. 어떻게 보면 박정희 대통령 같은 스타일이 생각납니다. 이 카드를 완즈라고 판단하는 근거는 왕이 오른손으로 잡은 녹색 잎입니다. 왕은 강력한 리더십으로 체제의 평화를 유지합니다. 망토를 두르고 있는 것을 보니 권력을 안정적으로 오랫동안 유지해온 사람입니다. 경력과 경험이 많습니다.

이 사람은 불같은 열정과 에너지를 가지고 있지만 무작정 돌격하지는 않습니다. 머리카락 색도 갈색으로 차분한 느낌이 듭니다. 이런 스타일은 내가 '내가 지금 밀어붙여야 하나, 말아야 하나' 한 번 더 생각하고 돌진하는 스타일이라 할 수 있습니다. 기사들은 무조건 돌격하고 밀어붙이지만 왕들은 그래서는 무게감이 안 생깁니다. 열정은 있지만 차분하고, 좌충우돌 스타일은 아니면서 뭔가 생각은 있는 사람입니다. 엄격하고 고집도 세며 때로는 감정적이기는 합니다. 이 사람이 리더라면 아랫사람들이 기를 못 펼 수도 있습니다. 어떤 협상에서도 주도권을 놓지 않으려고 할 겁니다. 세상 모든 일을 자기 뜻대로 밀어붙이려 하지만 때로는 파격적인 양보도 가능한 스타일이라 할 수 있습니다.

불의 에너지를 가장 성숙하고 멋있게 사용하는 불 성향의 왕입니다. 불은 열정, 성숙, 직관, 활동, 에너지를 의미합니다. 성격이 불같지만 지적으로 생각하고 나름대로 치밀한 전략을 짜서 공격합니다. 불의 성향을 지녔지만 성숙한 에너지 덕분에 공격성을 잠재우기도 합니다. 그러나 한번 마음먹으면 그 불같은 성격을 잠재우기 힘듭니다. 왕이 자리에 앉아 있지만 궁궐이 아니라 사막입니다. 사막의 흙 에너지는 불을 다스리고 안정감을 줍니다.

4개의 완즈 카드 중에 피라미드가 없는 유일한 카드입니다. 왕 오른쪽 아래에 있는 도마뱀 같은 동물도 왕이 바라보는 곳은 같이 바라봅니다. 왕의 곁에 그의 카리스마를 따르는 추종자들이 있습니다. 대권을 도전할 정도의 대중적 리더십, 냉철함, 혁신적, 창조적, 열정적인 성향을 담은 전형적인 리더십을 의미합니다.

Queen of Wands

> "
> 팔방미인의 따뜻한 리더지만
> 배반당할 여지도 있네요
> "

| 생각 깊은, 신뢰감이 있는,
| 프로젝트의 성공, 성공한 여성

전체적으로 보라색 위주의 카드입니다. 머리도, 망토도, 옷도 보라색, 머리 뒤의 배경도 보라색입니다. 이 카드 역시 불의 성향으로 불같은 정열의 에너지를 가지고 있으며 달변가 스타일이기도 합니다. 그래서 사람들 설득을 잘합니다. 비즈니스 프레젠테이션을 맡겨도 좋습니다. 커리어 우먼의 성격이 강하고 왕성한 사회활동을 하는 야심가입니다. 그녀를 따르는 사람들이 마음 편하게 의지할 수 없는 대모 스타일이라 할 수 있습니다.

여왕은 한 손에는 완즈를 잡고 있고, 다른 한 손에는 해바라기를 잡고 있습니다. 해바라기는 이 사람만 따르는, 이 사람만 바라보는 사람이 많다는 걸 말합니다. 이유가 뭘까요? 따뜻하고 친절하며 배려심이 많기 때문일 겁니다. 사람들 말도 잘 들어주어서 인기도 많은 팔방미인입니다. 연예인 중에서는 유재석 스타일입니다. 이 사람은 꽤 높은 자리에 앉아 있는 전문직 여성입니다. 나름 자기의 영역을 구축한 사람이라고 할 수 있습니다. 결혼은 했지만 일은 놓지 않는 슈퍼우먼입니다. 양육도 일도 똑 부러지게 잘하는 스타일입니다.

같은 불이지만 왕은 강력한 리더십이 느껴지고 여왕은 부드러운 리더십이 느껴집니다. 강력한 리더십과 부드러운 리더십의 차이를 설명하면 아마도 보스와 리더의 차이라 할 수 있을 것입니다. 보스는 사람들을 강제적으로 끌고 가지만 리더는 사람들이 따라오게 만드는 스타일이라 할 수 있지요. 이런 스타일은 차분하면서도 당당합니다. 논리적인 듯 하지만 감성으로 사람을 감동시킵니다. 실적을 올려도 자기만의 역할이라고 얘기하지 않습니다. 우리나라처럼 젠더감성이 무딘 나라에서는 여성이 성공하기 힘듭니다. 남성 위주의 세상에서 그들을 이끌려면 보통 내공을 가진 여성이 아니면 앞서 나갈 수 없을 겁니다. 이 카드는 내공이 매우 깊은 여성 리더의 캐릭터라고 보시면 됩니다.

여왕이 앉아 있는 의자 뒤에 태양의 상징인 사자와 해바라기가 보입니다. 오른손에는 완즈를 쥐고 있고 왼손에는 기쁨의 상징인 해바라기를 쥐고 있습니다. 해바라기는 추종자를 의미합니다. 킹은 해바라기를 갖지 못했습니다. 추종자가 없다는 얘기입니다. 팔걸이 부분에도 사자가 보입니다. 비록 여성이지만 강력한 힘과 용기를 가지고 있습니다. 그녀가 걸치고 있는 회색 망토는 어느 한 곳에 치우치지 않는 균형감각을 상징하며 황금빛 옷은 그녀가 지닌 권력, 카리스마를 의미합니다. 퀸 카드 4개 중에서 정면으로 얼굴을 보이는 유일한 것입니다. 당당하고 적극적인 면이 보인다고 할 수 있습니다. 그녀의 발아래 조금 특이한 게 보입니다. 바로 검은 고양이입니다. 검은 고양이는 그녀의 내면에 부정적인 심리나 혹시 배반당할 가능성이 있다는 우려를 나타냅니다.

43

Knight of Wands

> 강한 추진력은 인정하지만
> 마무리가 흐릿합니다

개척, 성취욕이 있는,
이동하는, 용감한

기사들은 전부 말을 타고 있습니다. 어디론가 자기 목적을 이루기 위해 이동한다는 걸 의미합니다. 기사 카드가 뽑혔을 때 고객에게는 이직, 이사 등의 가능성을 이야기하면 됩니다. 기사는 뭔가 이루어야 할 게 많은 사람입니다. 어떤 고난이 있어도 앞으로 나가야 합니다. 겁이 있는 사람이 기사가 될 수는 없습니다. 성취를 위해 자신의 자리에서 고군분투하는 30대들이 바로 모든 세대의 기사입니다. 30대는 결혼도 해야 하고, 내집 마련도 해야 하며 직장에서 인정받으며 승진도 해야 합니다. 정말 해야 할 게 많은 시기입니다. 해야 할 숙제들이 많지만 기사는 그 앞에서 좌절하지 않습니다.

말발굽 아래에 툭 튀어나온 언덕이 보입니다. 이것 역시 기사의 전진, 기사의 목표를 방해하는 장애물일 겁니다. 그러나 아무리 힘든 장애가 있어도 기사는 그 앞에서 좌절하지 않고 공격적으로 뚫고 나갈 겁니다. 적극적이고 능동적인 카드입니다. 개척정신, 모험정신, 도전정신이 있어서 사업가적 기질이 있다고 할 수 있습니다. 저돌적이고 자신감이 넘치는 벤처 투자자일지도 모릅니다. 남들이 조심스러워하는 코인에도 자신 있게 투자합니다. 조금 손실을 보더라도 위험에 몸을 사리지 않습니다. 오히려 위험 앞에 더 에너지가 샘솟는 스타일이라고 볼 수 있습니다. 남들이 주저하고 피하는 일들 앞에서 망설이는 법이 없습니다.

회색의 투구와 장갑, 신발이 눈에 띕니다. 이렇게 공격적인 카드에서 회색은 일방적인 패배나 승리는 기대하기 힘듭니다. 때로는 패배할 때도 있고 때로는 기막힌 승리를 움켜쥘 때도 있습니다. 사랑도 속전속결입니다. 성격이 조금 급한 젊은 리더이지만 사람들에게 인기도 많습니다. 뭔가 새로운 일을 시작하는 힘도 있습니다. 그의 행동 하나하나에 사람들이 믿음을 보내기도 합니다. 믿음과 신뢰가 있는 사람이기에 인간적인 리더십을 이야기할 수도 있을 것 같습니다.

이 카드는 타고 있는 말도 빨간색입니다. 기사도 말도 성격이 아주 급할 것 같습니다. 투구의 빨간 깃발을 보니 어떤 일을 해내지 못하면 통제가 안 되는 불같은 성격으로 보입니다. 추진력은 엄청 강해 보이지만 마무리는 약한 사람입니다. 그가 입은 옷에는 불의 정령인 샐리멘더Salamander가 그려져 있네요. 투구에 달린 깃털을 보고 성숙한 인간으로 리딩하기도 합니다. 말의 앞발이 땅을 박차고 올라선 것을 보니 빠른 행동력과 의지력이 보입니다. 그의 노란 옷에 그려진 샐리멘더를 보니 머리와 꼬리가 원을 만들다 말았습니다. 이는 미완성, 미성숙을 나타냅니다. 말 고삐에는 완즈 잎사귀가 그려져 있고 메마른 지상 저 끝에는 피라미드가 있습니다. 기사가 척박한 땅을 가로질러 새로운 가치를 개척하는 이미지가 그려집니다.

44

Page of Wands

Page of Wands

> 또 누군가를 유혹하려고
> 길을 나서고 있네요

| 호기심, 잠재력, 활발한,
솔직한, 긍정적

모자를 쓰고 있는 이 청년은 약간 바람둥이 같습니다. 복장이 세련되고 멋있는데 완즈를 손에 쥐고 있는 모양이 누군가에게 프러포즈를 하나 봅니다. 녹색의 산이 배경에 있는 걸 보니 등산을 좋아하는 것 같습니다. 산을 좋아하지만 등산 복장은 아닙니다. 상황에 어울리지 않게 멋을 부리고 있네요.

높은 산은 그가 정복하고자 하는 대상입니다. 그 대상이 여성이거나 혹은 비즈니스일 수도 있습니다. 이 남성은 바람둥이일 수도 있지만 자기중심적이고 이기적인 나쁜 남자 스타일도 보입니다. 자기 혼자 취미생활을 즐깁니다. 그러다가 다른 이성을 만나면 기존에 만나던 여성을 버리고 그 여성과 사귑니다. 불륜이 그대로 그려지는 남성입니다.

산악 동호회에 속한 분들을 꽤 많이 상담했습니다. 그들 대부분이 불륜의 유혹 속에 있습니다. 산에 가면 기존에 만나던 사람과 다른 스타일의 남성과 여성이 보입니다. 그냥 유혹의 세계에 자신을 무방비로 던지는 겁니다. 잡은 물고기 보다 잡아야 할 물고기가 더 매력적이라는 얘기입니다. 다른 스타일의 캐릭터와 성격에 눈길이 가고 마음이 갑니다. 그런 사람들을 만나 자신의 마음의 꽃을 피웁니다. 구관이 명관인 줄 모르고 그저 새로움에 취하는 겁니다. 옷옷을 보니 빨간색입니다. 이 빨간색은 열정일 수도 있지만 유혹으로도 해석됩니다. 완즈를 손에 들고 오늘은 어떤 여성을 꼬실까 음흉하게 웃는 것 같습니다. 손에 든 완즈가 유혹의 무기인 셈입니다.

그럼에도 완즈 카드는 약간 인간적인 면이 있습니다. 아주 매몰차거나 차갑지는 않습니다. 사람을 속이거나 잠시 바람을 피울 수는 있어도 아예 옛사람을 버리지는 않습니다. 솔직하고 긍정적인 스타일입니다. 호기심도 많고 사람들을 사귀는 것도 좋아합니다. 자신이 유혹하기도 하지만 스스로 유혹에 빠져드는 경우도 많습니다. 마음이 약해서 그 유혹을 매몰차게 거절하지 못하는 게 문제입니다.

한 남성이 자기 보다 키가 큰 지팡이를 들고 있습니다. 그림의 전체 색감이 온통 붉은색입니다. 이 카드는 페이지의 4개 카드 중에서 가장 어리고 순수한 에너지를 풍깁니다. 역시 불의 성향이 담겨있어서 색감이 붉습니다. 붉은색은 진보적이고 열정적이며 미래 지향적입니다. 이 젊은 친구는 놀기 좋아하고 사람 사귀는 걸 좋아합니다. 인터넷 SNS에 능수능란한 요즘의 MZ 세대들과 비슷하다고 보면 됩니다. 어떤 대상을 쉽게 좋아하고 빠르게 싫증냅니다. 직관적이고 본능적이며 눈치가 매우 빠른 스타일입니다. 성격이 불같아서 욱하는 면도 있지만 뒷 끝은 없는 편입니다. 사람들과 관계를 유지하다가 잘 삐지기도 합니다. 역시 노란색 옷에 그려진 샐리맨더의 머리와 꼬리가 원을 완성하지 못한 것을 보니 미성숙함을 알 수 있습니다. 완즈는 지금 이 페이지 카드에서 나이츠를 거쳐 퀸과 킹으로 성숙해 가는 과정을 보여줍니다.

45

King of Cap

> 가슴이 따뜻한 상사지만
> 무섭게 돌변할 수도 있어요

여유, 관대, 사교적, 감정적,
임기, 다정한, 매너

왕 시리즈 중에서 가장 따뜻해 보이는 카드입니다. 캡 시리즈는 감정을 나타내는데 그중에서도 왕입니다. 왕이 감정적이라고 하면 관대하고 포용적인 느낌이 듭니다. 이런 남성은 안정적이면서 매너 있고 다정합니다. 다른 사람의 고민을 다 들어주고 친절하게 방법을 이야기해 줍니다. 그를 따르는 사람들에게 친절합니다. 왕의 의자도 왕관의 형상입니다. 왕의 권위와 포용력이 어디서든 드러납니다. 사람들을 강압적으로 지배하는 게 아니라 의지하고 따르게 하는 왕입니다.

이 사람은 감정을 소중히 하는 사람이고 가슴이 참 따뜻한 사람입니다. 왕의 뒷배경 색깔이 보라색인 걸 보니 4차원적인 독특한 사고를 가지고 있기도 합니다. 다 받아들일 수 있는 사람 같고 나름 가슴이 넓은 사람이기는 한데 예측불허의 독특한 생각을 하고 있으므로 가볍게 여겨서 함부로 건드리면 안 됩니다. 친절하게 잘 받아주다가도 상대가 너무 무리한 행위를 하거나 범위를 넘어섰다고 생각하면 무섭게 돌변할 수도 있으니까요.

빨간색 망토는 돌변할 수 있는 왕의 스타일을 예견합니다. 머리도 빨간색입니다. 열정은 넘치지만 욱하는 성격이 갑자기 나올 수 있습니다. 독보적이지만 자기만의 세계가 있고 카리스마도 있네요. 사람들과의 관계도 좋습니다. 사교적이어서 누구와도 편하게 관계를 맺지만 자기 속을 잘 드러내지는 않습니다. 매너는 있지만 뭔가 쉽게 다가갈 수 없는 독특한 세계를 가진 사람이라고 할 수 있습니다. 성숙하고 지적인 왕이면서 예의 바르고 정중한 사람이라서 얇고 넓게 사람들을 사귑니다. 베풀기 좋아하고 섬세하지만 심리적으로 예민한 부분도 감안해야 합니다. 자신이 한번 판단하면 인내심을 가지고 기다릴 줄 아는 스타일입니다. 음주·가무와 예술을 사랑하지만 중독될 정도로 빠지지는 않습니다.

왕이 왼손에는 왕홀을, 오른손에는 컵을 들고 황금색 망토를 입고 황금 목걸이를 하고 앉아 있습니다. 목걸이에는 정신세계, 창조의 상징인 물고기 모양의 펜던트가 달려 있네요. 왕이 앉아 있는 왕좌는 바다 한가운데 있지만 바다에 잠기지는 않았습니다. 위기는 있지만 의외로 차분합니다. 파도가 치는 상황이지만 위기라 생각하지 않습니다. 왕이 입고 있는 옷도 바닷물에 닿아 있지 않습니다. 이런 상황은 감정이 풍부하지만 거기에 빠져 있지는 않다는 얘기입니다. 유혹에 빠지지 않고 나름 이성적으로 자신을 잘 추스를 줄 아는 사람입니다. 왕의 오른쪽 뒤편으로는 붉은색 배가 보입니다. 그 배는 왕이 가진 독특한 세계, 특별한 야망을 의미합니다. 붉은색 배는 생각을 행동으로 과감하게 옮기는 것을 표현합니다. 왼쪽의 돌고래는 평화와 지성, 영성을 상징합니다. 혼란이 있어도 차분하게 잘 수습할 겁니다. 꽤 균형이 잡힌 사람이라고 할 수 있습니다.

46

Queen of Cap

> "
> 따뜻한 여인이지만
> 감정의 기복이 심합니다
> "

| 지혜, 사랑, 감수성, 공감능력

이 여성은 꽤 예민한 편입니다. 몸이 마른 여성들이 대체로 예민합니다. 신경질적이고 짜증도 잘 낼 것 같습니다. 그런데 캡은 두 손으로 공손히 들고 있네요. 나름 자신만이 구축해 온 가치에 대해서는 애지중지합니다. 하얀색 옷을 입고 있는 걸 보니 순수하고 순결하지만 차갑고 냉정할 수도 있겠네요. 머리카락 색도 노란색인지 녹색인지 좀 애매한 색입니다. 성격도 우유부단할 수 있을 것 같습니다.

이 여성 앞에 물이 흐르고 있습니다. 물고기 2마리가 보입니다. 2라는 숫자를 활용해 리딩해도 좋을 것 같습니다. 2가지 선택지, 2개의 무기, 2개월간의 시간 등등의 응용이 생각납니다. 물고기는 그녀가 거둔 결실을 상징합니다. 자식을 2명 낳았을 수도 있습니다. 남성이 2명? 이건 조금 더 나간 해석입니다. 물론 그런 해석도 충분히 있을 수 있는 게 우리 세상사입니다. 고객이 어떤 질문을 하더라도 그에 맞는 리딩을 자연스럽게 해야 하기에 극단적인 상황 등도 늘 대비하는 게 좋습니다.

물고기 2마리는 여성에게 다가오는 중입니다. 여성에게 뭔가 끌리는 매력이 있나옵니다. 이 여성은 주변 사람들을 흡수하고 끌어들이거나 공감하는 능력이 탁월합니다. 저 물고기가 어떤 물고기냐에 따라 해석이 달라질 수 있습니다. 잉어나 붕어라고 하면 여성 몸보신으로 연결됩니다. 출산한 고객에게 이 카드가 나왔다면 일단 몸보신부터 권하는 게 좋겠지요. 주로 물고기 쪽으로 드시는 게 좋다고 하시면 됩니다. 캡 시리즈는 공감 능력이 뛰어납니다. 감정, 감수성이 풍부하고 지혜로우며 사랑스럽습니다. 이 여성이 앉은 의자를 보니 보라색입니다. 보라색은 4차원이라고 했죠? 어디로 튈지 모르는 예민한 성격입니다. 뭔가 생각하는 게 잘 정리가 안 되고 오래 생각하는 스타일입니다. 캡을 두 손으로 받들고 있는 건 따뜻한 배려의 마음일 겁니다.

여왕이 의자에 앉아 황금 컵을 두 손으로 들고 있습니다. 컵의 손잡이 양쪽에는 성스러운 물건이나 장소를 지키는 천사 케루빔이 보입니다. 그녀는 모래 위에 앉아 있습니다. 바로 발 앞에는 물결이 치네요. 여성이 물을 만난 건 정말 좋은 의미입니다. 음의 에너지가 감정의 에너지를 만나 2배의 음이 됩니다. 이런 부류의 사람들은 생각이 애매한 경우가 많죠. 모래는 물을 만나면 허물어집니다. 그녀는 조만간 위기를 맞을 수 있습니다. 이 여인은 감정의 기복이 심하고 아주 예민하며 한번 상처를 받으면 치유하는 데 오랜 시간이 걸립니다. 우울증에 걸릴 확률도 높은 스타일입니다.

그러나 긍정적으로 보면 일반인들이 범접하기 힘든 고차원적 정신세계를 가진 사람으로 주로 예술가가 많습니다. 자기만의 스타일에 빠져 사람들과 쉽게 교류하지 못합니다. 78장의 타로카드 중에서 가장 화려하면서도 '뚜껑이 닫혀 있는 컵'으로는 유일한 카드입니다.

47

Knight of Cap

> "
> 지금 사랑하는 사람에게
> 프러포즈하러 가시는군요
> "

| 질투, 스킨십, 배려,
| 즐거운, 낭만적

이 그림은 그냥 보기만 해도 따뜻하고 낭만적입니다. 이 기사는 로맨틱한 남성입니다. 다른 기사 그림을 보면 말들이 역동적으로 막 달려 나가는 느낌이지만 이 말은 차분하게 걸어가고 있네요. 말의 머리에는 마치 프러포즈를 위해 준비한 것 같은 해바라기가 있습니다. 그 해바라기 위에 이 카드의 핵심 상징인 캡(모자)이 씌워져 있고요. 다소 코믹한 분위기지만 조금은 따뜻함이 느껴집니다. 전체 배경 색감도 노란색으로 그 따뜻함을 북돋아 주고 있습니다.

이 기사는 설레는 마음으로 누군가에게 갑니다. 자신의 뜨거운 사랑을 꽃에 담아 가는 것 같네요. 그가 입고 있는 상의는 사랑과 열정을 상징하는 붉은 색입니다. 백마의 흰색은 역시 순수함을 상징하는데 기사의 사랑이 순수하다는 걸 의미합니다. 말 머리에 있는 해바라기는 오직 당신만 바라본다는 의미입니다. 만약 사귀게 되면 그 한 사람에게만 충실한 사람입니다. 한눈팔지 않고, 바람 피지 않고 한 사람만을 사랑할 우직한 남성입니다.

그런데 기사가 가는 방향에 바위산이 놓여 있습니다. 사랑의 행로가 그리 순탄하지만은 않을 것 같습니다. 어느 사랑이나 그렇지만 순수한 이 기사의 사랑도 난관이 있을 겁니다. 그러나 그 난관이 넘어서지 못할 정도는 아닙니다. 고객이 찾아와서 "제가 지금 사랑하는 사람과 인연이 이어질 수 있을까요?"라고 묻는다면 긍정적인 답변을 주셔도 좋습니다. 지금 이 기사의 머릿속에는 눈앞의 난관에 대한 걱정보다는 즐거운 상상이 더 가득합니다. 그 즐거운 상상들로 인해 바위산이 보이지 않습니다. 곧 돌부리에 걸려 넘어질 수도 있습니다. 만약 사랑하는 사람에게 프러포즈를 받아줄 연락이 온다면 해가 쨍쨍할 때 연락이 올 겁니다. 이 기사는 사랑이 급한 듯 하지만 성격이 그리 급한 것 같지는 않습니다. 말이 차분하게 걸어가는 걸 보니 그렇게 해석할 수 있네요.

이 남성은 여성들의 로망인 백마 탄 왕자님이네요. 갑옷을 입은 젊은 남성이 물고기 그림이 그려진 옷을 입고 천천히 말을 타고 가고 있습니다. 보통 기사들과는 달리 급진적이지 않고 차분하며 온화한 분위기가 느껴집니다. 땅에 물이 흐르고 있는 걸 보니 물의 성향이 강한 남성입니다. 상냥하고 부드럽고 예의 바르며 잘생긴 청년입니다. 남성적인 느낌 보다는 여성적인 부드러움이 느껴지고, 이성적이고 엄격한 분위기보다 감성적이고 낭만적인 분위기가 흐릅니다. 너무 감성적이어서 자제력을 잃을 가능성도 있습니다. 머리의 투구와 신발에 모두 날개가 달려 있습니다. 날개는 바람처럼 자유로운 생각을 나타냅니다. 나이트 카드 4개 중에서 유일하게 강이 흐르는 카드입니다. 강은 생명의 힘이 흐르는 것을 상징합니다. 곧 이 남성은 새로운 만남을 가질 겁니다. 좋은 파트너를 만날 겁니다. 이 카드는 청혼, 초대, 프러포즈, 제안 등과 어울립니다.

48

Page of Cap

Page of Cap

> 새로운 것에 흥미를 갖지만
> 금방 싫증을 느끼기도 합니다

| 감수성, 순수한, 변덕,
| 자기애, 예술, 독특한

이 그림에도 물고기 2마리가 보입니다. 그런데 물고기가 좀 독특하네요. 물고기가 물에 있지 않고 하늘을 날고 있습니다. 역발상이고 변덕스러운 상황입니다. 모자를 쓰고 있는 여성은 이 물고기가 마음에 안 듭니다. 손에 물고기를 올려놓고 하늘로 막 던지는 것 같습니다. 조금은 예술적이고 독창적인 그림입니다. 이 여성의 머리카락 색은 짙은 보라색이고 입은 옷은 연보라색입니다. 보라색 분위기로 도배하고 있습니다. 보라색은 제가 여러 번 언급했듯이 소위 말하는 '똘끼', 즉 4차원적인 느낌입니다.

여성은 목에 끈을 묶었습니다. 무언가를 묶었다는 것은 단호함, 고집스러움을 나타냅니다. 자기 생각과 맞지 않으면 사람 관계도 틀어질 수 있습니다. 그녀가 서 있는 곳이 어디일까요? 해운대나 경포대 바닷가 같습니다. 갈색의 땅은 모래사장 같고 중간의 하얀색은 바다이고 상단은 파란색 하늘입니다. 혼자서 바다에 있다는 건 누군가와 헤어지고 마음을 정리하는 중이라고 보입니다. 자신의 추억을 물고기를 내던지듯 버리려는 겁니다. 두 남성이 있었던 것 같습니다. 그 둘 모두 버리려는 겁니다. 2가지 성취가 있었습니다. 그 성취도 버리려 합니다. 마음이 변한 겁니다.

갈색의 모래는 따뜻하지만 하얀색의 바다는 차갑습니다. 냉정과 열정 사이를 왔다 갔다 합니다. 아마도 모자 안에 물고기 2마리가 있었을 텐데 그걸 밖으로 빼서 버리는 겁니다. 물고기도 그렇게 작은 사이즈도 아닙니다. 순수한 듯 하지만 비현실적입니다. 독특한 상상력을 가지고 있습니다. 창조성이 뛰어나서 예술 방면에 일하는 분일 수도 있겠네요. 새로운 물건, 새로운 사람에 대해 호기심이 많지만 그 호기심만 채우고 나면 금방 싫증을 냅니다. 어린아이와 같은 순수함과 영적인 능력도 갖추고 있습니다. 남녀 관계를 보면 평등의 위치보다 나이 차가 많이 나는 사람일 수도 있고요. 사랑하지만 비현실적인 사랑을 합니다. 명상, 망상에 잘 빠져드는 편입니다.

잘생긴 청년이 푸른색 모자에 분홍색 연꽃이 그려진 옷을 입고 있네요. 모자에 달린 파란색 술은 그의 발 앞에 보이는 파도 모양을 닮았습니다. 이 카드는 페이지 카드 4개 중에서 가장 여성적이고 어린아이와 같은 순수함을 가지고 있습니다. 컵에 물고기가 담겨있습니다. 이 물고기는 영적인 정신세계를 상징합니다. 지구상의 모든 생명체가 그러하듯이 컵에서 새로운 생명이 나오고 있네요. 황금색 컵은 자궁이고 물고기는 새로운 아기의 탄생입니다. 옷에 그려진 분홍색 연꽃은 뭔가 다른 차원의 세계와 교신하는 것을 의미합니다. 남들이 갖지 못한 신성한 힘을 가지고 있거나 아니면 남들이 생각하지 못하는 독특한 상상력, 창조력을 가지고 있을 수도 있습니다. 주변 사람들로부터 인기가 많지만 비현실적이고 가끔 변덕을 부려 일을 망칠 가능성도 보입니다. 기분에 따라 돈을 흥청망청 쓰거나 주변 사람들에게 돈을 막 빌리는 스타일입니다.

King Of Swords

King of Swords

무게감, 이성적, 냉철한,
젠틀한, 논리적, 판단력

타로카드 중에서 가장 해석하기 힘든 카드가 '코트 카드'입니다. 상황 중심이 아니라 인물 중심으로 되어 있어서 더 그럴 겁니다. 상황 중심은 그림만 봐도 이야기가 그려지기 때문에 해석해 낼 수 있는 여지가 많습니다. 그런데 코트 카드는 인물들에게서 어떤 이야기를 뽑아낼지 애매합니다. 코트 카드 한 장만으로는 해석이 힘들어서 다른 카드 한두 장을 더 뽑아 해석해봅니다. 코트 카드 리딩을 할 때는 인물에 중심을 두기보다는 '고객의 질문과 관련된 성격이나 사고방식에 초점을 맞추는 것'이 좋습니다. 코트 카드는 총 4개 분야로 나뉩니다. 킹과 퀸, 나이트와 페이지입니다. 그 4개에 수트 카드 4개 분야를 결합하면 됩니다. 킹에서 컵, 펜타클, 소드, 완즈 4개 카드가 나오듯 퀸, 나이트, 페이지에도 각각 4개의 카드가 나옵니다.

앞에서 언급했지만 소드 카드들은 칼을 들고 있다 보니 이성적이고 냉소적이며 날카롭습니다. 이 카드는 왕이 칼을 들고 있으니 더 위엄 있고 카리스마도 있습니다. 너무 냉정해서 감정이 메말랐다는 평가도 나옵니다. 그런데 루아 카드는 조금 더 인간적입니다. 얼굴에 여전히 표정은 없지만 기존 웨이트 카드 보다는 따뜻함이 느껴질 겁니다.

이 카드는 빨간색, 파란색, 녹색의 3가지 색상으로 구성되어 있습니다. 거기에 왕이 앉은 곳은 노란색이고 입고 있는 옷은 보라색입니다. 빨간색과 파란색은 냉정과 열정 사이를 나타내며 보라색은 귀족, 노란색은 재물과 권력입니다. 왼쪽에 자가 보입니다. '자로 잰듯하게 칼 같다'는 뜻이지요. 한 치의 오차도 허용하지 않습니다. 전등은 세상을 밝혀주는 지혜, 리더십입니다. 보라색은 4차원적인 왕을 상징하는데 광해군, 연산군 같은 스타일일 겁니다. 황금 망토는 부와 명예를 다 가졌음을 나타내고 초록은 풍요와 평화를 의미합니다. 나름 날카롭고 냉정하지만 세상에 평화를 유지하는 리더십을 가지고 있습니다. 사업할 때 상대가 이런 사람일 수 있지요. 뭔가 단단한 내공을 갖춘 사람일 겁니다. 협상에서도 감정을 드러내지 않고 차분합니다. 고객이 그런 상대를 만나 고민하고 있다면 상대를 존중하고 최대한 이성적, 논리적으로 협상을 이끌고 가라고 얘기합니다.

자리에 앉아 있는 왕의 표정이 강인해 보입니다. 뭔가 확고한 의지를 가지고 자신의 생각을 관철할 것 같습니다. 머리와 팔을 감싼 빨간 색 옷은 일에 대한 열정이고 파란색 옷은 냉정함을 상징합니다. 열정과 냉정 사이에서 나름 강력한 카리스마를 보여줍니다. 보라색 망토는 조금 독특한 왕의 사고를 나타냅니다. 왕의 뒤에 보이는 나무는 '관계'를 의미합니다. 인간관계도 한 발짝 떨어져서 감정에 휘둘리지 않고 냉정하게 유지합니다. 나무는 바람이 불어도 흔들리지 않는 강인한 정신력을 상징합니다. 의자에 새겨진 나비와 실프는 왕에게 조언해 주는 사람이 곁에 있다는 의미입니다. 왕은 모든 일을 감정적으로 처리하기보다 합리적으로, 이성적으로 처리하려 할 겁니다. 너무 냉철해서 냉혹하고 잔인하다는 이야기를 들을 수도 있습니다.

50

Queen of Swords

> 66
> 그녀는 강인한 의지와
> 결단력을 가지고 있네요
> 99

**깔끔한, 지적인, 굳센,
사리분별, 커리어 우먼**

한 여성이 자신의 머리카락을 자르고 있습니다. 인물 카드지만 뭔가 숨겨진 스토리가 있을 것 같습니다. 다양한 해석을 가능하게 하는 포인트가 있네요. 파스텔톤의 그림이 깔끔한데 의외로 잔인한 장면에 집중하게 됩니다. 여성이 자기 머리를 잘랐다는 건 뭔가 결단할 때 하는 행동입니다. 귀도 뚫고 머리도 자르고 옷도 다른 스타일을 입습니다. 변화가 필요한 거고 그 변화를 결심할 때 한을 품기도 합니다.

이 카드는 변화가 필요한 시점을 얘기합니다. 여성의 머리가 짧은 걸 보니 커리어 우먼일 가능성이 큽니다. 자기가 결심한 일은 어떻게든 이루어내는 '좀 센 언니 스타일'입니다. 허리까지 내려온 머리를 기르려면

10년 정도는 걸릴 겁니다. 그걸 과감히 잘랐다는 건 큰 결심입니다. 머리 카락도 주황색으로 독특합니다. 머리카락 색과 옷 색깔도 비슷하네요. 여성은 약간 구름 위에 떠 있어서 좀 비현실적인 느낌이 들고 조금 무섭기도 합니다. 그런데 손 위에 황금빛 스포트라이트가 비추는 걸 보니 좋은 의미로 해석할 수 있습니다. 나름 지금의 결정이 잘한 것이라는 걸 보여줍니다.

그림은 전체적으로 몽환적이면서도 화려한 듯 차분합니다. 칼도 단도가 아니라 꽤 깁니다. 긴 칼이라는 건 오랜 시간 결심 끝에 지금의 행동을 했음을 의미합니다. 이 여성은 사리 분별도 분명하고 의지도 강합니다. 아마도 생각하고 계획한 걸 추진하는 힘도 있을 겁니다. 강인한 의지와 결단력은 정에 끌려다니지 않는 스타일이며, 어떤 면에서는 피도 눈물도 없는 여인의 모습을 보여줍니다. 불굴의 의지, 강한 집중력을 갖고 있습니다. 집안에 누군가 유명을 달리한 상황에서도 그 슬픔을 억누르고 자신이 목표한 바를 끝까지 이루려는 사람입니다. 이 여인은 뭔가 한이 맺힌 여성일 수도 있고 복수심에 불타 있는 사람일 수도 있습니다. 이 카드는 지혜와 진리를 상징하고 간단명료하고 엄격하며 간결하고 확실한 표상을 보여줍니다.

언덕 위의 왕좌에 나비 모양의 왕관을 쓴 여왕이 앉아 있습니다. 저 하늘 끝에는 이 여왕의 외로움을 상징하듯 새 한 마리가 날아갑니다. 그러나 이 여왕에게는 외로움도 사치인 것 같습니다. 세상 사람들의 감정에 휘둘리지 않는 냉철한 여인이기 때문입니다. 나비 모양의 왕관은 공기를 상징합니다. 공기는 초연해서 다른 사람의 감정에 휩쓸리지 않습니다. 여왕의 팔걸이에는 '케루빔, 나비, 초승달' 모양이 새겨져 있습니다. 케루빔은 지식과 지혜를 상징하고 나비는 자유와 변형의 에너지를 나타냅니다. 여왕은 오른손으로 칼을 힘있게 잡고 있는데, 이는 위엄을 상징하며 왼손은 무언가 베푸는 자세를 취하고 있네요. 강인한 카리스마와 부드러운 포용력을 다 갖추고 있습니다. 이 카드는 관계적인 측면에서 '별거, 이혼, 이별'을 상징합니다. 고객이 부부관계 혹은 애인에 대해 질문하는데, 이 카드가 나왔다면 헤어질 가능성이 있음을 조심스럽게 말씀드려도 좋겠습니다.

51

Knights of Swords

Knight of Swords

> "
> 목표를 향해 거침없이
> 달려가는 스타일입니다
> "

**용감, 저돌적, 의리,
거침없는, 속전속결**

기사가 말을 타고 칼을 들고 있습니다. 뭔가 저돌적으로 일을 추진하는 사람입니다. 공격적인 스타일이고 날카롭고 냉정하며 차갑습니다. 전쟁에 나가는 기사인데 입술이 빨갛게 칠해져 있네요. 이는 전투에 임하는 그의 자세가 엄청 열정적이라는 의미입니다. 말의 다리가 올라가 있는 걸 보니 거침없이 앞으로 달려 나가는 형상입니다. 이 사람은 무슨 일이든 빨리빨리 처리하려고 할 겁니다. 말 그대로 속전속결입니다.

말 뒤로 들판이 보입니다. 이 들판을 쉼 없이 달려왔습니다. 저 뒤로 산도 보이고 앞에는 바위도 있습니다. 산을 넘고 바위도 넘었습니다. 어려운 고비를 다 넘기고 여전히 쉼 없이 달려갑니다.

산을 희미하게 그린 것은 이미 지나버린 과거이기 때문입니다. 산은 풍요의 세계입니다. 하지만 지금은 그 풍요를 생각할 겨를이 없습니다. 들판은 내가 지켜야 할 영역이자 뛰놀던 고향입니다. 그 고향을 뒤로하고 그 고향을 지키기 위한 전투에서 앞장서서 칼을 들고 전진하는 중입니다. 이 남성은 뭔가 확신에 차서 자신이 목표한 것을 향해 열정적으로 달려갑니다. 어떤 공격에도 쉽게 무너지지 않는 강인함도 갖추고 있습니다. 바위를 보니 차돌 같은 단단한 의지가 보입니다. 타로 리딩에서는 그림의 각각이 상징하는 1차적인 의미를 잡아내어 쉽고 공감이 가도록 연결해서 리딩하는 게 좋습니다.

그렇다면 바위는 어떤 1차적 의미를 지닐까요? 단단함과 차가움, 강인함 등이 가장 먼저 떠오릅니다. 그 이미지로 리딩하면 됩니다. 이를 고객의 질문과 잘 연결되도록 만들어 가면 됩니다. 비즈니스맨이라면 지금 맡은 일을 성공시키기 위해서 모든 에너지를 다 쏟아부을 겁니다. 비즈니스 협상이 유리하게 전개되도록 강하게 밀어붙이고 결국에는 성공할 것입니다. 그의 이런 모습을 멀리서 혹은 가까이서 매력을 느끼며 바라보는 사람도 있습니다. 그러나 이 남성은 그런 정과 애정에 마음을 돌릴 여유가 없는 상황입니다.

한 젊은 기사가 바람을 가를 정도로 빠른 속도로 오른손에 칼을 들고 달려갑니다. 말의 갈기에서 속도감이 느껴집니다. 백마는 순수함이고 머리 투구 뒤에는 빨간 깃털이 달려 있는데, 이는 열정을 의미합니다. 이처럼 순수한 열정으로 목표를 향해 달려가고 있습니다. 고삐에는 새 5마리가 그려져 있네요. 비즈니스맨이라면 5달 안에 끝장을 볼 겁니다. 기사는 언덕을 지나고 눈앞의 두 그루 나무도 순식간에 지나칠 겁니다. 언덕과 나무는 그를 방해하는 장애물일 수 있습니다. 나이트 카드 4개 중에서 말을 가장 빠르게 몰고 가는 카드입니다. 돌격의 에너지가 그대로 느껴집니다. 기사는 바람을 헤치고 힘차게 달려가고 있습니다. 그는 어떠한 어려움이 닥쳐도 굴하지 않고 정면승부를 합니다. 장애와 도전을 당당하게 받아들이는 아주 정열적이고 에너지 넘치는 사람입니다. 이런 카드가 나왔다면 투자를 해도 손실보다는 이익을 얻을 가능성이 큽니다.

52

Page of Swords

Page of Swords

"
이성적, 논리적인 협상가를
만나게 될 겁니다
"

| 경계심, 머리좋음, 약삭빠름,
| 근시안적, 정서적인 면 취약

약간 어리숙하게 생긴 청년이 있습니다. 발밑에 책이 떨어져 있는 걸 보니 아르바이트를 하는 대학생 같습니다. 편의점 등에서 한 푼이라도 더 벌려고 애를 쓰고 있습니다. 페이지 카드들은 대체로 순수합니다. 그림에 등장한 청년도 순수함을 간직한 아마추어입니다. 뭔가 미숙해 보이지만 열정만큼은 뜨겁습니다. 그의 머리와 허리에 걸쳐진 파란 색 구름은 그가 가진 꿈과 이상입니다. 그는 이루어야 할 게 아직 많습니다. 공부를 더 해야 하는 사람입니다. 그런데 그의 공부하던 책이 바닥에 뒹굴고 있네요. 공부도 제대로 못 하고 일도 잘 못 하는 답답하고 암담한 상황인 것 같습니다.

공부는 하긴 해야 하는데 생계가 곤란합니다. 하숙비 감당도 안 되니 도서관에서 나와 아르바이트를 뛰어야 합니다. 요즘 이런 청춘들이 한두 명이 아닙니다. 조금 생긴 목돈으로 코인이나 주식에 투자했다가 더 망해버린 안타까운 청춘도 종종 봅니다. 공부하다가 삶의 전쟁터에 나온 사람은 불안할 수밖에 없습니다. 일에 집중하기 힘든 아마추어 중에 최고의 아마추어입니다. 칼을 들고 있다는 건 세상에 대한 믿음이 약하고 경계를 한다는 얘기입니다. 이 청년은 근시안적일 겁니다. 다리도 불안정해서 제대로 서 있지 못합니다.

칼 위에 서광이 비치고 있습니다. 뭔가 끓어오르는 것 같네요. 페이지 카드는 원래 남성 카드입니다. 그러나 묻는 사람의 상황에 따라 리딩을 유연하게 할 수 있습니다. 이 청년은 바로 앞 계산은 스스로 빠르다고 생각할 겁니다. 대신 먼 계산을 못 합니다. 그래서 근시안적입니다. 숲을 못 보고 나무만 봅니다. 직장도 여기저기 안정을 못 찾습니다. 아르바이트도 장기적인 것은 힘들 겁니다. 고객이 아르바이트에 관해 물으면 단기적인 것을 권하세요. 구름 2개가 보이니 2달 정도가 적당하고 피자 커팅이나 고기를 자르는 쪽이 좋을 것 같습니다. 야채나 회를 써는 곳도 괜찮습니다. 왜? 칼을 들고 있으니까요. "군대에 갈까요? 아르바이트를 할까요?" 하고 물으면 일단 2달 정도 아르바이트를 하고 군대에 가라고 이야기하시면 됩니다.

PAGE of SWORDS.

호기심과 배움에 대한 욕구가 있는 청년으로 언덕 위에 서서 칼을 들고 어디선가 불쑥 나타날 적을 경계하고 있습니다. 하늘에는 새 떼가 날아다닙니다. 저 새들처럼 본인도 자유롭게 날아다니고 싶을 겁니다. 하지만 현실은 땅에 붙들려 있습니다. 자주색 옷과 붉은색 신발을 신고 있는 걸 보니 열정이 충만하네요. 서 있는 언덕은 지형 자체가 굉장히 불안합니다. 현재 이 청년의 상태를 그대로 보여줍니다. 그러나 어떤 장애가 있어도 이 청년은 원하는 목표를 이루려고 노력할 겁니다. 머리와 몸의 방향이 서로 다른 걸 보니 생각과 행동이 다르다는 걸 알 수 있습니다. 생각과 행동이 다르면 세상으로부터 신뢰를 얻을 수 없습니다. 칼을 들고는 있지만 칼을 보고 있지는 않습니다. 칼이 본인의 무기가 되지 못하고 있는 겁니다. 자신이 가지고 있는 능력을 제대로 발휘하지 못하고 있음을 증명합니다. 지식을 채우고 있지만 그 지식을 제대로 써먹지 못합니다.

53

King of Pentacles

"
가지고 있는 것을
잘 지키는 보수주의자입니다
"

경제력, 명예, 사업가,
소유욕, 욕심, 자기중심적

수염을 기른 왕이 돈을 꽉 움켜쥐고 있습니다. 어쨌든 코인은 돈과 관련된 카드입니다. 돈이 많은 사람인데 돈을 놓으려 하지 않습니다. 어딘가에 기부할 사람은 아니고 소유욕이 많은 사업가 기질이라 할 수 있습니다. 자기가 가지고 있는 것을 투자해 더 큰 돈을 벌려고 하거나 사업을 확장하려 할 겁니다. 투자를 한다고 해도 그렇게 함부로 막 하는 스타일이 아니라 조금 보수적인 투자 스타일이라 할 수 있습니다. 고위험 투자보다 안전성에 초점을 맞추는 사람입니다. 주식보다는 은행에 안전하게 맡겨 놓는 스타일입니다.

수염을 보니 성격이 완고한 것 같습니다. 경험은 많지만 다른 사람의 이야기는 들으려 하지 않고 자기식대로 밀고 나가는 사람입니다. 코트 카드들은 전체적으로 동화적, 몽환적으로 그려져 있습니다. 제가 일부러 그림의 의도를 그렇게 했습니다. 왕인데 의외로 파란색 옷을 입고 있습니다. 보통 왕들은 파란색 옷을 외출복으로 잘 안 입습니다. 왕족 출신은 아닌 것 같습니다. 일반인이 부를 움켜쥐면서 권력의 자리에 올라선 느낌입니다. 파란색은 냉정하고 차가운 것을 상징합니다.

그림이 편안한 분위기라서 다가가서 돈 좀 꿔달라고 부탁하면 꿔줄 것 같지만 실상은 돈을 움켜쥐어서 내놓을 사람은 아닙니다. 태생적으로 금수저는 아닙니다. 이 사람은 자신의 힘으로 돈을 모아서 자수성가한 스타일입니다. 그래서 더 악착같고 욕심이 많을 겁니다. 돈에 대해 소중함을 너무 잘 알기에 함부로 돈을 쓰지 않습니다. 100억 원을 가지고 있어도 100억 원을 더 벌려는 욕심을 가지고 있는 사람입니다. 보통 부자들이 그렇듯이 이 사람도 구두쇠 스타일일 겁니다. 비행기도 이코노미석을 이용할 겁니다. 더 발전할 수 있는 사람이기는 하지만 원래 모험을 싫어해서 큰 도약을 이루기는 쉽지 않아 보입니다. 능력은 많은데 스스로의 한계에 주저앉아 있는 형상입니다. 육체적인 쾌락이나 즐거움에 빠져서 무기력이나 권태에 빠질 위험도 좀 보입니다.

웨이트 카드

왕이 앉아서 왼손에는 돈, 재물을 상징하는 펜타클을 들고 있고 오른손에는 권력을 상징하는 홀을 들고 있습니다. 바닥에 흙이 보이는 걸 보니 꾸준하고 착실한 흙의 성향이 있는 걸 알 수 있네요. 흙의 성향은 자신이 가지고 있는 것을 지속적으로 유지하는 스타일입니다. 욕심이 있어서 자기 것만 챙기는 욕심쟁이 스타일로 흐를 수 있습니다. 그가 입은 검은 바탕의 옷은 왕의 위험을 나타내고 포도 넝쿨은 풍요로움을 상징합니다.

갑옷과 뒤로 보이는 담벼락은 자신이 현재 가지고 있는 것을 지키는 방어와 보호, 보수성을 표현합니다. 의자 아래의 회색 황소 머리는 균형을 이루어낸 왕의 힘과 인내를 상징합니다. 왕의 얼굴 좌우에 있는 갈색 황소는 자신이 누리고 있는 권위와 안정을 나타냅니다. 강한 소유욕, 현명한 투자, 큰 조직의 리더, 능력 있는 남편 등이라 할 수 있습니다.

54

Queen of Pentacles

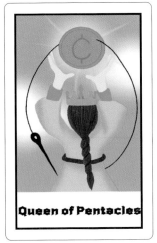

> 66
> 참 헌신적이고 베풀며
> 봉사하는 여성이네요
> 99

**계산적, 현실적, 검소한,
실용적, 모성애, 교양, 균형**

머리를 딴 여인이 돈을 신격화하듯 떠받들고 있습니다. 마치 현대인의 현실을 보여주고 있는 것 같네요. 바늘 실로 돈이 꿰어 있고 그녀의 왼쪽에 커다란 바늘이 보입니다. 마치 성경에 나오는 '부자는 낙타가 바늘구멍에 들어가기보다 더 어렵다'는 말씀이 떠오릅니다. 나름 성실하고 부지런한 사람입니다. 계산적이라서 무슨 일을 할 때 꼼꼼하게 따박따박 따지는 스타일이죠. 아마도 이런 사람에게 돈을 꾸기는 아주 어려울 겁니다. 이 사람은 부업을 하면서 돈을 악착같이 모으고 알뜰하게 살림도 잘합니다. 구멍 난 양말도 바늘로 꿰매서 신 듯이 말입니다. 돈을 실로 꿰었다는 건 나름 독창적인 생각입니다.

그림을 보니 코인(돈)이 마치 태양처럼 신격화되어 있습니다. 아마도 그동안 너무 어렵게 살다 보니 그만큼 돈이 위대해 보였을 것 같습니다. 가난한 사람들이 큰돈을 만나면 가끔 그렇게 생각하기도 합니다. 그런데 이 그림에서 중요한 것은 앞모습이 아니라 뒷모습이 나왔다는 겁니다. 이 사람의 속을 알 수 없다는 얘기입니다. 돈을 엄청나게 추앙할 수도 있고, 그냥 겉모습만 그렇게 보이는 것일 수도 있습니다.

바늘은 헌신을 의미합니다. 세상에 헌신적이며 베풀고 봉사하는 사람일 가능성도 보입니다. 머리를 땋고 있는 건 생각이 복잡하다는 얘기입니다. 이 여성은 지금 머릿속에 돈만 생각하고 있지는 않을 겁니다. 아이들 가르칠 걱정, 남편이 바람난 건 아닌가 하는 걱정, 이웃집 사람과 어떻게 화해할까 하는 걱정, 내일 돈 나갈 걱정 등, 걱정이 머리카락 꼬이듯이 계속 이어집니다. 그렇지만 머리를 묶거나 땋은 것은 잡생각을 없애려는 노력일 수 있고, 그냥 외모로만 보면 여성스러운 모습일 수도 있습니다.

바늘은 성실함, 부지런함도 상징합니다. 자기를 희생하면서 현재 상황을 헤쳐가려는 그녀의 고군분투가 그려집니다. 부지런하게 재산을 잘 모으는 사람이지만, 자신이 사랑하는 사람을 위해서 그 돈을 쓰는 것도 망설이지 않습니다. 갈색은 흙의 빛깔입니다. 흙도 여성도 모두 음의 성향이라 할 수 있습니다. 음은 보수적이고 보호하며 유지하는 성격입니다.

황금빛 왕관에 초록색 베일을 쓴 여왕이 왕좌에 앉아 있습니다. 그 왕좌는 궁궐에 있지 않고 흙바닥 위에 있네요. 흙의 성향을 그대로 보여줍니다. 여왕은 넓은 대지처럼 마음이 관대하고 따뜻한 사람입니다. 속에는 하얀색 옷을 입고 겉에는 빨간색 옷을 입고 있네요. 순수함과 열정을 모두 갖추고 있습니다. 두 손에 돈, 재물을 상징하는 펜타클을 소중하게 들고 있고 얼굴은 그걸 만족스럽게 내려다 봅니다. 그녀가 앉아 있는 왕좌에는 천사와 염소와 과일이 새겨져 있습니다. 염소와 과일은 풍요와 다산을 상징합니다. 의자 측면에 새겨진 것은 한 아이가 어머니의 태중에 있는 포즈입니다. 새로운 생명을 잉태하고 있음을 나타냅니다. 오른쪽 하단에는 역시 비옥함, 풍요로움, 다산을 상징하는 토끼가 지금 막 숲속에서 튀어나온 모습을 하고 있습니다. 그녀의 머리 위에는 아치형으로 넝쿨이 둘러싸고 있는데 넝쿨 역시 풍요를 상징합니다.

55

Knight of Pentacles

Knights of Pentacles

> 묵묵히 자기 책임을 다하는
> 멋진 남편입니다

| 부지런한, 책임감, 성실,
| 소심, 완벽주의

타로카드 대부분의 말들은 달리거나 천천히 움직이는데 이 카드만 서 있습니다. 기사도 말 위에 있지 않고 옆에 서있네요. 땅에 내려와 있다는 것은 흙과 밀접하다는 것, 즉 흙의 성향임을 얘기합니다. 이 기사는 힘겨운 전쟁을 다 치르고 말 위에 실적, 성과를 싣고 돌아온 느낌입니다. 몸은 비록 힘들지만 마음은 엄청 뿌듯한 상태일 겁니다. 말 등에 태운 돈도 사이즈가 엄청 큰 것으로 보아 큰 수확을 올렸다는 걸 말합니다. 세상에 충분히 자랑해도 좋을 성과입니다.

꽤 부지런한 편이라 현재 가진 것이 비록 작아도 성실하게 일하고 모아서 그 크기를 키워가는 사람일 겁니다. 마침내는 목표한 그 결실을 이루고야 맙니다. 하나씩 목표를 이루어 가면서 당당하고 뿌듯한 마음이 쌓여갑니다. 그러나 좀 느리게 가더라도 위험을 절대 감수하는 사람은 아닙니다. 앞에 나서서 진두지휘하는 사람이 아니라 뒤에서 보조하며 묵묵히 자신의 책임을 다합니다. 성실한 사람이기는 하지만 용기가 부족하고 소심한 성격일 수도 있습니다.

이런 사람은 일을 시키면 아주 잘할 것입니다. 성실함을 무기로 목표한 것을 반드시 이루어 낼 겁니다. 작은 수확이든 큰 수확이든 반드시 결실을 거둡니다. 빈틈을 허용하지 않는 완벽주의라서 때로는 스트레스에 힘겨워할 수도 있고, 말에서 내린 걸 보니 소심함과 신중함을 다 느낄 수 있습니다. 말을 타고 가야 할 사람이 말을 끌고 가는 것 자체가 소심함을 보여줍니다. 한편으로는 큰 수확을 잃지 않으려고 조심조심하는 것일 수도 있습니다. 좋은 결과를 얻었으면 위풍당당해야 하는데 성격이 그렇게 대범하지 않습니다. 말이 이 사람을 모시는 게 아니라 이 사람이 거꾸로 말을 모시는 것 같기도 합니다. 대신 서두르지 않기에 큰 실수는 저지르지 않습니다. '인내력, 지구력'은 이 사람의 장점입니다. 불굴의 정신으로 끝까지 온 힘을 다합니다. 이런 사람이 남편이면 아내는 안정적이고 편안할 것 같네요.

검은 말 위에 기사가 타고 있네요. 피 끓는 청춘이지만 흙의 성향을 가지고 있어서 진득하고 참을성이 있습니다. 펜타클을 손에 쥐고 앞을 느긋하게 바라보는 모습을 보니 나름 세상에 대한 야망도 있는 것 같습니다. 겉옷과 말 고삐, 끈의 색깔이 붉은색인 걸 보니 정열적인 편입니다. 검은 말은 강한 인내력, 서두르지 않는 차분함을 상징합니다. 결국 자신이 맡은 일을 해내고

마는 책임감 있는 청년입니다. 말이 서 있는 땅은 비옥한 곳입니다. 비옥한 땅은 모든 것이 갖추어져 있음을 나타냅니다. 투구의 머리와 말의 머리에는 모두 성장을 상징하는 나뭇잎이 있습니다. 꾸준히 지속적으로 성장해 갈 것을 보여줍니다. 붉은색 땅은 기름져서 이곳에 씨를 뿌리면 풍성하게 곡식이 자랄 것입니다. 다만 역동적으로 위험에 맞서거나 모험을 즐기지는 않습니다. 더 큰 수확이 눈에 보여도 용감하게 달려들지는 못합니다.

Page of Pentacles

> 66
> **고민만 하고 주저하다가
> 좋은 기회 다 날려버렸네요**
> 99

**사회초년생, 모범생, 일개미,
경제적, 노력, 성취감**

한 남성이 돈을 밟고 있습니다. 아마도 자기 돈이 아니라 누가 흘린 돈을 몰래 취하려 하는 것 같습니다. 금전적인 여유가 필요한 사람인데 현재 돈이 없습니다. 옷 입은 걸 보니 그냥 가난한 대학생이나 일자리를 구하는 청년 같네요. 현재 자기 돈이 변변하게 없기 때문에 열심히 일만 하는 일개미의 상황입니다. 돈을 한 푼이라도 더 벌기 위해 투잡, 쓰리잡을 뛰는 이들이 떠오릅니다. 오토바이를 타고 열심히 배달하는 청춘들도 이 카드의 유형입니다.

　돈을 밟고 있다는 건 기회를 잡았다는 의미일 수 있습니다. 조금만 노력하면 밟고 있는 돈이 더 큰 행운을 줄 수도 있겠지요. 파란 하늘에 2개의 구름은 이 청년이 품고 있는 꿈과 목표입니다. 그런데 오른쪽 아래에 나무 한 그루 보이지 않는 벌거숭이 산 두 봉우리가 보입니다. 움켜쥐고 싶은 목표는 하늘 위에 떠 있고 돈벌이 때문에 몸은 힘든데 눈앞에 2개의 장애물이 가로막고 있습니다. 과한 노동이거나 자신에게 일을 주는 사장도 난관일 수 있습니다. 일만 열심히 한다고 돈을 벌 수 있는 건 아닙니다. 돈은 잡힐 듯 잡히지 않고 연일 과로로 힘겨운 상황입니다.

그런데 이 청년은 모범생이고 성실한 사람입니다. 우리 주변에 흔히 볼 수 있는 평범한 직장인의 모습입니다. 하루하루 쳇바퀴 돌 듯이 사는 일상에 힘겨워하는 보통 사람 말입니다. 돈은 계속 새 나가고 일은 일대로 힘듭니다. '돈을 밟고 간다'는 건 그렇게 좋은 의미는 아닙니다. 돈이 뻔히 있는데 보이지 않거나 돈의 가치를 무시하는 것일 수 있습니다. 돈을 어떻게 벌어야 하는지 고개를 숙이고 생각하다가 그만 돈을 밟고 지나가는 겁니다. 하늘을 바라보지 않고 땅만 봅니다. 위를 봐야 하는데 바닥만 보니 문제만 보입니다. 대부분의 보통 사람들이 이렇게 살고 있습니다. 돈을 벌 수 있는 기회는 많은데 일에 파묻혀 그 기회를 흘려보냅니다. 뭔가 새로운 일을 도모하는 에너지도 없습니다. 너무 계산만 하고 생각이 많다 보니 놓친 기회가 너무 많습니다. 물질적인 성공에만 집착하다 보니 진정한 행복을 찾기 힘든 유형이기도 합니다.

초록의 초원 한가운데에 역시 녹색 겉옷을 입은 청년이 두 손에 펜타클을 소중하게 받쳐 들고 있습니다. 그의 뒤에 보이는 나무와 풀은 풍요롭고 평화로워 보입니다. 저 뒤의 파란 산은 능선이 높지 않을 걸 보니 이 남성에게는 그렇게 큰 난관은 아닌 것 같습니다. 행운으로 돈을 얻었든 자신의 능력으로 얻었든 지금 이 남성에게는 이 돈이 참 소중합니다. 이 사람은 물질, 돈을 중요시하는 실용주의자입니다. 우연히 일어나는 행운도 있겠지만 자신의 힘으로 꾸준히 노력해서 얻는 결과를 더 소중하게 생각합니다. 초원, 낮은 능선의 산을 보니 위험한 일은 피하고 최대한 안전한 일만 할 것 같습니다. 그러다 보니 큰돈은 못 벌고 몸만 힘들 수 있습니다. 두 손으로 펜타클을 받들고 있다는 것은 물질적인 것, 재물, 돈 등을 동경한다는 의미입니다.

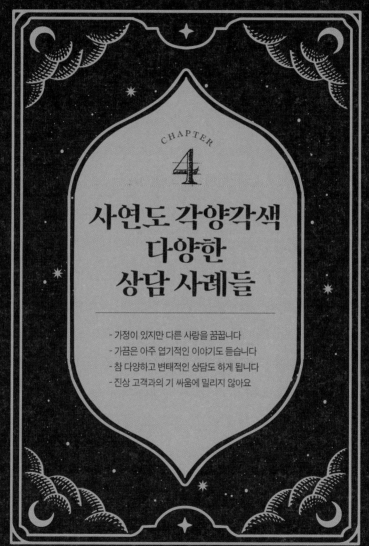

Tarot

CHAPTER

4

사연도 각양각색 다양한 상담 사례들

- 가정이 있지만 다른 사랑을 꿈꿉니다
- 가끔은 아주 엽기적인 이야기도 듣습니다
- 참 다양하고 변태적인 상담도 하게 됩니다
- 진상 고객과의 기 싸움에 밀리지 않아요

가정이 있지만
다른 사랑을 꿈꿉니다

남녀가 사랑을 시작했다가 헤어졌습니다. 서로 싫어서 헤어진 게 아니라 아주 작은 오해 때문입니다. 한쪽이 연락을 안 하니 다른 쪽도 연락을 안 합니다. 그런데 이들이 정상적인 젊은 남녀의 사랑이 아니라는 게 문제입니다. 서로 가정이 있는 사람들이 만났다가 헤어진 겁니다. 여성 쪽에서 저에게 상담을 의뢰해서 이 사연을 알게 되었습니다. 그녀는 헤어진 게 너무 아쉬워서 1년이 지난 후 남성이 돌아오기를 바라는 마음에 5천만 원이라는 거금을 들여 굿을 하고 부적을 샀습니다. 여성은 남성을 너무 사랑해서 잊을 수가 없었던 겁니다. 자기가 먼저 연락하면 되는데 그게 싫어서 굿을 하고 부적을 산 겁니다.

그 여성이 저에게 전화해서 상담했는데 제가 카드를 뽑아 보니 그 남성에게서 연락이 안 오는 걸로 나옵니다. 분명히 여성 쪽에서 연락하면 간단히 해결될 문제인데 다른 방법으로 풀려고 하니 안 풀린 겁니다. 저는 이 여성분에게 연락을 먼저 하면 답답함이 풀리지 않겠느냐고 했는데 그 여성분이 "저한테 너무 어려운 미션을 주시네요"라고 얘기합니다. 저는 이분에게 이렇게 얘기했습니다. "선생님, 서로 싫어서 헤어진 게 아니기 때문에 아쉬움이 끝까지 남을 겁니다. 연락해서 그 사람이 받아주면 좋은 거고 연락을 안 받고 문자를 무시한다면 더 이상 연락 안 할 사람이라고 생각하고 정리를 하세요." 이 여성 고객이 제 말을 듣고 도저히 답답해서 못 견디겠던지 자존심도 버리고 그 남성에게 연락했습니다. 그런데 남성도 이 여성분의 연락을 1년 동안 기다렸답니다. 그 남성도 참 소극적인 사람인 거죠.

헤어진 이유를 들어보니 아주 간단합니다. 정말 별거 아닙니다. 여성은 당연히 매일매일 사랑을 확인받아야 하는 존재죠. 그래서 남성에게 자꾸 물어보니 짜증이 났던 모양입니다. 남성이 여성에게 욕을 했는데 그게 여성의 자존심을 건드린 거죠. 그것 때문에 상처받아서 서로 연락을 안 했고 그렇게 1년의 세월이 흐른 겁니다. 그러고 나서 얼마 전에 저에게 여성 고객이 연락했습니다.

"선생님, 저 또 헤어졌어요."

"아니, 왜요?"

"제가 그 남성보다 아홉살 많은 걸 들켰어요."

여성은 다시 만날 수 있느냐고 물었는데 저는 힘들다고 했습니다. 남성 입장에서 여성이 완전히 기만한 거잖아요. 도저히 안 되는 건 안 된다고 얘기해야 합니다. 아무리 고객에게 부정적인 얘기는 안 한다고 해도 안 되는 걸 된다고 하는 것 역시 기만입니다.

　사실 이런 상담은 불륜으로 연결된 것이지만 저는 그냥 남성, 여성의 연애로 생각하고 상담합니다. 유부남과 유부녀의 불륜 사랑으로 도덕적 선을 그어 놓으면 타로상담 자체를 못 합니다. 여성은 그 상태로 2~3년간 그 남성을 그리워하면서 살았습니다. 아직도 못 잊느냐고 물어보았더니 그 남성을 자기가 많이 힘들 때 만나서 위로가 되었고 그게 좋아한 이유였다고 말하더군요. 사람은 결국 자꾸 의지하고 대화하고 싶은 사람을 만나게 되는 모양입니다.

가끔은 아주
엽기적인 이야기도 듣습니다

어떤 고객은 '본인이 에이즈에 걸렸느냐 안 걸렸느냐'를 물어보았습니다. 타로카드로 그걸 맞춰 보라는 겁니다. 정신병자인가 싶기도 했고 저를 테스트하고 가지고 노는 것 같아 기분이 나쁠 수도 있지만 고객에게 티를 내지는 않았습니다. 그것보다 더한 엽기적인 질문들을 자주 받다 보니 이제는 내성이 생긴 것 같은 기분도 듭니다. 어떤 분은 '자신이 장기 매매를 하려고 하는데, 해도 좋은지, 하면 언제 하면 좋겠냐'고 묻습니다. 그런 질문은 답하기도 힘듭니다. 정치적인 질문을 하는 사람도 있습니다. 자기를 음해하려는 정치 조직이 있는데 그게 아베냐 오바마냐를 묻는 사람도 있었습니다. 세상에는 정말 상식적으로 이해 안 되는 사람이 참 많습니다.

　이런 엽기적인 질문과 상담은 보통 대면으로 하는 것보다 전화로 합니다. 에이즈에 관해 물은 사람은 전화해서 대뜸 인사도 없이 자신이 에이즈에 걸렸는지 맞히라는 겁니다. 저는 "네, 안 걸렸습니다"라고 답을 했습니다. 그랬더니 이 사람은 또 안 걸린 거면 안 걸린 거지 왜 말 앞에 '네'를 붙이냐고 따집니다. 저는 최대한 예의 있게 "저는 선생님 말씀을 잘 들었다는 의미로 '네'라고 답했고, 그다음은 에이즈에 걸리지 않았다고 분명히 답을 드린 겁니다"라고 이야기했습니다. 참 불편한 사람이죠. 이 고객은 며칠 후에 다시 전화해서 누가 자기 집에 독극물을 탔다고 합니다. 카드를 보니 물잔이 나오고 물도 나오기에 탄 것 같다고 답을 했습니다. 그랬더니 이 고객은 다시 어디에 탔냐고 추궁을 합니다. 자꾸 테스트 들어가는 거죠. 집안에 물이나 음료수, 끓여 놓은 국을 일단 버리라고 했습니다. 그렇게 정확한 답을 줘야 더는 질문을 안 합니다. 이 분은 이런 식으로 서너 번 전화해서 저를 괴롭혔습니다. 이 고객은 자기 집이 열쇠로 따고 들어가야 하는 집인데 누가 열쇠로 자기 집에 들어와서 무엇인가를 훔쳐 간 것 같은데 그것이 무엇인지를 질문하고 그 이후로는 전화가 없습니다.

살면서 걱정 없는 사람이 어디 있을까요? 우스갯소리로 내가 걱정을 안 하고 살면 참 걱정 없겠다는 얘기도 합니다. 그런데 앞에서 얘기한 고객은 조금 과한 경우라 할 수 있습니다. 제가 이런 고객의 이야기를 하는 것은 타로 상담을 하다 보면 언젠가는 비슷한 상황을 겪을 수 있기 때문입니다. 사람들은 나름 비용을 지불하며 타로를 봅니다. 어떤 때는 꽤 많은 돈이 나갈 수도 있습니다. 그런 고객에게 조금 별나다고 편견을 가지고 상담해서는 안 되기 때문입니다.

저는 엽기적인 질문에 대해 그렇게 스트레스를 받는 편은 아닙니다. 그냥 일이라고 생각하고 최대한 친절하게 응대합니다. 어떨 때는 상상을 초월하는 질문에 웃음이 저절로 나오고 재미있다는 생각도 들 때가 있습니다. 물론 제 웃음이나 제 감정을 고객에게는 절대 드러내지 않습니다. 그럼에도 조금 심한 고객에게는 저도 뭐라고 합니다. "선생님, 죄송한데 저랑은 안 맞는 것 같습니다"라고 솔직하게 이야기해 드립니다. 비용하고 상관없이 제 선에서 먼저 정중하게 거절합니다. 그럼 본인이 알았다고 끊습니다.

고객들은 비용을 내서 상담받는 것이기 때문에 뭔가 얻고 싶은 게 있을 겁니다. 어떤 여성 고객은 사귀는 오빠의 마음이 항상 궁금하고 자기랑 헤어질까 봐 불안해합니다. 그냥 즐기는 스타일의 오빠일 수도 있는데 본인은 엄청나게 사랑하고 있다고 착각하기도 합니다. 인생 선배로서 가끔 안타까울 때도 있습니다. 그럼에도 최대한 긍정적으로 상담하려고 노력합니다. '오죽하면 저런 고민을 나에게 털어놓을까?' 하고 생각하면 더 귀담아듣게 되고, 더 그 사람의 마음이 되어 상담하게 됩니다. 타로를 잘하는 비결은 고객의 고민, 고객의 마음을 잘 읽는 데서 시작합니다. 그냥 이론적 상식적 혹은 사무적으로 상담해서는 안 됩니다.

참 다양하고 변태적인
상담도 하게 됩니다

상담하다 보면 의외의 남성을 만날 때가 있습니다. 남성들은 나이를 불문하고 성에 관해 관심이 많은 것 같습니다. 그러다 보니 아주 변태적인 내용의 상담을 하는 일도 있습니다. 이런 상담은 겉으로 보기에는 19금 상담 같지만 디테일하게 들어가면 꼭 19금이라고 얘기할 수 없습니다. 농담을 하는 게 아니고 인생의 아주 진지한 고민이라 조금 부끄러울 수 있지만 용기를 내어 상담을 의뢰한 것이니까요. 친구들이나 선배, 가족들에게도 이야기하기 힘든 고민을 저에게 전화해서 묻습니다. 제가 여성인데도 용기를 내어 질문합니다.

저는 그 고민의 내용만큼이나 그분의 마음속 고민의 응어리를 직시하게 됩니다. 어떤 고객의 상담 사례입니다. 그 남성 고객의 어머니는 그분이 아이 때부터 여성 타이즈를 신겨서 키웠습니다. 어릴 때야 예쁘다는 소리를 한 귀로 들었지만 점점 커 가면서 남성의 성 정체성을 잃어

버리게 된 것이지요. 이 남성은 남성의 기능을 제대로 못 한다고 고백합니다. 병원에도 가봤는데 심리적인 요인이지 겉으로는 아무 이상 없다고 합니다. 엄마가 너무 미우니 엄마에 대한 욕을 시원하게 해달라고 저에게 부탁했습니다. 욕도 자기가 1, 2, 3번을 정해 놓았더군요. 제가 어떻게 했을까요? 저는…. 못했습니다. 타로상담사는 고객의 고민을 들어주는 사람이기 때문에 욕을 해줘도 되었지만 저는 못 하겠더군요. 제 제자들 같으면 아주 시원하게 잘했을 것 같습니다.

한 고객은 1시간 뒤에 남성을 만나러 소개팅에 나간다고 했습니다. 그런데 그 남성이 어떻게 생겼냐고 묻는 것이었습니다. 카드를 뽑으니 전차가 나옵니다. 상남자 같은 연예인 스타일일 것 같다고 했습니다. 그런데 막상 만나보니 전혀 아닌 겁니다. 그래서 저한테 다시 따졌던 기억이 납니다. 중학생인가 고등학생이 전화한 적도 있습니다. 엄마가 잘 보는 타로 선생님을 아는데 전화해 보라고 해서 한 것이었습니다. 그런데 질문이 좀 심각했습니다. 엄마 아빠가 이혼하는 게 좋은지 묻는 겁니다. 아마도 엄마가 더 불안해서 딸에게 대신 물어보라고 한 것 같았습니다. 저는 이혼하라고 했습니다. 그래야 엄마가 더 좋을 것 같다고 했죠.

어떤 고객은 자기가 치질에 걸렸는데 어느 병원에 가면 좋은지 묻기도 합니다. 동네병원에 가야 하는지, 강남에 있는 큰 병원에 가야 하는지를 고민하는 겁니다. 타로카드를 보니 동네병원에 가도 좋다고 나와서 그렇게 추천했습니다.

이런 기상천외한 질문들은 다 선택 장애에서 오는 것 같습니다. 우리는 신경 쓸 일이 많은 세상에 살다 보니 선택을 확실하게 못 합니다. 타로의 힘을 빌려서라도 잘 선택하려는 것이지요.

타로 상담은 단골들이 먹어 살립니다. 단골들은 상담 이후에 후기 댓글도 좋게 잘 달아 주십니다. 그런 댓글이 저희한테는 힘이 되고 광고효과도 좋습니다. 대머리라서 늘 모자를 쓰고 상담을 받던 한 남성은 연애가 가장 큰 고민이었습니다. 타로 상담 중에서 연애가 차지하는 비중이 아주 큽니다. 직장관련 고민도 좀 있습니다. 이직해야 하는지, 이번에 취직이 될지를 주로 묻습니다. 정말 재미있는 건 건강에 관한 질문은 거의 없다는 겁니다. 제 단골 중에는 부자 의사 선생님도 있습니다. 하루에 여섯 번 전화하실 때도 있습니다. 진료 시간에도 전화하십니다. 굉장히 똑똑하고 돈도 잘 버는 데 너무 외로워서 전화하는 것 같았습니다. 자기를 알아주는 사람이 없으면 아무리 부자라도, 아무리 똑똑해도 외로운 법이죠. 풍요 속의 빈곤이 딱 정답인 것 같습니다. 인생이 공허하고 불안해서 전화하는 고객이 좀 있습니다. 이 분은 4년 뒤에 아무런 인연이 없는 미국으로 떠나겠다고 합니다.

어떤 신앙인은 자기 남편이 장로가 되느냐고 묻고, 어떤 할아버지는 30살 어린 아가씨를 좋아하는데 이 여성을 꼬시려면 어떻게 해야 하는지를 묻습니다. 그 질문을 받은 선생님이 "미친 새끼 정신 차려라" 하고 혼을 냈다고 하더군요. 타로는 점을 치는 게 아니라 고객들의 고민을 들어주고 심리 상담을 하는 겁니다. 나름 심리 치료라 할 수 있습니다. 현대인들은 늘 불안과 걱정에 사로잡혀 삽니다. 그 걱정을 타로카드로 조

금 덜어주는 역할이라고 보시면 됩니다. 정말 누구에게 말 못 할 고민을
열린 마음으로 들어주는 게 타로상담사들의 중요한 역할이라고 봅니다.

진상 고객과의
기 싸움에 밀리지 않아요

타로 상담을 하다 보면 정신병, 우울증에 걸린 사람도 있지만 싸이코패스, 소시오패스도 좀 있습니다. 상담으로 해결될 문제가 아닙니다. 이런 사람들은 주변 사람들을 자기 도구로 봅니다. 그런데 자기가 싸이코패스, 소시오패스인지 전혀 모릅니다. 자기는 극히 정상적인 사람이라고 생각하며 삽니다. 그런데 하는 짓을 보면 완전 또라이들입니다. 주변 사람들에 해를 많이 끼치는 사람들이죠. 어느 날 타로 국비교육을 묻는 고객에게 온라인 리딩을 해준 적이 있습니다. 그 사람이 제 리딩을 듣더니 사람을 혹하게 한다고 하고, 순전히 말발 아니냐고 무례하게 얘기합니다. 매너는 아예 상실한 사람인데, 알고 보니 30대에 소시오패스한테 가스라이팅을 당해 사람 자체를 못 믿는 겁니다.

이런 트라우마가 있는 사람들은 비매너에 공격적인 스타일이 됩니다. 30대에 당한 가스라이팅을 50대가 되어도 치유가 안 되어 공격적으로 사람이 바뀐 거죠. 상처를 잊어버려야 하는 데 그게 안 됩니다. 잘 안 고쳐지고 오히려 나이 먹을수록 더 안 좋아집니다. 그런데 이 고객이 나중에 그 트라우마에서 다행히 잘 빠져나왔다고 연락이 왔습니다. 너무 축하한다고 했죠. 그런데 그분이 타로를 배우겠다고 다시 얘기하셔서 거절했습니다. 물론 타로가 전환점이 될 수는 있지만 본인이 다 치료가 되지 않은 상태에서 남을 상담할 수는 없다고 생각했습니다.

고객 중에는 진상도 참 많습니다. 그런데 저는 그런 분들과의 기 싸움에서 절대 밀리지 않습니다. 타로상담사를 하려면 약간의 또라이 기질은 있어야 합니다. 진상 고객에 대한 기억은 흘려버리고 털어 버리는 게 좋습니다. 그걸 기억할수록 본인에게 안 좋고 다른 고객에게도 안 좋습니다. 그냥 그러려니 하고 넘겨야 합니다. 저도 초기에는 그런 분들이 참 신경 쓰이고 기억에 남았는데 이제는 나름 대처법도 생기고 흘려보내는 요령도 생겼습니다. 저는 사실 상담이 힘들지는 않습니다. 너무 전화가 많이 와서 힘들 때가 있긴 하지만요.

저는 진상 고객에게 화도 안 내고 대수롭지 않게 넘기지만 그렇지 않은 분들이 꽤 있을 겁니다. 내성적이고 상처받고 그 기억이 오래가는 분들 말이죠. 저는 수강생들이나 제자들이 리딩이 안 된다고 할 때면 안 되는 거 붙잡고 있지 말고 잘할 수 있는 걸 다시 뽑으라고 얘기합니다. 고객들은 2~3분이 모두 비용인데 안 되는 거 붙잡고 시간만 버리지 말라는 얘기입니다. 안 되면 카드를 다시 뽑아서 자기 선에서 리딩이 편한 방향으로 하라고 합니다. 저는 '아니면 말고'가 인생 모토 중 하나입니다. 그렇게 생각해야 일도 마음도 편해지거든요.

어떤 여성이 사귀는 오빠를 만나는데 스킨십만 하고 데이트가 없더랍니다. '엔조이 만남'에 걸려든 거죠. 카드를 뽑아 보니 그 남성은 가정이 있는 사람입니다. 그걸 이야기했더니 여성은 울고불고 난리가 났고 다른 타로상담사에게 전화해서 결혼한 사람인지 아닌지 확인까지 하더군요. 스킨십만 하고 데이트를 안 한다는 건 그냥 육체적인 만남만 하는 거잖아요. 누가 봐도 비정상인데 본인 눈에만 그게 안 보이는 겁니다. 사랑하는 사이라면 육체관계를 넘어 같이 밥도 먹고 손잡고 좋은 곳을 걷기도 합니다. 속 깊은 이야기도 서로 나누고요. 그런데 그 남성은 그런 분이 아닌 것 같다고 얘기하니 울면서 남성한테 전화한다고 또 난리를 칩니다. 전화했는데 남성이 아니라고 합니다. 당연히 아니라고 하겠죠. 제자 중 한 분은 내담자가 남자친구에게 다른 여성이 있냐고 물어서 리딩한 대로 없다고 했답니다. 그런데 그 남자친구가 아울렛에서 다른 여성을 만나더라고 칼 들고 그 자식 죽이러 간다고 했답니다. 타로 선생님 잘못이 아니라 너무 배신감을 느껴서 죽어버리고 싶다는 겁니다. 정말 별별 유형이 다 있습니다.

고객들은 비용을 내서 상담받는 것이기 때문에 뭔가 얻고 싶은 게 있을 겁니다. 어떤 여성 고객은 사귀는 오빠의 마음이 항상 궁금하고 자기랑 헤어질까 봐 불안해합니다. 그냥 즐기는 스타일의 오빠일 수도 있는데 본인은 엄청나게 사랑하고 있다고 착각하기도 합니다. 인생 선배로서 가끔 안타까울 때도 있습니다. 그런데도 최대한 긍정적으로 상담하려고 노력합니다. '오죽하면 저런 고민을 나에게 털어 놓을까?' 하고 생각하면 더 귀담아듣게 되고, 더 그 사람의 마음이 되어 상담하게 됩니다. 타로를 잘하는 비결은 고객의 고민, 고객의 마음을 잘 읽는 데서 시작합니다. 그냥 이론적 상식적 혹은 사무적으로 상담해서는 안 됩니다.

Tarot

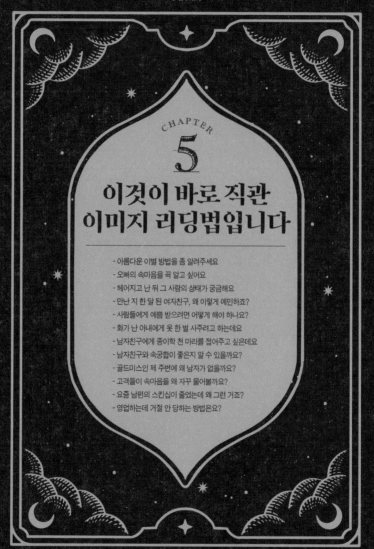

CHAPTER

5

이것이 바로 직관
이미지 리딩법입니다

- 아름다운 이별 방법을 좀 알려주세요
- 오빠의 속마음을 꼭 알고 싶어요
- 헤어지고 난 뒤 그 사람의 상태가 궁금해요
- 만난 지 한 달 된 여자친구, 왜 이렇게 예민하죠?
- 사람들에게 예쁨 받으려면 어떻게 해야 하나요?
- 화가 난 아내에게 옷 한 벌 사주려고 하는데요
- 남자친구에게 종이학 천 마리를 접어주고 싶은데요
- 남자친구와 속궁합이 좋은지 알 수 있을까요?
- 골드미스인 제 주변에 왜 남자가 없을까요?
- 고객들이 속마음을 왜 자꾸 물어볼까요?
- 요즘 남편의 스킨십이 줄었는데 왜 그런 거죠?
- 영업하는데 거절 안 당하는 방법은요?

아름다운 이별 방법을
좀 알려주세요

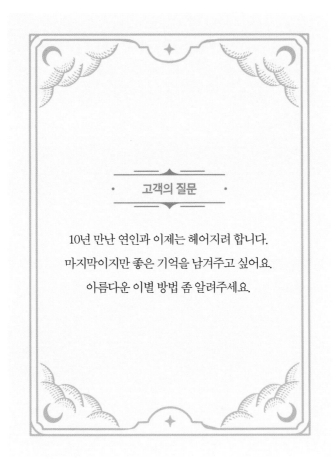

· 고객의 질문 ·

10년 만난 연인과 이제는 헤어지려 합니다.
마지막이지만 좋은 기억을 남겨주고 싶어요.
아름다운 이별 방법 좀 알려주세요.

루아 원장의 답

아름다운 이별은 없어요~~!

오빠의 속마음을
꼭 알고 싶어요

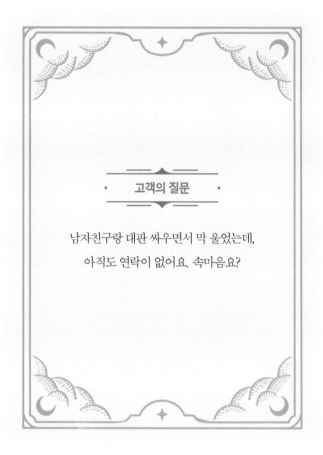

· 고객의 질문 ·

남자친구랑 대판 싸우면서 막 울었는데,

아직도 연락이 없어요. 속마음요?

루아 원장의 답

이젠 안 먹혀~~!

헤어지고 난 뒤
그 사람의 상태가 궁금해요

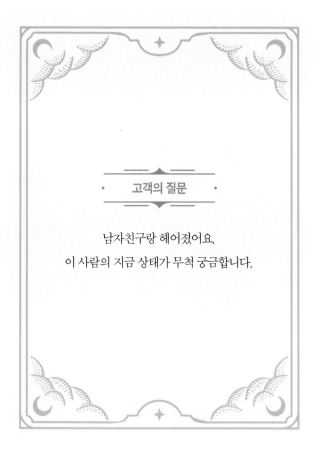

· 고객의 질문 ·

남자친구랑 헤어졌어요.
이 사람의 지금 상태가 무척 궁금합니다.

루아 원장의 답

아주 그냥 폭삭 늙었네요~~!

만난 지 한 달 된 여자친구, 왜 이렇게 예민하죠?

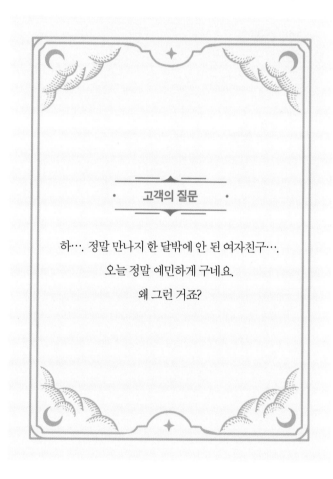

◆ 고객의 질문 ◆

하···. 정말 만나지 한 달밖에 안 된 여자친구···.

오늘 정말 예민하게 구네요.

왜 그런 거죠?

루아 원장의 답

주기마다 오는 그날이 시작되었군요!

건드리지 마세요~~!

사람들에게 예쁨 받으려면
어떻게 해야 하나요?

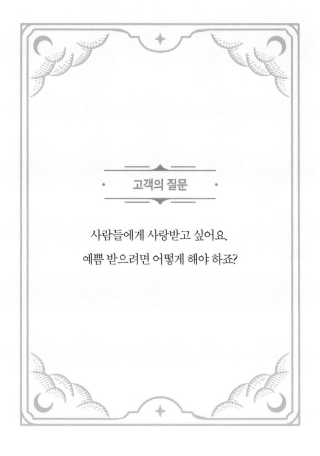

고객의 질문

사람들에게 사랑받고 싶어요.

예쁨 받으려면 어떻게 해야 하죠?

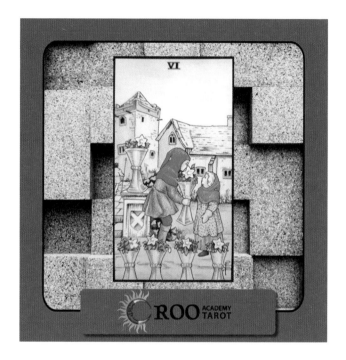

루아 원장의 답

예쁜 짓을 하세요~~!

화가 난 아내에게
옷 한 벌 사주려고 하는데요

· 고객의 질문 ·

화가 난 아내에게 옷을 한 벌
사주려고 백화점에 갈 건데요.
요즘 제가 바빠서 애들한테도
신경 못 쓰고 매일 늦고 그랬거든요.
부인의 화를 확실하게
풀어주려 하는데
현실적인 조언을 해주세요.

루아 원장의 답

한 벌 더 사드리세요~!

남자친구에게
종이학 천 마리를 접어주고 싶은데요

· 고객의 질문 ·

남자친구한테 100일 기념으로

종이학 천 마리를 접어

선물로 주고 싶은데….

도저히 엄두가 안 나요.

방법이 있을까요?

루아 원장의 답

용역이나 아르바이트를 쓰세요~~!

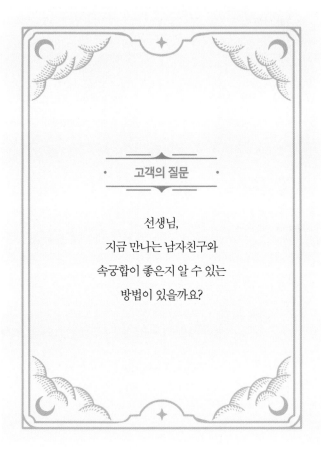

남자친구와 속궁합이 좋은지
알 수 있을까요?

· 고객의 질문

선생님,

지금 만나는 남자친구와

속궁합이 좋은지 알 수 있는

방법이 있을까요?

루아 원장의 답

해보세요.

골드미스인 제 주변에
왜 남자가 없을까요?

· 고객의 질문 ·

선생님,

저는 골드미스예요~.

제 주변에는 좋은 남성이 없는데 왜일까요?

힝~~~저 결혼해야 하는데….

루아 원장의 답

벌써 다 채가서.

고객들이 속마음을
왜 자꾸 물어볼까요?

· 고객의 질문 ·

선생님,

고객들이 속마음을

왜 자꾸 물어볼까요?

루아 원장의 답

모르니까.

요즘 남편의 스킨십이 줄었는데
왜 그런 거죠?

· 고객의 질문 ·

선생님,

요즘 저희 남편이

제게 하는 스킨십이 줄었어요.

왜 그런 걸까요?

루아 원장의 답

너무 아껴서.

영업하는데
거절 안 당하는 방법은요?

· 고객의 질문 ·

선생님,

저는 영업을 하고 있는데

늘 거절이 힘들어요.

거절 안 당하는 방법이 있을까요?

루아 원장의 답

거절을 거절하시면 되죠.

남성의 두드러진
신체조건을 알려주세요

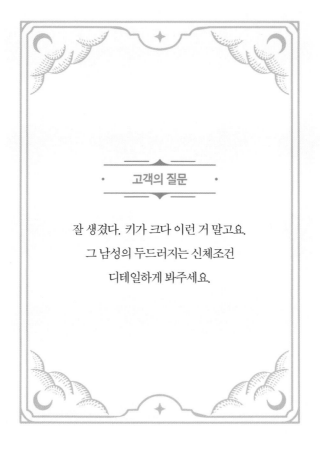

· 고객의 질문 ·

잘 생겼다. 키가 크다 이런 거 말고요.

그 남성의 두드러지는 신체조건

디테일하게 봐주세요.

루아 원장의 답

넵^^
보이는 곳에는 털이 많고
보이지 않는 곳은 무털, 털이 없는 분입니다.
모태, 자동 왁싱 남

오픈한 헬스장,
어떤 광고를 하면 좋을까요?

· 고객의 질문 ·

헬스장을 오픈했습니다.
어떤 광고를 하면 좋을까요?

루아 원장의 답

뼈만 남기고 다 빼 드립니다.

(데스의 말 탄 해골)

첫날밤,
남자친구의 속마음이 궁금합니다

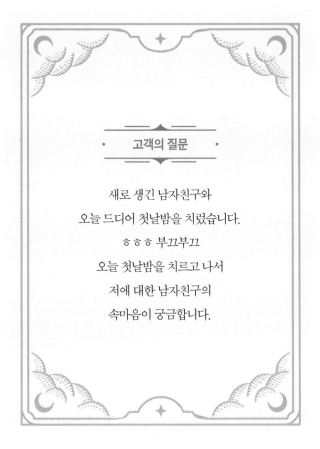

· 고객의 질문 ·

새로 생긴 남자친구와
오늘 드디어 첫날밤을 치렀습니다.
ㅎㅎㅎ 부끄부끄
오늘 첫날밤을 치르고 나서
저에 대한 남자친구의
속마음이 궁금합니다.

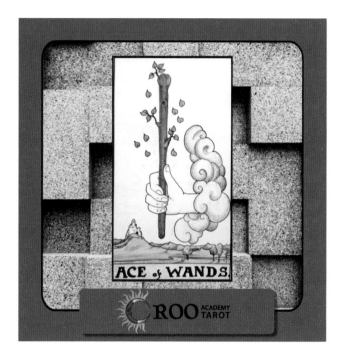

루아 원장의 답

와~~

얘… 사람 잡네, 잡어!

저 오늘 차였어요.
왜 차였을까요?

· 고객의 질문 ·

선생님!

오늘 저 차였어요.

저를 왜??!! 찼을까요?

루아 원장이 뽑은 카드

루아 원장의 답

자기가 차일까 봐

쫄아서

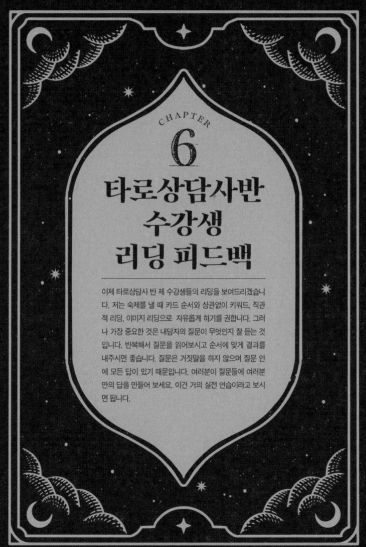

CHAPTER

6

타로상담사반
수강생
리딩 피드백

이제 타로상담사 반 제 수강생들의 리딩을 보여드리겠습니다. 저는 숙제를 낼 때 카드 순서와 상관없이 키워드, 직관적 리딩, 이미지 리딩으로 자유롭게 하기를 권합니다. 그러나 가장 중요한 것은 내담자의 질문이 무엇인지 잘 듣는 것입니다. 반복해서 질문을 읽어보시고 순서에 맞게 결과를 내주시면 좋습니다. 질문은 거짓말을 하지 않으며 질문 안에 모든 답이 있기 때문입니다. 여러분이 질문들에 여러분만의 답을 만들어 보세요. 이건 거의 실전 연습이라고 보시면 됩니다.

전 남편이 생활비를
언제까지 줄까요?

11차 숙제

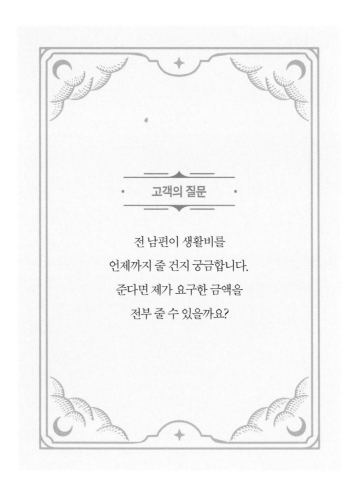

· 고객의 질문 ·

전 남편이 생활비를
언제까지 줄 건지 궁금합니다.
준다면 제가 요구한 금액을
전부 줄 수 있을까요?

수강생의 답

전 남편은 6~7년 정도는 생활비를 준다고 하네요. 그때쯤은 아이들도 크고 내담자분도 어느 정도 자리를 잡을 거라고 생각합니다. 전 남편은 본인이 한 일에 책임을 회피하고 싶고 귀찮은 일은 하지 않으려는 성향이에요. 내담자께서는 서두르지 말고 신중히 처리해야 본인이 원하는 만큼의 생활비를 받을 수 있을 것 같습니다(소드7). 전남편은 지금은 사업이나 상황이 좋지 않아 생활비를 원하는 만큼 주지 못하지만, 이 시기가 지나면 금전적으로 여유로워져서 생활비를 더 줄 수도 있겠네요(소드6).

전 남편은 과묵하고 차분한 성향으로 본인은 힘들고 어렵더라도 주위를 살펴 도움을 주려고 하네요. 돈에 관심이 없으므로 내담자가 원하는 만큼은 생활비를 받을 수 있을 것 같습니다(은둔자).

루아 원장의 댓글 ▶

전 남편께서는 생활비를 앞으로 7달 정도 더 주실 것 같은데(소드 7) 5달은 우리가 요구한 금액을 전부 주며 2달은 그렇지 않다고 보입니다. '아이와 함께 나를 떠나 살면서 너도 참 힘들지? 내가 그래도 아이와 함께 살아갈 수 있도록 뒤에서 도울 수 있을 때까지 도우마(소드6)'라고 생각하고 계십니다. 그리 오래 돕지 못하는 이유는 현재 남편의 상황이 그리 녹록지 못한 모습입니다. 입고 있는 옷, 고개 숙인 모습, 이혼 후 뭔가 자기성찰을 하고 계신 듯 하나 그것과는 별개로 경제적인 상황이 그다지 좋아 보이진 않네요. 그래도 속정이 나름 있는 분인 것 같은데 말이죠. 그럼 행운을 빌게요.

제가 발을 다쳤는데 수술해야 하나요?

· 고객의 질문 ·

선생님! 제가 발을 다쳤는데
병원에 가서 수술하라고 합니다.
꼭 수술해야 하나요?
집에서 쉬면 좋아지지 않나요?

수강생의 답

　내담자분은 현실적으로 아무것도 할 수 없는 정체된 상태, 지금은 자유롭게 움직일 수 없는 상황이네요. 조금 힘들더라도 조금만 참고 기다리면 자유롭게 움직일 수 있을 거예요(매달린 남성 12번). 뼈가 부려져 있는 것도 아니고 집에서 통원 치료나 한방치료만 하셔도 충분히 나을 수 있고 희망이 보이니 틈틈이 책을 읽으면서 집에서 힐링한다 생각하시면 됩니다(죽음 13번). 내담자분이 순수하며 밝고 긍정적인 마인드를 가지고 계셔서 항상 의욕이 넘치시니 아픈 것도 다 사라진다고 합니다(태양 19번).

결론부터 말씀드리자면 수술을 권유하고 싶습니다. 내 생각이나 과거들을 정리하고 새롭게 무언가를 했을 때 좋은 결과들이 나오는 데스 카드인데요? 의사 선생님께 선생님 수술을 안 하고 싶다는 고객님의 모습과 차가운(해골) 의사 선생님의 표정을 보면 수술을 하셔야 하는 게 맞는 것 같습니다. 두 번째, 세 번째 카드에서는 말들이 등장하는데 수술하고 나면 말을 타고 뛰어다닐 정도로 좋아진다는 뜻으로 같아요(데스, 썬). 수술 후에 한 달 정도면 회복이 된다고 하니 집에서 쉬시는 건 수술 후에 하시길 권유해 드리겠습니다(매달린 남성). 조언을 드리자면 수술 후 최대한 다리를 쓰시지 말라고 카드에 보이는데 다리가 묶여 있네요. 움직이지 말라는 뜻이겠죠? 그럼 하루빨리 쾌차하시길 소망합니다.

남자 동기가 왜 요즘 차갑게 대하는 거죠?

2차 숙제

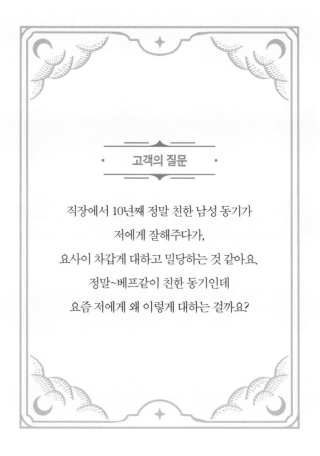

· 고객의 질문 ·

직장에서 10년째 정말 친한 남성 동기가
저에게 잘해주다가,
요사이 차갑게 대하고 밀당하는 것 같아요.
정말~베프같이 친한 동기인데
요즘 저에게 왜 이렇게 대하는 걸까요?

THE MAGICIAN.　THE LOVERS.　THE HERMIT.

수강생의 답

　남자 동기분이 고객님께 이성의 감정을 느끼기 시작하신 걸로 보입니다. 지금 두 분의 관계에서 지금까지와는 다른 어떤 새로운 관계가 만들어지기 시작한다는 카드가 나왔어요. 그 관계는 지금까지 그랬던 것처럼 우정이 아니라 이성의 감정이고요. 고객님께 잘해주셨던 것도 그래서 그러셨던 거고요. 그런데 남성분께서는 고객님을 바라보고 계시는데 고객님은 그 남성분이 아닌 다른 데를 쳐다보고 계셨네요. ^^ 섭섭한 마음도 들고 마음이 고통스럽다 보니 남성분이 고객님을 사랑하면서도 고민을 많이 하고 계세요. 우정도 사랑도 아닌 이 상황에서 벗어나고 싶으시다 보니 그게 차가운 반응으로 나타난 거라고 보입니다.

직장에서 친한 남자 동기 분은 10년 동안 한 번도 변함없이 고객님만 바라보며 일을 하셨던 모습입니다. 소통도 너무 잘되고 일과 관련된 부분에서 궁합도 잘 맞고요. 만약 이성적인 감정이 있냐고 물어보신다면 아주 높은 점수 90점을 드리고 싶네요(러버스). 그런데 요즘은 우리 고객님이 자꾸 다른 동료에게 관심이 있다고(러버스의 여성 시선) 느끼시는 것 같아요. 그 다른 동료는 자신이 보기에 완전 능력자! 일이면 일, 말재주면 말재주, 센스면 센스 모든 여성 직원들에게 인기가 아주 좋은 그런 분인데(마술사), 그분을 자꾸 고객님이 바라보는 것 같아 속이 너무 상하고, 외롭고 쓸쓸하며 이제 자신을 등지고 있는 것 같아 마음이 불편하다 하십니다. 살짝 삐진 것 같기도 하고요~! 당분간은 좀 그 마음을 지니고 계실 것 같아요. 고집도 어지간히 있는 분이라…. 아이고…(은둔자). 그러나 카드에서 볼 때 3달 정도의 시간이 지나면 다시 고객님을 예전처럼 대하신다고 하니 너무 염려하지 마시길요(러버스의 삼각구도), 그럼 행운을 빌게요.

돌싱인 제가 가정 있는 유부남과
결혼할 수 있을까요?

— 1차 숙제 —

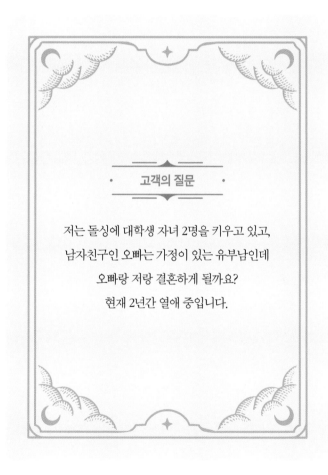

· 고객의 질문 ·

저는 돌싱에 대학생 자녀 2명을 키우고 있고,

남자친구인 오빠는 가정이 있는 유부남인데

오빠랑 저랑 결혼하게 될까요?

현재 2년간 열애 중입니다.

수강생이 뽑은 카드

THE EMPRESS.　THE CHARIOT.　STRENGTH.

수강생의 답

오빠(남자친구)와 결혼하게 될지가 궁금하시다는 질문이시네요. 3장의 카드를 해석해봤을 때 아쉽지만 결혼은 어려워 보이십니다. 고객님께서 워낙에 여성스러운 매력이 많으신 분이라 연애 자체는 너무 행복하고 만족스러우실 거예요. 물질적으로도 오빠분이 잘해주고 계시는 걸로 보여요. 고객님께서 많이 예쁘신가 봐요^^. 오빠분도 굉장히 멋있으시고 남성다운 매력이 많으신 분이시네요. 그런데 오빠분께서 고객님을 많이 사랑하고 있는 것은 맞지만 현재의 결혼생활을 깨지는 않으실 걸로 보여요. 오빠분께서 능력도 뛰어나시고 추진력도 강하신 편인데 가끔 고집스럽다고 느껴질 때도 있지 않으신가요? 자기가 한번 정한 것은 그대로 밀고 나가시는 스타일이시라 현재 가정에 대한 책임감도 한편으로 가지고 계세요. 이미 결혼 생활을 하고 계신 상황이므로 그 방향을 바꾸는 건 좀 어려우세요. 고객님께 드리고 싶은 조언은 우선 결혼하시고 싶은 마음을 너무 급하게 내비치거나 상대방에게 기대하는 모습을 보이지 않는 것이 좋겠다는 거예요. 겉으로는 결혼에 대한 기대를 드러내지 않으면서 오빠분한테 좀 맞춰드리는 게 더 좋아요. 그 맞춰준다는 게 오빠가 하자는 대로 끌려가야 된다는 뜻이 아니에요. 오빠 분은 남성답기도 하지만 또 나름대로 좀 아이 같고, 여린 면도 가지고 계시거든요. 이런 부분을 잘 맞춰주고 어루만져주시는 게 좀 더 고객님이 주도하는 관계로 끌고 가실 수 있는 방향이에요.

루아 원장의 댓글

저는 오빠와의 결혼이 가능하다고 보입니다.^^ 고객님의 따뜻한 성품과 어떠한 상황에서도 모든 것을 잘 품어주는 모습에 오빠는 편안함을 느낀다고 하네요(황후). 오빠의 성격으로 보았을 때 일이든 약속이든 한다면 하는 성격~! 밀고 나가는 성격~! 자칫 잘못하면 실수도 범할 수 있는데(전차) 이런 모습을 우리 고객님이 지혜롭게 잘 조언하면서 오빠의 기분이 상하지 않는 범주 내에서 외유내강의 힘으로 잘 이끌어 가신다고 합니다(힘). 또한 오빠는 욱하는 성격(힘 카드의 사자)도 있으신데

이 모습 또한 잘 다스려드리면서 내 스타일의 남성으로 바꿔 간다고 하십니다. 인내심이 대단하신걸요(힘)? 다만 결혼 후 연애 때보다 속궁합의 만족도가 다소 떨어질 수 있으니 오빠와 이 부분에 대하여 솔직하게 이야기하시면서 사신다면 더더욱 정신적인 풍요로움이 있다고 하시니 참고하시고요(황후).

교수님이 제가 제출한 답에 대해
어떻게 생각하실까요?

— 9차 숙제 —

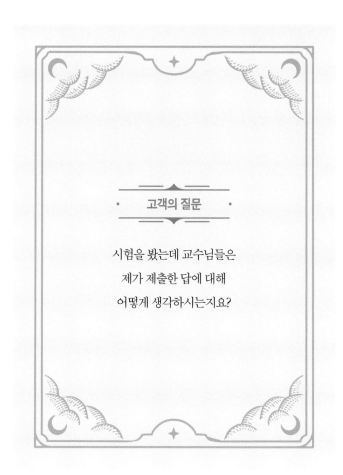

· 고객의 질문 ·

시험을 봤는데 교수님들은

제가 제출한 답에 대해

어떻게 생각하시는지요?

수강생의 답

　교수님은 내담자 님의 답안을 보시고 교수님이 원하는 방향으로 강한 추진력과 리더십이 돋보이는 답안이라고 생각하네요. 그 부분에서 내담 자 님이 가장 멋있는 분이라고도 생각하시네요(전차). 교수님은 내담자 님의 답안이 다른 학생들에게까지 전달하여 모범답안으로 좋은 예시로 활용하려고 생각까지 하시네요. 높은 점수로 만점에 가깝게 점수를 준다 고 하고 장학금까지 받을 수 있을 거 같아요(심판). 교수님은 지금은 조금 부족한 부분이 있지만 앞으로 내담자 님이 더 나은 미래로 성장할 거라고 믿고 추후 유학도 제안하시네요(소드6). 앞으로 더 넓은 세상에서 배움을 갖고 오면 더 크게 성공하고 성장할 거라고 하니 학업의 열정을 가지시면 분명 성공하실 거 같아요.

무엇이 되었든 자신이 하고자 하는 일에 대해선 절대 후진이 없는 아주 강한 자신감과 승부욕이 있는 학생이라고 평소에도 생각하셨는데 역시 엄지척이라고 하시네요(전차). 시험이 절대로 쉽지 않았을 텐데(소드6의 칼) 그것을 이겨내고 앞날의 미래를 위해 발전하려는 고객님의 모습에 '이 친구가 이 학교를 다닐 때까지는 많이 도움을 주고 싶다'는 마음도(소드6의 남성) 있으시고요~!^^ 이 시험에 합격해야 한다거나 높은 점수를 받으셔야 하는 것이 목표라면, 아주 최고의 점수를 드리고 싶고 하늘에서 돕고 천사가 도우니 와우, 미리 축하드립니다. 늘 행복하세요~!

스님이 저를 생각하는
속마음이 궁금해요

20차 숙제

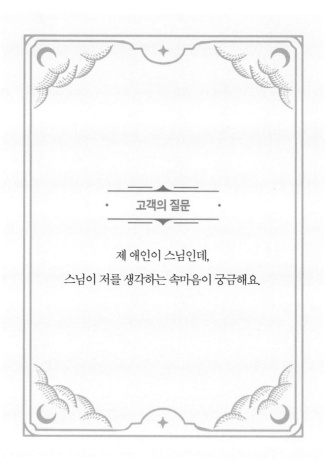

· 고객의 질문 ·

제 애인이 스님인데,

스님이 저를 생각하는 속마음이 궁금해요.

수강생의 답 ▶

네에. 카드를 펴보니 스님께서 내담자 님을 항상 곁에 두고 싶어 하신다 나오네요. 이런 아름다운 여성이 어찌 내 애인이 되었나 싶을 정도의 미모와 마음의 폭도 깊으시고 솔직하고 담백한 내담자 님의 성격을 높이 평가하고 계세요. 너무 뿌듯하신 마음. 그런데 지금 현재 스님은 법도 안에서 움직일 수는 없는 분인데, 거기에 직책으로 치자면 스님이시라 누가 보아도 피가 거꾸로 솟는 상황이시겠어요. 애인의 관계이시니 소유하실 수 없는 분이기에 본인이 이래도 되는 건지 싶은 불안한 마음도 다소 있으세요. 이러면 안 되지만 그래도 인간인지라 내담자 님께 한쪽 마음은 묶여 있고 한쪽 마음은 부처님의 불제자로서 상황 자체가 슬럼프도 많이 타고 계세요. 한 떨기 그림의 떡 같은 미모의 여신 그림을 쥐고만 있는 것처럼 머리가 핑 도는 현재 상황입니다. 바른길로만 가고픈데 쉽지 않다고 보이네요. 그런 스님을 내담자 님께서는 또 보채지도 않고 가만히 기다려 주시고 이해해 주시는 인내의 마음을 갖고 계시니 얼마나 머리에 별이 핑 돌 지경일까요? 인간의 극한매력을 느끼시는 스님. 많이 어지러워하시네요. 이 상황을 바르게 돌리고 싶지만, '한 달 뒤면 좀 나아지려나?' 하고 계시네요(마치 연예인 보는 이런 기분이!). 스님은 내담자 님이 꿈의 이상형이십니다.

한 곳만 바라보시던 스님이 내담자 님을 애인으로까지 원하시는 것 같아요. 만약 이런 스님이 조금 걱정되신다면 기도 불심에 흔들리지 않게 꽉, 마음을 옆에서 잡아주세요. '강하게 밀어 붙이면 통한다'라고 나오니까요. 그러나 이런 스님의 모습이 내담자님께서 좋으신 거라면 기도 열심히 하셔서 신의 은총이 있으시길 바라요. 내담자님은 스님께 하늘의 선물 같은 분이시니까요. 이러면 안 될 것을 알면서도 묶여있는 그 마음, 이런 스님의 마음과 생각이 질문의 도움이 되셨나요? 내담자님께 푹 빠지신 마음! 갈피를 잡을 수 있게 내담자님의 마음전달을 한 번 더 깊이 해주시면 두 분 방향에 많은 도움이 되실 거라 보입니다. 올바른 기도에 집중하시다보면 내담자 님의 꿈은 이루어집니다. 좋은 팁의 카드도 보이니 신의 도움이 있을 터이니 항시 기도는 강하게 밀고 나가세요. 스님의 마음이 이렇다 ~ 읽어드렸으니 그 뒤 궁금하신 사항은 다시 질문해 주시길 바랍니다. 이상무! 그럼 나무타미아불 관세음보살.

루아 원장의 댓글 ▶

현재 스님은 고객님을 '반짝반짝 빛이 나는 사람(스타) 나를 남성으로 만들어 준 사람(에이스오브완즈), 늘 솔직하고 담백하고~~어디든 가서도 예쁨 받고 사랑받을 수 있는 그런 너~'라고 생각하시는 것 같습니다. 너는 아주 그냥 반짝반짝 빛나는 별이요(스타) 그런데 요즘은 자신의 하는 일과 관련되어(에이스 오브 완즈) 혼자 지내면서 자신만의 시간을 갖고 싶어 하는 듯한 모습도 보입니다. 이것은 절대로 고객님이 싫어서가 아니라 자신만의 감정이니 이럴 때는 잠시 눈치껏 기다려 주시는 것도(매달린 남성) 지혜로운 방법이니 꼭 참고하시어 지금보다 더 빛나는 사랑, 단단한 관계 맺길 조언 드릴게요. 감사합니다.

남자친구가 다른 여성이랑 술 마시고 있어요

16차 숙제

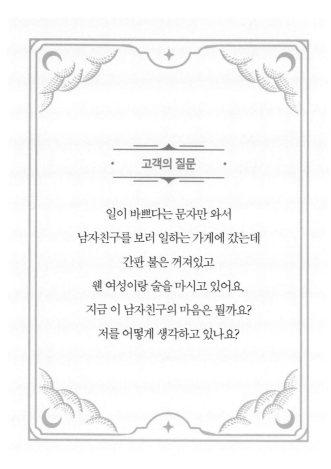

· 고객의 질문 ·

일이 바쁘다는 문자만 와서
남자친구를 보러 일하는 가게에 갔는데
간판 불은 꺼져있고
웬 여성이랑 술을 마시고 있어요.
지금 이 남자친구의 마음은 뭘까요?
저를 어떻게 생각하고 있나요?

수강생의 답

내담자 님은 지금 심정이 답답하고 어디 가서 하소연하고 싶고 남자친구의 마음이 변했나 확인하고 싶은데, 머리에서 떠나지 않는 갑작스러운 불안감이 있습니다. 그리고 사랑하는 사람에게 깊은 상처를 받으신 것 같고 남자친구에 대한 근심과 절망은 빠지지 말고 차분히 생각할 시간이 필요해 보이네요(검9번 소드). 남자친구 분은 현실성 떨어지는 환상이나 허황된 꿈을 가지고 있고요. 웬 여성분은 음흉한 인간의 모습을 가지고 있네요. 남자친구 분은 허황된 과장에 넘어갔고 꼬임에 빠져서 정신을 못 차리고 있어요. 여성분은 사기꾼에 언변이 뛰어나며 중간에서 중상모략을 하고 있으니 조심하시는 게 좋겠어요(컵7번). 남자친구가 생각하는 내담자분의 마음은 지금 상황에서 나아질 기미가 없어요. 조롱하듯 바라보고 있고 비웃음 당하지 말고 거리를 둬서 더 이상 상처를 받지 말고 하루빨리 정리하시는 게 좋겠어요(검5번 소드). 검 9번 소드에서 보여지는 장미와 별자리가 새겨진 이불이 현재 상황에서 얼마든지 희망이 있다고 나오니 실망하지 말고 새로운 인연, 편안한 상대를 만났으면 합니다.

루아 원장의 댓글

남자친구는 현재 굉장한 고민에 빠져 있으신 것 같아요. 그 일로 밤에 잠도 못자고 스트레스가 많은 상황으로 보입니다(소드9). 그 원인은 다른 사람은 안중에도 없고 정당한 방법이 아닌 본인 이기심을 채우기 위한 중상모략이었는데, 그 결과가 너무 좋지 않아서 마음고생을 하고 있는 듯 합니다. 자기 꾀에 자기가 빠진 것이죠(소드5). 아마도 함께 술을 마시는 여성분이 그 상대로 보여지는데, 이 여성이 왠지 돈이 많아 보여서 '잘 꼬드기면 우리 가게 와서 매출을 많이 일으킬 수도 있어! 물주 하나 잡자!'라는 과대망상과 착각(컵7)! 마지막으로 고객님을 생각하는 마음은 '이 모습 또한 여자친구에게 들키지 않을 거야'라고 착각하고 있는 모습으로 보입니다. '들키더라도 이 모양 저 모양으로 둘러대야지~'라고요. 감사합니다.

언제쯤 마음에 드는 집이 나올까요?

14차 숙제

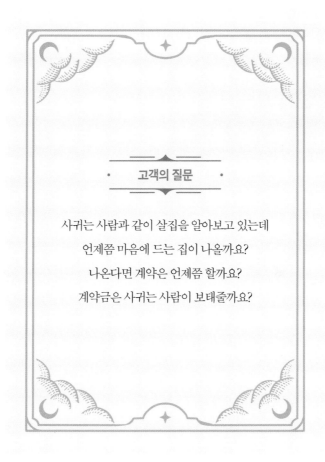

• 고객의 질문 •

사귀는 사람과 같이 살집을 알아보고 있는데
언제쯤 마음에 드는 집이 나올까요?
나온다면 계약은 언제쯤 할까요?
계약금은 사귀는 사람이 보태줄까요?

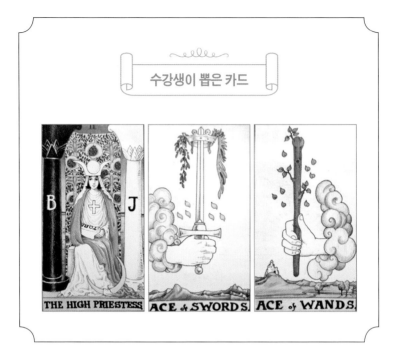

수강생의 답

    내담자 님은 직관력이 뛰어나고 심리 파악, 적절한 판단을 잘하셔서 마음에 드는 집이 2달 안에 나온다고 하네요. 계약은 가을쯤 (고위여사제) 목표를 향해 준비를 철저히 하셔서 원하는 집에 들어갈 수 있고요. 주도권을 쥐고 있네요(에이스 오브 소드, 결단). 남자친구 분은 미래의 성공을 위해서 열심히 새로운 일을 시작하는데, 하늘에서 도와주고 계약금도 남자친구 분이 보태준다고 하네요. 두 분이 같이 사신다면 귀한 아이도 탄생할 거고요, 아이가 태어나서 집안에 좋은 일이 생겨요. 재산상속도 받는다고 하네요. 복이 넝쿨째 들어왔어요(지팡이 에이스 완즈).

　사귀는 사람과 같이 살집은 2달 안으로 맘에 드는 집이 나온다고 합니다(여사제의 넘버링) 집을 보시자 마자 '와! 바로 이 집이다!'라는 촉이 아주 빠르게 오실 거예요(여사제의 촉). 집 계약은 ㅎㅎ 집이 얼마나 맘에 드시는지 바로 그 자리에서 계약을 하신다고 합니다(에이스 오브 소드, 결단). 이러한 상황을 강하게 보여주는 카드가 나왔네요. 카드에서 보여지는 에이스는 신의 은총을 의미하는데 집 계약 성사는 아무래도 하늘에서 고객님께 주는 복인 것 같습니다. 계약금 역시 사귀는 사람이 보태 주냐는 질문에도 완즈 중에서도 아주 강한 에이스 오브 완즈가 나왔으니 이것 또한 신의 은총 하늘이 주는 복! 사귀는 사람은 이미 보태주려고 큰 마음을 먹은 듯 하니 염려 안하셔도 될 것 같습니다. 그럼 멋진 집에서 사랑하는 분과 행복하시길 빌게요.

아르바이트를 하는 곳에서 만난 오빠가 저를 어떻게 생각하나요?

17차 숙제

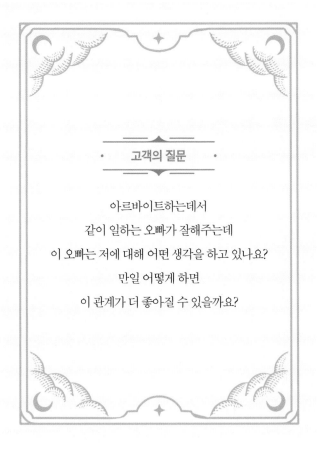

· 고객의 질문 ·

아르바이트하는데서

같이 일하는 오빠가 잘해주는데

이 오빠는 저에 대해 어떤 생각을 하고 있나요?

만일 어떻게 하면

이 관계가 더 좋아질 수 있을까요?

수강생의 답

자, 아주 좋은 행복한 카드가 나왔네요. 오빠 분께서는 내담자 님을 굉장히 성실한 직원으로 여깁니다. 손재주도 뛰어나서 무엇이든 손에만 닿으면 뚝딱! (뭐지? 무엇을 해도 맘에 드네) 초보자 같은 면은 있어도 노력하며 완성하는 분이라 생각하고 있어요. '대화를 하면 굉장히 포근한 여성이다. 그래서 마음의 힐링도 되고, 사람의 마음을 잘 헤아려준다' 이렇게 여깁니다. 문제의 핵심을 잘 파악하는 현명하고 지적인 여성인데 화도 잘 안 냄! 저분은 참 욕심나는 상대라 생각하고 있으세요. 와~! 너무 좋으시겠어요. 성숙한 부분도 내담자 님께서는 갖추고 있으시고 베풀기를 좋아하시는 이 성격. 이 남성분이 홀딱 반하실 만한데 이 관계가 더 좋아지려면 베푸시는 김에 "너무 잘 대해주셔서 감사의 표시로 술 한번 사고 싶어요"라고 약속을 정해보세요. 팁을 드리자면 길어지는 술자리가 아닌 술을 즐기는 정도의 간단한 술자리를 마련하시길 권해드립니다. 남성분께서는 순수한 아이처럼 작은 것에도 감사해하며 그 술자리를 오케이 하실 거고요! 물론 금전이 많은 분으로 보이시니 술값은 오빠가 결제하실 거예요(꿩 먹고 알 먹고). 그 자리에서 잘 챙겨주시며 안정된 모습을 보여주세요. 내담자 님이 술을 드실 때 술을 먹든 안 먹든 앞뒤가 같은 모습이랄까요? 취기가 올라와도 순수한 모습 정도요 ^^;; (남성분이 순수한 걸 좋아하시니까요).

밝은 노랑의 옷을 입으시고 머리 스타일도 살짝 웨이브있게 사랑스럽고 여성스러운 모습으로 가시면 좋겠습니다. 최대한 매너 있게 성숙한 모습을 과감히 표출해주세요. 어떠한 얘기든 편히 대화 소통이 된다는 걸 느끼게 해주신다면 남성분은 승리 깃발 들 듯이 축복받을 수 있는 기쁜 일이 두 분께 일어나실 거예요(와, 일할 때보다 더 반할 모습이다!라고 생각하실 거거든요). 내담자 님, '나는 해바라기처럼 한곳만 바라보는 사람이다'라는 일편단심의 모습도 보여주시면 더더더 믿음이 가시면서 마음의 열정과 의욕(연애의 열정)이 치솟습니다. 그럼 곧 약속된 성공이라 할 수 있겠죠? 조만간 좀더 적극적으로 사귀자는 말을 들을 것입니다. 긴장해서도 좋습니다. ^^ 진짜 성공리에 잘되신다면 같이 일하는 공간에 해바라기를 꽂아 드려보세요. 좋은 기운을 받게 됩니다. 잘 되실 수 있게 응원할게요! 미리 짝짝짝 ~ 축하드릴게요. 승리는 내담자님 것! 당신은 잘 될 팔자이십니다.

잘한다! 잘한다! 최고예요! 아르바이트를 하는 곳에서 함께 일하는 오빠는 고객님을 바라보면서 '와…. 저 친구 참 순수하다. 늘 활기차며 열정적이고 일이 힘들 법도 할 텐데 어쩜 저렇게 방실방실 웃으며 해맑을 수 있을까?'라는 생각을 가지고 계신 것 같아요. ^^ 그러면서 아직은 서툴러 보이기는 하지만 자신에게 주어진 일을 묵묵히 잘 해나가는 모습에 '저 친구는 어디 가서 무얼 해도 원하는 것을 이룰 수 있겠다'는 생각도요. 오빠와 관계를 더 좋게 하시려면 카드로 보았을 때 오빠의 성향이 남의 이야기를 잘 들어주고 웬만한 여성 못지않게 감성적이신 분이라 보이는데, 이런 분과 더 가까이 지내시려면 '잘 대해줘서 늘 고맙다, 감사하다, 오빠 덕분에 여기서 일하는 것이 너무 즐겁다' 등 진심 어린 표현을 늘 해주시고 잘해주신다고, 하여 절대 선을 넘는 것(버릇없는 행동)은 금물입니다. 그럼 오빠와의 멋진 발전과 행운을 빌게요.

사귀는 사람의 어머니는
저에게 뭐라고 하실까요?

6차 숙제

· 고객의 질문 ·

지금 사귀는 사람의 어머니는

저를 만나면 뭐라고 하실까요?

수강생의 답 ▶

우선 리딩하기 마음 아픈 카드가 나왔네요. 그래도 카드가 말하는 내용을 전해 드릴게요. 남자친구 분의 어머님께서는 "내 아들과 정리하고 너 갈 길 가라" "새로운 인생을 살아라"라고 말할 것 같아요. 어머님의 성격은 기가 세고 욕심이 많은 분입니다. '내 아들이 아까워~' 이렇게 생각하고 내담자 님이 부족하다고 생각하시네요. 어머님은 이해타산에 밝고 손해 보는 성향이 아니세요. 아니다 싶으면 미련 없이 끊어내는 냉정하고 강한 성격이에요. 모든 관계가 공평하고 공정하게 주고받는 걸 추구하시는 분인데 내담자 님은 '성에 안 찬다, 부족하다'고 결정하신 것 같아요. 마음을 되돌리기 힘든 권위적인 분이십니다. 내담자 님이 현명하게 결정하시길 바랍니다.

루아 원장의 댓글 ▶

사귀는 사람의 어머님은 고객님을 만나면 따뜻한 느낌보다는 '굉장히 똑부러지고 차가운 이미지'로 보실 것 같아요. 물론 똑부러지고 야무진 건 좋은거지만, 아버지를 닮아 고집스럽고 가부장적인 자신의 아들과는 잘 맞지 않을 것으로 생각하시네요. 아들의 성격에는 따뜻하고 품어주며 현모양처 같은 스타일이고, 내조를 참 잘해주는 여성을 만났으면 하시는 것 같습니다. 그래서 내심 '이 관계가 오래가지 못할 것이며 각자 맞는 연인을 찾아 곧 헤어질 수 있겠구나'라는 생각도 하실 수 있을 것 같습니다. 그럼 행운을 빌게요.

분명히 말씀드리지만 타로카드는 점이 아닙니다. 그런데 많은 분들이 점집에서 물어보는 것보다 더 많은 질문을 하십니다. 심지어 점집에서는 할 수 없는 아주 세세한 질문, 정말 별난 질문도 저희 타로 상담사에게 쏟아 내십니다. 왜 그런 걸까요? 단순히 자신들의 질문에 정답을 찾기보다 지금 현재 처한 고민을 들어줄 사람이 필요한 것인지도 모릅니다. 그걸 타로카드의 리딩을 통해 정답이 아닌 해답, 꼭 답이 아니어도 좋은 치유를 경험하고 싶은 겁니다.

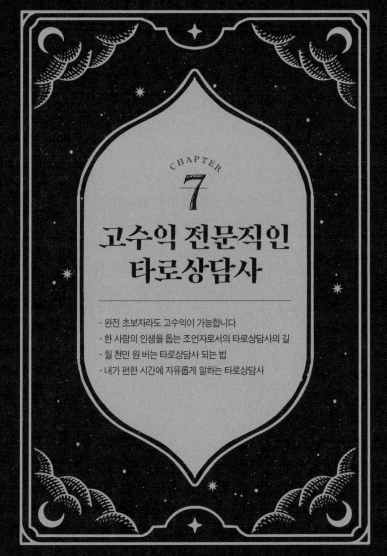

7

고수익 전문직인
타로상담사

- 완전 초보자라도 고수익이 가능합니다
- 한 사람의 인생을 돕는 조언자로서의 타로상담사의 길
- 월 천만 원 버는 타로상담사 되는 법
- 내가 편한 시간에 자유롭게 일하는 타로상담사

타로 상담만으로 월 1천만 원 버는 게 가능할까요?
네, 분명히 가능합니다.
그런 분들이 점점 늘고 있기에 자신 있게 대답합니다.
제 수강생들 중에는 명예퇴직하고
타로의 길에 들어선 50대, 60대도 있습니다.
이 분들도 점점 고수익에 길이 들어섭니다.
요즘 젊은이들은 취업하기 참 힘듭니다.
그렇다면 타로상담사의 길도 생각해 보세요.
세상 사람들의 고민을 들어주고 치유하는 건
보람 있고 돈도 벌 수 있는 일입니다.

완전 초보자라도
고수익이 가능합니다

태어나서 타로를 단 한 번도 배우지 않은 분들, 태어나서 타로를 본 적이 없는 분들도 저와 손을 잡으면 돈 버는 길이 보입니다. 타로상담사의 직업 세계로 가는 다양한 길을 제가 친절하게 보여드리겠습니다. 전화상담은 어떻게 하고, 돈을 어떻게 벌며 블로그마케팅은 어떻게 하며, 060 서비스 등에는 어떻게 가입하는지 어디 가서 묻기 힘들었던 귀한 정보를 다 알려드리겠습니다. 책으로 맺은 인연으로 저를 찾아오시면 됩니다. 타로에 '타'자도 몰랐던 분들이 돈을 잘 벌 수 있도록 성심성의껏 도와드리겠습니다. 여러분 인생의 새로운 전환점을 루 아카데미가 만들어 드립니다.

저를 믿고 따라오신다면 월 1천만 원 버는 것도 어렵지 않습니다. 이미 저를 통해 현업에서 뛰는 분들이 월 1천만 원의 행복한 비명을 지르고 계십니다. 오랜 시간이 필요한 것도 아닙니다. 기본적으로 한 달만 저에게 시간을 주시면 타로를 쉽고 빠르게 배울 수 있고 그 배운 것을 당장 현업에서 풀어낼 수 있습니다. 타로 교육 후 취업률 99.999%! 타로를 배우고 숍을 차리는 경우도 있지만 요즘 같은 시대에 창업은 위험부담이 크기 때문에 저는 타로 전화 상담이 가능한 사이트로 취업도 연결하고 있습니다. 가장 높은 합격률을 자랑하는 곳은 수강생 한 명당 두세 군데 합격은 기본입니다. 그래서 루 아카데미를 타로 교육의 성지라고 이야기합니다.

수만 건의 상담으로 얻어진 꿀팁을 어디서 만날 수 있겠습니까? 타로 독학으로 힘들고 지친 분들도 저를 만나고 새로운 에너지를 받으셨습니다. 고객의 마음을 흔드는 화법, 어디서도 알려주지 않던 타로카드 이미지 리딩법, 운세 사이트들의 특징과 장·단점 등 저는 당신이 목말라 하는 실제 취업과 상담에 필요한 핵심 노하우만 알려드리고 있습니다. 좋은 것은 자꾸 세상에 퍼트리고 자랑하라고 했습니다. 저를 통해 타로의 새로운 세계에 눈을 뜬 분들이 저의 노하우, 저의 강의에 대해 감탄을 하고 고마워하십니다. 이분들이 그냥 하는 립서비스는 아닐 겁니다. 타로 독학을 하거나 온라인 강의를 들을 때 얼마나 답답하셨습니까? 제대로 된 피드백이 없어 본인의 리딩에 대한 확신도 없으셨을 겁니다. 바로 이런 분들이 잠실에 있는 루 아카데미를 찾아 그야말로 가슴 속 뻥 뚫리는 노하우를 알게 되셨습니다. 당신도 하실 수 있습니다. 초보도, 50대도 상관없습니다. 타로상담사가 되는 가장 빠른 지름길을 친절히 안내해 드리겠습니다.

한 사람의 인생을 돕는
조언자로서 타로상담사의 길

타로상담사는 카드를 해석하여 읽어야만 합니다. 그 결과가 맞거나 틀리더라도 카드를 해석해서 결과를 내드려야 합니다. 쉬운 것 같으면서도 쉽지 않은 직업이지만 요즘같이 돈 벌기 어려운 시대에 참으로 알짜배기 직업인 것은 정말 분명합니다. 월 1천만 원을 향해 달리는 제자들의 수익이 그걸 증명합니다. 딱 4주간 교육을 마치고 실전 상담을 하시는 선생님들에게 저는 저만의 멘탈관리법도 알려드리고 있습니다. 바로 이 말만 기억하면 됩니다.

"나는 신이 아니다! 한 사람의 인생을 돕는 조언자이다!"

제가 만든 것이지만 참 기가 막힌 말이지 않나요? 바로 저 말이 타로상담사들의 멘탈 무기였으면 좋겠습니다.

당장 돈을 벌어야 하는 분이 있다면 저는 타로를 강력히 권합니다. 집에 앉아서 하는 일 중에 이것만큼 편하고 돈이 되는 직업이 또 있을까요?

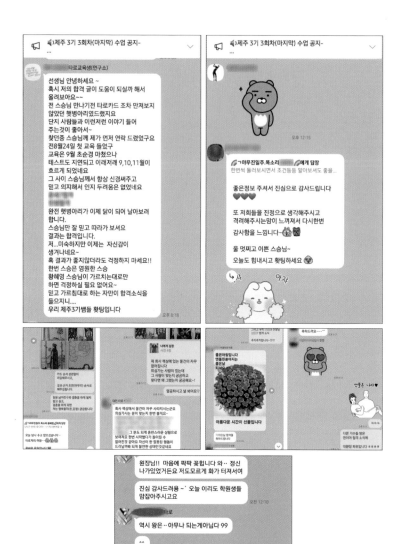

수강생들과의 리얼 상담 내용

리스크도 없고, 나이도 상관없습니다. 이제 갓 고등학교를 졸업해도 할 수 있고, 50~60대 아줌마, 아저씨도 가능합니다. 평생 집에서 일할 수 있으니 은퇴 걱정도 없습니다. 대기업 연봉도 안 부러운 게 이 일입니다. 앞의 저 멘탈만 잘 갖추면, 저 루아만 잘 따라오신다면 당신은 아주 빠른 시간에 빚도 갚고 차도 바꿀 수 있습니다. 남편 눈치 안 보고 명품 백도 팍팍 사서도 됩니다. 지금도 집에서 타로 상담으로 월 1천만 원 버는 분 이야기가 속속 루 아카데미 네이버 카페에 올라오고 있습니다. 타로상담사는 50대, 60대 여성분들에게 인기 폭발 직업입니다.

이 일은 나이 불문, 성별 불문, 직접 홍보를 안 해도 취업까지 확실히 보장됩니다. 제가 아주 쉽게, 빵빵 터지게 가르치니 흡수력도 빠르고 딱 4주면 현업에서 돈을 벌 수 있습니다. 운전면허 따는 것보다 더 빠릅니다. '말주변이 없어서 저는 힘들 것 같다'고 하신 분도 이제는 저보다 말을 더 잘하십니다. 다른 사람의 고민을 들어주고 방법을 찾아주면서 삶의 보람도 생깁니다.

타로상담사들이 신은 아니지만 고객의 인생 고민에 같이 공감하고 아파하면서 나름 긍정적 에너지가 될 조언을 합니다. 요즘 자영업을 하시면서 힘드시죠? 이 일은 따로 비싼 돈 들여 가게를 차릴 필요도 없습니다. 그냥 집에서 걸려 오는 전화만 받으면 됩니다.

월 1천만 원 버는
타로상담사 되는 법

1. 오! 월 1천만 원에서 조금 부족한 950만 원! 대박입니다!

'정말 내가 타로를 배워도 될까? 잘할 수 있을까?' 수십 번의 고민과 자신과의 질문 끝에 타로상담사에 도전했습니다. 취업을 하여 첫 달부터 월 1천만 원을 버는 선생님들도 계시지만, 서서히 실력이 쌓이면서 정말! 장족의 발전을 이루어 가시는 분들 또한 많기에 저는 늘 조급함을 내려놓으라고 말씀드린답니다. 조급하면 불안해지고 불안해지면 강박이 생기고 강박이 생기면 안 되잖아요. 그럼 병원에 가야 합니다.

어느 선생님은 2번째 달 급여가 958만 원! 이거 정말 1천만 원이라고 해도 되는 거 아닌가요? 정말 대단하다고, 자랑스럽다고 꼭 껴안아 드리고 싶네요. 월 1천만 원이 조금 부족한 950만 원이요? 대박, 감사합니다. 덕분에 루 아카데미는 좋은 향기가 더욱 풍기고 좋은 사람들이 많이 오고 점점 풍요로워지고 있습니다. 우리 선생님들, 항상 건승하시길! 축복합니다.

2. 첫 달 세금 제외 582만 원! 꿈만 같습니다.

한 선생님과의 첫 통화가 아직도 생생하게 기억이 나네요. 교육을 마치고 집에 돌아와 간만에 편안한 저녁 식사를 마친 뒤였죠. 자초지종 없이 급하게 질문을 하시면서 꼭 좀 도와달라고, 돈 버셔야 한다고…. 저도 정말 당황했던 거 아시죠? 완즈 8번 같은 느낌이었고 굉장히 시원시원한 선생님의 성격이 맘에 들었습니다. 궁금하신 게 있으면 바로바로 전화 주셔서 피드백 받으시고, 누구보다 열정적으로 교육에 임하셨던 우리 퀸오브 완즈!

한 달을 꽉 채운 상담료가 아닌데, 582만 원이라니요! 꽉 채우셨으면 더 대박! 선생님 욕심 말고 제 욕심이에요. 세상에 공짜는 없는 법. 성공하려면 기회비용이 필요하죠. 돈이든 시간이든 열정이든 뭐든 기회가 있으면 먼저 잡는 사람이 임자고, 바보들은 운이 와도 잡지 못한다는 말이 있어요. 그 기회를 예리한 눈으로 포착하셨다는 것이지요. 열정 포텐 넘치셨던 그 모습 눈에 아직도 선합니다. 앞으로 더더 잘 되실 거예요. 더 많이 벌고 더 많이 내세요.

3. 거짓말 아니에요? 진짜 타로로 월 1천만 원 번다고요?

타로와 인연이 아니었다면 지금 이 세상에 없었을 거라는 우리 쌤~ 처음 만났을 때 에너지가 넘치는 그 텐션 안에 그런 아픈 감정을 숨겨놓고

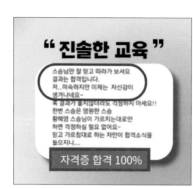

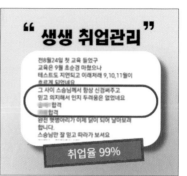

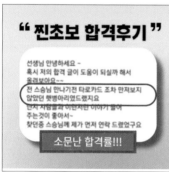

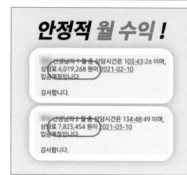

실 상담 수익 인증 사례

있었다는 걸 정말 몰랐습니다. 당장 갚아야 할 빚은 둘째 치고 집을 나가야 하는 막막한 현실에서 루아 원장님을 만나 타로상담사의 비전을 듣자마자 '바로 이 길이 나의 길이다' 이 신념 하나로 독하게 타로 교육을 수료하고 국내 최대 온라인 운세 사이트란 곳 모두 지원~~그리고 지원한 곳 모두 합격! 정말 루아 원장님의 타로 리딩 교육은 한 치의 틀림이 없으니! '정말 간절함은 통한다'라는 쌤의 축하 소식에 왜 이리 뭉클한지 T.T 정말 지독하게 상담하시던 쌤! 타로 입문 한 달도 안 돼서 인기 선생님 등극! 지금은 탑 원에 등극^^ 매월 10일은 돈 들어 오는 날! 루아 원장님이 "아침 9시 돈이 들어오는 걸 상상해보세요" 라고 하신 말씀이 현실로! 정각 9시 통장에 입금이 되어있는 급여! 정말 대박 행복한 일이 아닌가요?

4. 남성 타로상담사? 편견을 깨고 싶어요.

과거에 정말 재미나게 읽었었던, 명리학과 타로 책들의 경험에서 벗어나 실전 상담으로 도전을 맘먹고 루아 원장님께 실전 타로 리딩을 배우면서 시작된 남성 타로상담사의 길! 여성 선생님들이 즐비한 타로 상담 전선에서 남성 타로상담사로서의 길을 선택하기까지 정말 많이 생소했습니다.

간절한 하루하루 어려운 삶 속에서, 가장으로서, 아빠로서의 삶에 열심히 돈을 벌어야만 하는 정말 각박한 삶 속에서 대리운전보다 훨씬~ 수입이 좋으리라는 생각으로 '하루, 일주일, 한 달'을 꾸준히 내담자분들과의 소중한 상담을 열정으로 임하며 타로상담사 길을 달려가다 보니 어지간한 직장 수입보다는 월등히 높은 수입을 받게 된 남성 타로상담사의 길이 시작되었네요.

첫 달에는 보름 정도 기간 동안 상담을 했었네요. 타로 상담을 진행하기 전에는 설레는 마음이었고, 상담을 시작한 이후에는 내담자 분들과의 소통과 저의 열정이 연결되어 정말 다양한 분야에 계신 분들과 공감할 수 있었습니다. 이처럼 타로 상담은 정말 멋진 분야입니다. 내가 내 시간을 컨트롤 할 수 있는, 최고의 장점 출,퇴근으로 벌게 되는 정해진 삶을 벗어나 하는 만큼 벌 수 있는, 능력을 스스로 갖출 수 있는 시스템! 어려워져만 가는 삶 속에, 생활비부터 충당할 수 있게 되는 시작점. 스스로 하는 만큼 벌게 되는 감사함 속에, 삶을 지키게 해준 버팀목 자체에 너무나 감사한 타로 상담의 하루하루를 체험하게 됩니다.

무엇보다도 경력이 단절된 분들에게 최고의 직업이 될 수 있겠구나 싶습니다. 또한, 정년이 없는 분야이고 사라지지 않을 분야임을 깊게 느껴가는 정말~~신세계 타로 상담의 하루하루입니다. 그저 몰입해서 타로 상담을 즐겼던 소중한 시간들을 리드해주시고, 집중해서 상담에 임할 수 있도록 시스템을 만들어 주신 루아 원장님께 정말로 감사드립니다. 먼저 가신 길을 시스템화하여 제자 분들을 안정적으로 안착시켜주시는 루아 원장님의 프로세스가 아니었다면, 남성 타로상담사로서의 길을 펼칠 수 있었을까 싶네요.

5. 루 아카데미 루아 원장의 월 1천만 원 생생 후기, 공유합니다.

제 병아리 시절 타로상담사 수입을 저도 공개합니다. 하도 물어보시는 분들이 많아 카페에도 이야기했지만 이 책에도 다시 공개합니다. 지금도 물론 타로상담 현역에 있고 타로교육과 병행하면서 사업을 키우고 있지만 그때의 참 쫄깃했던 순간들과 통장에 입금된 수익을 생각하노라면 그저 '와, 사람이 죽으란 법은 없구나' 뭐 이런 생각이 듭니다.

저는 2020년도 11월에 타로를 배웠습니다. 12월 말부터 상담 스타트! 제 대운이 바뀌는 시기였죠. 대운이라는 것은 큰 좋은 운을 뜻하는 것이 아닌 사주명식으로 10년간 바뀌는 운을 뜻하는데 저는 좋은 운으로 변하는 대운이었더라고요.

12월 말일 경에 시작해서 열흘 일하고 받은 상담료는 735,306원! 상담하는 즉시 1초부터 모두 내 돈이지요. 다음 달 1월. 뜨아~~! 6,019,268원! 2월에는 7,823,454원~ 1천만 원! 머리에 꽃 달고 뛰쳐나갈 뻔했습니다. 3월에는 좀 더 상승! 되었죠^^ 대기업 연봉 안 부럽습니다. 이렇게 큰 수익을 낼 수 있는 분야가 타로상담사랍니다. 모르는 분이 너무 많아서 정말 안타까울 뿐입니다.

타로상담사가 너무 많은데 타로가 돈이 되냐고 물으신다면 이렇게 말씀 드리는 게 좀 이해되시겠네요. 치킨집, 옷 가게, 미용실, 노래방, 빵집은 우리 동네만 해도 몇 군데가 됩니다. 그런데 우리 주변에 많다고 장사가 다 안 되나요? 주변에 많아도 맛있는 곳 인기 있는 집은 문전성시를 이루죠.

저는 타로를 배우고 난 뒤에는 최대한 빠르게 수익을 낼 수 있도록 플랫폼사이트를 소개해드리고 있습니다. 타로를 배운 뒤 고객을 모으기 위해 그 어렵다는 마케팅 어떻게 하시려고 합니까? 그런 거 전혀 신경 안 쓰시도록 취업까지 연결해드리고 있습니다. 이번에 제작한 타로카트 78장 역시 수만 번의 상담 노하우를 통해 만들어 냈습니다. 제가 개발한 그림과 웨이트 카드를 비교하면서 타로 리딩을 보다 쉽게 하는 길도 열어 놓았습니다.

요즘은 다양한 강의들이 비대면 시대를 따라가면서 온라인 강의, 인터넷 교육이 굉장히 활성화가 되었지만 선생님과의 소통도 잘 안되고 궁금한 것이 있어도 그저 한숨만 ;;;;; 이러다 포기. 들어는 보셨나요? 나는 타포자다! ㅋㅋㅋㅋ 타로공부를 시작하고 누군가는 답답한 화면 속에서 소통 없이 독학으로 힘든 시간을 보내고 있습니다. 실제로 독학을 하시다 리딩이 안 되어 찾아오시는 분들도 참 많고요. ㅜㅜ

이런 분들이 제 강의를 듣고 "아니 뭐 이렇게 쉽게 강의하는 곳이 다 있어?" 하며 정말 좋아하십니다. 강의도 쉽지만 너무 재밌어서 강의 분위기가 너무 좋습니다. 저는 저를 찾는 분이 있다면 그곳이 어디든 달려갑니다. 저와 함께 하고 싶은 열정과 의지만 있다면 집에서 남부럽지 않게 돈 버는 비법을 알려드리러 갑니다.

서울 잠실이 메인 홈그라운드이지만 서울, 대전, 인천, 경기, 부산, 광주, 제주까지 수많은 수강생분들과 전국에서 타로수업을 진행하고 있습니다. 수업은 1:1이 기본으로 진행되지만 상황에 따라서는 지인과 함께 하신다면 그룹으로도 진행이 가능합니다. 제 강의는 철저히 실전상담 위주고 매일 리딩연습을 해서 그 노하우를 빠르게 습득시킵니다. 돈을 벌기 위해 저를 만나신 분들이라 빨리 가르쳐서 빨리 현업에서 활동하게 해드리고 있습니다. 제 수강생들은 실전에 바로 투입이 되더라도 실전 리딩 연습을 다 거쳤기 때문에 내담자의 질문에 당황하지 않으십니다. 저는 매일 숙제도 강제적으로 드리고 검사도 철저히 합니다. 한 달만에 타로 리딩을 완벽하게 하고 싶다면 그 정도 숙제는 다들 즐겁게 받아들이십니다.

타로는 실제로 상담 경험이 있는 사람에게 수많은 사례를 상담해본 사람에게(비대면이 더 어렵습니다ㅜㅜ) 실전 노하우를 함께 배워야 타로 리딩으로 돈을 버는 것이 가능합니다. 저의 수만 건 이상의 상담 노하우가 그대로 수강생들에게 전해집니다. 내담자의 마음을 움직이는 방법도 다 알려 드립니다. 암기해서 리딩하는 게 아니라 직관적인 이미지 리딩의 노하우도 드립니다. 저에게 배운 제자들은 기상천외한 질문을 받아도 당황하지 않습니다. 그만큼 탄탄한 내공을 갖도록 도와드리고 있습니다. 쉽고 재밌으니 상담도 잘 풀리고 찾는 분들도 많아지며 그렇게 월 1천만 원의 꿈같은 이야기가 여러분의 통장에 현실로 꽃을 피우게 됩니다.

1. 루 아카데미 타로 수강생 지현경

2년 전에 우연한 기회에 타로 공부를 시작했지만 하면 할수록 어렵고 자신감이 떨어져 타로를 포기하려던 찰나! 저에게 선물같이 루아쌤이 짠 하고 나타나 주셨죠. 키워드 위주의 암기식 공부를 했던 탓에 리딩이 전혀 이루어지지 못했던 사실을 이제야 알게 되었네요. 루아쌤을 만나고 카드 하나하나 이미지 리딩 방법과 원카드 리딩법. 정말 쉽고도 완벽한 쌤 실력에 경악을 금치 못했어요. 타로가 무겁고 힘들기만 했던 저에게 루아쌤은 세상과의 연결고리가 되어주신 거랍니다. 평생 감사하겠습니다!

2. 루 아카데미 타로 수강생 박진선

타로를 어디서 배워야 할까 참 고민을 많이 했습니다. 사실 저는 루 아카데미를 알기 전 타 교육 기관에서 타로를 배웠습니다. 수강이 끝난 후, 키워드는 어느정도 알고 졸업은 했지만 리딩이 전혀 되지 않아 어려움을 많이 겪고 있었던 한 사람으로서 늦으막히 시작한 공부, 왠지 포기하고 싶은 마음보다 오기가 생기더라구요. 그래서 다시 공부를 하기 위한 마지막 종착역이 루 아카데미가 되었답니다.

지금은 수업을 모두 마치고 본격적인 타로상담사로서 현업에 있지만 아직도 궁금한 것이 있으면 루아 원장님께 피드백을 받고 있고 원장님의 가르침에 하나하나 설명을 듣고 나면 더더욱 성장에 있는 저를 발견합니다. 읽혀지지 않았던 카드들이 저도 제가 대견할만큼 읽혀지고 있답니다.

루 아카데미 타로를 만난건 저에게는 큰 행운이었습니다. 이제는 아카데미의 모든 타로 수업들을 놓치지 않고 들을만큼 팬이 되었고요. 늘 자상한 가르침, 몇 번의 똑같은 질문에도 빠르고 친절하게 가르쳐주시는 루아 원장님, 타로가 어려울 것 같아 망설이고 있는 모든 분들의 거목나무가 되시길 소망합니다. 사랑합니다!^^

3. 루 아카데미 타로 수강생 김태희

내 나이 50세가 넘어 시작한 새로운 일에 처음에는 '내가 할 수 있을까?' 걱정도 고민도 너무 많고 여러 가지 두려움도 있었지만, 원장님은 늘 긍정에너지 뿜뿜 뿜어주시고 할 수 있다는 자신감도 심어주셨답니다. 원장님과 함께 타로 공부를 열심히 하고 나서 제가 가장 좋아하는 카드는 데스The Death 카드가 되었답니다. 다들 아시죠? '자~ 과거 끝~!' 새로운 시작을 알리는 터닝포인트 카드죠. 이제 저는 루 아카데미에서 공부하고 새로운 길을 가고 있습니다. 늘 막연히 생각만 하고 있었던 일을 추진하게 해주신 루 아카데미 원장님, 다시 한번 감사드립니다.

4. 루 아카데미 타로 수강생 강정옥

'노년에 제2의 직업을 가질 수 있겠다'는 설렘과 희망으로 타로를 만났습니다. 전화타로로 루아 선생님을 만났고 지금은 타로가 정말 재미있고 신기합니다. 루아 선생님의 장점은 다음과 같습니다.

첫째, 오래된 고목의 수호신처럼 든든하게 이끌어주십니다.

둘째, 선생님의 리딩 아이디어는 늘 놀랍습니다.

셋째, 선생님과 대화가 잘 되고 늘 연락이 됩니다.

넷째, 선생님께 질문을 던지면 번개같이 답이 옵니다.

다섯 째, 루아 선생님이 말하는 건 다 맞는 거 같습니다.

여섯 째, 루아 선생님은 항상 저와 같이 가주는 멘토입니다.

일곱 째, 텐션이 강하서서 전화통화만 해도 힘이 솟습니다.

여덟 째, 루아 선생님은 핵심만 쏙쏙 알려주십니다.

나 자신이 제일 잘한 일은 루아 선생님을 만난 일입니다.

5. 루 아카데미 타로 수강생 박성희

몇년간 집에 묵혀둔 타로 카드를 꺼내고~ 또 그 타로카드로 돈까지 벌게 된 기막힌 상황! 갑작스럽게 전화통화로 인연을 맺게 되었는데 그 통화가 제 인생의 터닝포인트가 될 줄은 몰랐습니다.

배움이 실제 소득으로 이어지는 실용적 학문이 될 수 있게 된 것은 루아 원장님을 만나서 타로를 배웠기 때문이라고 생각합니다. 다른 곳에서 배웠더라면 아마도 배우는데 그쳤을거라는 생각이 들어서 아찔합니다.

살아오신 경험에서 우러나오는 찐의 에너지를 담아 교육에 녹아내니 어찌 와닿지 않을 수 있겠습니까?

루아 원장님의 솔직한 매력과 진심으로 수강생들을 응원하는 모습에 감동을 받으며 '저도 꼭 잘 배워서 제대로 활용해보이리라'라는 결심을 하게 됩니다. 새로운 교육이 또 열린다면 믿고 수강하며 더욱 내공이 탄탄한 타로마스터로 성장하고 싶습니다. 루아 원장님을 만난건 행운이었습니다.

6. 루 아카데미 타로 캐나다 수강생 이은영 Jennifer Lee

2023년 2월 9일, 생애 처음으로 타로라는 지식을 접했습니다. 바로 프로중에 프로 루아 원장님과의 인연이 시작되었죠. 강의 내내 자세하고 꼼꼼하게 가르쳐주신 덕분에 타로가 정말로 신비하고 재밌었습니다. 특히 교육 도중에 원장님께서 실전에서의 다양한 경험들을 접목해서 설명해주셔서 더더욱 이해가 빨랐습니다. 그 모습에 홀딱 반했어요.

캐나다로 다시 가기전 다른 클래스도 다 마쳤고요. 또한 타로상담사 1급 라이센스도 취득했고 바로 네이버엑스퍼트 타로상담사로 등단까지 하게 되었답니다. 캐나다에서 한국분들과 타로상담을 할 수 있다니 생각만 해도 너무 가슴이 벅차오릅니다.

더 놀라운 것은 이 모든 것이 2023년 2월 9일~2월 27일 사이에 이루어졌다는 것입니다. 루아 원장님 덕분에 현재 한국과 캐나다에서 활발한 타로상담을 하고 있어요. 루아 원장님 감사합니다. 그리고 사랑합니다.

캐나다 친구들에게도 루아 원장님을 소개할겁니다. 그녀는 프로페셔널하다! 그녀는 스마트하다! 그녀의 메이크업은 놀랍다! 곧 캐나다에서 뵙겠습니다.

7. 루 아카데미타로 수강생 어은영

와, 정말 저에게도 꿈같은 일이 실현되서 너무 신기하고 저 자신이 대견하네요. 이 모든 꿈이 실현되게 해주신 루아 원장님 그리고 루 아카데미 타로 임원진분들께 정말 깊은 감사의 말씀을 드립니다. 오늘 첫 상담부터 정신 없지만 보람되고 너무 즐겁고 상담하는 내내 업되서 리딩을 했답니다. 이런 자신감은 루 아카데미 타로를 만나서 가능한 일인듯 하구요. 누가 타로를 배운다면 무조건 여기서 하라고 강력 추천할 것입니다. 이 설렘과 보람이 쭈욱 이어져서 내담자분들께 한 줄기 따스한 봄빛 같은 타로상담사가 다짐해봅니다. 루아 원장님, 앞으로 지금보다 몇 배는 더 잘 되실 것 같은 이 느낌적인 느낌! 언제나 응원하겠습니다.

8. 루 아카데미 타로 수강생 김민경

저의 인생 2막이 조금은 생소한 타로라는 세계에서 펼쳐지게 될 줄은 꿈에도 몰랐었습니다. 어느 순간 막연히 흥미를 갖고 타기관에서 수업을 받던 중, 문득 좀더 빨리 배워서 이 분야에서 활동해보고 싶다고 생각하던 차, 루 아카데미 원장님을 극적으로 만나뵙게 되었습니다.

처음에는 '타로상담사로서 상담을 잘할 수 있을까?' 반신반의 하며 갈

팡질팡 하던 차, 원장님의 밝은 에너지와 기운이 저에게 고스란히 투사가 되었습니다. 수강신청을 하고 자연스럽게 타로상담사로 활동할 수 있는 플랫폼까지 일사천리로 진행해주는 루 아카데미의 시스템을 보고 또 한 번 놀랐습니다.

아무리 바쁘서도 항상 빠르게 피드백해주시는 원장님을 어떻게 신뢰하지 않을 수가 있겠어요? 하나라도 더 알려주시려고 애쓰시는 모습이 존경스럽고 그 모습이 얼마나 아름다운지 모릅니다. 1호 팬으로서 늘 응원하고 지지하며 사랑합니다.

타로를 더 많이 알리고,
타로상담사로 잘 이끌겠습니다

'나도 나만의 노하우를 담아 저런 책을 쓸 수 있을까?'

책을 준비하면서 이미 출간된 서적들을 살펴보며 많이 주눅이 들고 망설였습니다. 세상에는 참 많은 타로 책들이 있습니다. 이 책을 쓰려고 준비하면서 그 책들을 하나하나 꼼꼼하게 읽어 보았습니다. 타로상담사의 길에 들어선 지 얼마 안 되는 제 눈에는 참 대단한 내공을 갖춘 분들이었습니다.

그렇지만 용기를 내었습니다. '타로카드의 핵심은 리딩'이었고, 저도 리딩만큼은 누구 못지않다고 자부하기 때문입니다. 수강생들과 운영하는 카페 회원들께서 제 리딩 실력에 대해 인정하고 힘을 주셨고, 이에 용기를 얻어 이 책을 출간하였습니다.

서문에도 밝혔듯이 저는 신의 능력을 가지고 있지 않습니다. 그래서 앞일에 대해 정확하게 예측하고 예언할 수 없습니다. 분명히 말씀드리지만 타로카드는 점이 아닙니다. 그런데 많은 사람이 점집에서 물어보는 것보다 더 많은 질문을 하십니다. 심지어 점집에서는 할 수 없는 아주 세세한 질문, 정말 별난 질문도 저희 타로상담사에게 쏟아 내십니다. 왜 그런 걸까요? 단순히 자신들의 질문에 정답을 찾기보다 지금 현재 처한 고민을 들어줄 사람이 필요한 것인지도 모릅니다. 그걸 타로카드의 리딩을 통해 정답이 아닌 해답, 꼭 답이 아니어도 좋은 치유를 경험하고 싶은 겁니다.

저는 기존의 웨이트 카드와는 다른 저만의 카드를 만들어 냈습니다. 왕과 여왕, 기사가 나온 꽤 권위적이고 무서운 느낌의 카드를 조금 친근감 있는 카드로 바꾸고 싶었습니다. 16세기 유럽의 먼지 묻은 카드를 이 시대를 사는 이들을 위한 새로운 버전의 카드로 만들고자 했습니다. 자동차도 매년 새로운 버전이 나오고, 패션과 화장술도 매년 변화를 거듭하는데 꽤 많은 사람이 찾는 타로카드만 제자리에서 요지부동의 자세를 가져서야 되겠습니까?

제가 먼저 바꿔보기로 했습니다. 물론 제가 열심히 공부한 다른 타로카드 책들을 보면 나름 자신의 내공을 담아 자기만의 카드를 개발한 분들도 있습니다. 그분들이 먼저 길을 걸어갔기에 저도 저만의 카드를 만들어 낼 수 있었습니다.

타로 리딩을 가르칠 때 암기를 권하지 않습니다. 물론 기본적인 키워드 암기는 반드시 필요하기는 합니다. 하지만 우리가 마주하는 수많은 별별 질문들 앞에서 암기는 아무런 힘을 발휘하지 못합니다. 암기보다는 그때그때 이미지에 맞는 리딩을 해내는 연습이 더 절실합니다. 이 책을 통해 그 이미지 리딩을 하는 방법, 그림에서 어떤 걸 읽어내고 어떤 방법으로 해석해 내는지 그 길을 보여드리고자 했습니다. 제가 개발한 카드는 물론이고, 기존의 웨이트 카드를 보고 이미지 리딩하는 방법을 설명했습니다.

처음에는 '제 카드만 가지고 해보자'고 생각했습니다. 그런데 그건 타로카드 초보자들에게는 조금 어려운 접근 방법인 것 같았습니다. 그래서 제 카드에 대한 리딩 설명 뒷부분에 기존 웨이트 카드에 대한 리딩도 덧붙였습니다. 어차피 제 카드도 그 웨이트 카드를 모토로 태어났기 때문입니다.

강의하면서, 카페를 운영하면서, 전국 곳곳에 연수를 다녀오고 전화로 숱한 상담을 하면서 이 책을 썼습니다. 일단 말로 했던 카드 리딩을 글로 바꾸려니 너무 힘들었습니다. 네이버 카페에 짧은 글만 쓰다가 긴 글을 체계적으로 쓰려니 보통 힘든 게 아니었습니다. '하루 날 잡아서 써야지' 하면서 미룬 적도 많습니다. 그런데 글은 미룬다고 해결되는 게 아니었습니다. 그냥 작은 걸음이든 큰 걸음이든 틈틈이 쓰는 게 최고의 방법이었습니다. '핑계 대지 말고 일단 쓰자, 일단 진도를 나가자' 이렇게 생각했습니다. 그렇게 몇 개월의 고난의 행군을 거치니 서서히 동굴을 탈출할 희망이 보이더군요. 저의 사랑스러운 제자들, 카페 회원들의 간절한 기다림과 기대가 저에게 새로운 에너지를 주었습니다. 그 에너지를 받아 루 아카데미 만의 노하우를 담은 이 책을 완성했습니다.

물론 첫술에 배부를 수는 없습니다. 책을 쓰고 나니 더 채우고 싶은 내용도 많고, 더 소개하고 싶은 것도 많습니다. 그러나 첫 책에 다 쓰지 못한 이야기는 두 번째 책이 완성도를 높여주리라 여기면서 아쉬움을 달랩니다. 부디 이 책을 통해 타로 카드가 여러 사람에게 많이 알려지고 더 많은 분들이 일상의 치유를 경험했으면 하는 마음입니다. 달나라에 처음 착륙한 기분을 담아 이 책을 내는 데 도움을 주신 모든 분들께 깊이 감사드립니다.

문의처

- **타로 교육 및 루아카드 구입 문의** 1533-1499
- **이메일** rooacademytarot1004@gmail.com
- **대표 홈페이지** http://www.rooacademy.kr
- **타로 앱 사이트 운세천하** https://www.unsechunha.com
- **네이버 카페** https://cafe.naver.com/rooacademytarot
- **블로그** https://m.blog.naver.com/sapporo388